La République et le cochon

Pierre Birnbaum

共和国と豚

ピエール・ビルンボーム

村上 祐二
［訳］

吉田書店

Cet ouvrage a bénéficié du soutien des Programmes d'aide à la publication de l'Institut français.
本書は、アンスティチュ・フランセ・パリ本部の出版助成プログラムの助成を受けています。

共和国と豚

［目次］

凡例

・本書は Pierre Birnbaum, *La République et le cochon*, Paris, Éditions du Seuil, 2013 の全訳である。
・原著者による注は、「訳者解題」の後に横組みで入れた。「訳者解題」の注もその後に続けて入れた。
・割注など〔 〕は、すべて訳者による補足説明もしくは訳注である。
・（ ）はすべて原著者による。
・原書に散見される誤謬、誤植、文法上の誤りは、軽微なものに関してはすべて著者の了解を得たうえで修正して訳した。重大なものに関しては著者に修正を依頼し、修正版を訳した。

日本語版への序文

幾世紀ものあいだ、イスラームに対峙したキリスト教ヨーロッパは遍く豚肉の虜となり、おびやかされたアイデンティティの象徴としてこれを掲げてきた[1]。これに対してアジア社会、とりわけ〔明治時代以前の〕日本社会では、「養豚や家禽飼育はほとんど知られておらず、家畜を食べることは心底忌み嫌われてきたといってよい[2]」。このような文化的文脈において、有機農業に適していることもあり、肉を凌駕するとともに、生命維持に不可欠な食のアイデンティティを一身に体現してきたのが米である[3]。もっとも米を除けば、日本の歴史を通じて、社会を均質化する論理の支柱として優位に立ってきたのは、肉ではなく魚である[4]。

逆にヨーロッパの国民は長きにわたって肉食、わけても豚食に特権を与えてきた。この点に関しては、その大半がイスラーム文化圏の国々から流入してきた「野蛮な」移民に直面した、現代の多くのヨーロッパ諸国においても事情は同様である。なかでもフランスにおいては、ハラル食品を要求する声は高まってゆく一方であるが、これはこの国が一九世紀後半以降、イスラーム文化圏の国々を植民地化したことに伴い、他のどの国にも増してこれらの地域から大量の移民を受け入れてきただけになおさらのことである。こうして豚肉由来の原料をまったく使用していないハラル食品の消費が急速に拡大し、ハラルを公言する肉屋が公共空間で日増しに目につくようになる[5]。

食に関わるこのような急激な変化は、幾世紀にもわたって豚食に愛着を覚えてきた人々に複雑な反応を引き起こす。とりわけこの問題は数年来、小学校やリセで深刻化してきているが、こうした場所ではキリスト教の儀礼に則り、金曜日には魚が出される一方、生徒のなかには大勢のイスラーム教徒が含まれているにもかかわらず、献立から豚肉が排除されることはないのである。国内の新聞雑誌は食に関するこの問題を頻繁に取り上げ、政治家はフランスのキリスト教的アイデンティティの名において声高に発言、抗議する。小学校はといえば、食堂にセルフサービスを設置したり、ヴェジタリアンの献立を加えるなどして、事態の沈静化を図っている。

食に関するこの争点は、本書冒頭にも見られる通り、時としてイスラームを敵視するナショナリストの右翼に過剰な反応を惹起する。同時にこの争点は、ヘブライ語聖書の記述に忠実に従うユダヤ教徒住民が消費するカシェール〔「カシェール（casher）」は「適正な」を意味するヘブライ語の形容詞。ユダヤ教の食に関する戒律に照らして「適正な」の意〕食品を、切迫した問題として提起する。フランス・ユダヤ人は、自らの同胞たるムスリムの市民と必ずしも同一の政治的思考を共有しているとは限らないが、それでも彼らとまったく同じように、農民であると同時にキリスト教徒であるフランス国民を長きにわたって陶冶してきたこの豚食が孕むアイデンティティの問題に、日常生活のただ中で直面させられているのである。

本書は、一八世紀から現在にいたるまでのフランス文学散歩を通して、多くの名だたる作家たちが自著のなかで豚肉の長所を挙げてこれを賞賛していることを確認したうえで、共和派の社交性が強かった時代にフランス全土で出された食事の献立を検証し、革命時に出された諸々の宣言や共和派のさまざまな演説を分析するが、その都度、豚肉を口にすることを拒むすべての市民を排除する論理の重みが強調されることになる。彼らはじっさい豚食を拒絶することで、懇親性に立脚した公共空間から、共和国の食卓から、共和主義的兄弟愛《フラテルニテ》の最盛期を象徴する会食や宴会から、締め出されてしまうのである。

本書では、強固なキリスト教の象徴体系を維持した、共和派の普遍主義に対峙するイスラーム教徒の姿勢はほとんど触れられていない。代わりに主な考察の対象となっているのは、一七八九年九月に共和国によって解放されるや否や共和的空間に足を踏み入れ、共和国の要職へと昇り詰めはするものの、己《おの》が儀礼の遵守と両立可能な形での公共空間への統合のために苦しい交渉を余儀なくされてきたフランス・ユダヤ人の運命である。

序論　豚の回帰

二〇一二年三月、フランソワ・フィヨン首相は、ハラルおよびカシェールの食物について、自身の「個人的な所感」と断ったうえで、諸宗教は「もはや科学の現状とも技術の現状とも健康問題ともとりたてて関わりのない伝統の維持について、よく考えてみるべきでしょう」と言い放ち、こう続ける。「われわれは近代的な国で暮らしているわけです。かつては衛生問題に起因していた父祖伝来の伝統がありますが、今日ではこうした伝統にはもうさしたる根拠はないのです。このことは熟考に値するのではないでしょうか」[1]。これに対し、複数のユダヤ機構の責任者たちが強い警告の声を発する。なかでも極端な者は語気を荒げて言う。

> なるほど、ユダヤ教徒とフランスの恋愛物語も本当に終焉を迎えてしまったわけだ。このことは今まで誰も本気で自分に言い聞かせようとはしなかったが、今こそ（今に始まった話ではないのだが）目を覚まして、フランス・ユダヤ教徒の共同体に、「まだあなたがたに力が残っているのなら、イスラエルにのぼることです。カナダに行くことです。アメリカに移住するのもいいでしょう！」といって警告を発してやるべきなのだ[2]。

パリ長老会議《コンシストワール》〔長老会議（Consistoire）は、プロテスタントの例を参考に名士会議（七八頁参照）が提案し、一八〇八年三月一七日、ナポレオンが署名したデクレにより設置された、フランス・ユダヤ教を組織化する機関。フランス全体を統括する中央長老会議と二〇〇〇名以上の信徒を抱える地域に置かれた地方長老会議からなる。いずれもラビおよび一般信徒より構成される〕議長ジョエル・メルギは、ユダヤ教徒共同体は「不安で、深い打撃を受け、傷つき、警戒態勢にある」としたうえで、次のように語っている。

> この論争は、宗教上の実践を保護する共和国の能力について悪しき兆候を示している。儀礼的屠殺は、われわれの食に関する諸規律の中枢である。これはユダヤ教の基盤の一つであり、あらゆる時代、あらゆる文明のなかで生き延びてきた。例外はナチス時代だけであり、当時のドイツではシェヒター（儀礼的屠殺）が禁じられたのである。幾世紀にもわたって、宗教実践を行いながらユダヤ教徒は技術や科学の発展に貢献してきた。われわれの宗教実践とわれわれの市民としての地位、そして近代性へのわれわれの貢献のあいだには、いかなる矛盾もない。
>
> 今日、拍車がかかるライシテ〔非宗教性、政教分離〕の過激化に直面して、ある型の反ユダヤ主義が姿を現してきている。すでに身体的侵害を被ったわれわれユダヤ教徒の新たな不安は、ユダヤ教徒の価値観とアイデンティティとに深く関わるものである。このような状況下、われわれのなかには、十年前と同じようにわが国におけるわれわれの将来について自問する者もでてきている。(3)

フランス・ユダヤ機構代表評議会（ＣＲＩＦ）の名において、同会長リシャール・パスキエはフランソワ・フィヨンの発言に「唖然としている」と語り、「政府は宗教上の伝統に関しては口を挟むべきではない」と力説している。フランス・ユダヤ人学生連盟も、「首相が食に関する宗教上の伝統について述べた中傷的な考察に不快感を覚える」と表明し、「今日では食に関する宗教上の伝統にはもうさしたる根拠はないという断言を通して、首相はこうした宗教上の規律を遵守しているフランス人を侮辱する言葉を口にしている」と断じている。同年三月六日、大ラビ・ベルンハイムは「ひどく困惑している」と述べたうえで、宗教は「時代遅れのものなどではなく、啓示された言葉〔…〕啓示された法」であり、「衛生上の措置」とは何の関係もないことを強調している。翌日、ジル・ベルンハイムとジョエル・メルギは首相官邸のマティニョン館でフランソワ・フィヨンに迎えられる。大ラビ・ベルンハイムは、首相は「われわれを傷つけようとするつもりもなければ〔…〕ユダヤ教とユダヤ共同体をあてこするつもりもなかったと弁明した」ことを強調している。ベルンハイム氏は、それでも「発言の解釈の仕方には依然としてさまざまな食い違いが残っている」と加えた。ついでこのユダヤ機構の二人の代表者は時の内務大臣クロード・ゲアンに迎えられた。「内相はわれわれの不安を理解してくれました」と彼らは断言している。しかし、「われわれは、儀礼的屠殺の次は割礼といった具合に、将来われわれの宗教儀礼が槍玉に挙げられることを危惧しているのです。そのようなことになれば、ユダヤ共同体がフランスのなかで責任を持って自らの宗教を引き受けていく自信を喪失してしまうといった事態にもなりかねません」と語っている。

この論争は突如としてカシェールの食肉へと明示的に波及したものの、当初標的とされていたのはハラルの食肉であった。これに続く数週間、論争はより目につくようになる。二〇一二年五月二日、フランソワ・オランドは大統領選の第一回投票を数日後に控えた最後のテレビ演説で、この論争における自らの立場を声高に表明する。自身が当選したあかつきには、学校の食堂でハラルが認められることは決してないであろう、というのである。けれども事の発端は、マリーヌ・ル・ペンが、二月一八日、リールで開催した国民戦線党大会であった。この国民戦線の大統領選候補者は、「イル・ド・フランスで処理される食肉は一〇〇パーセントハラルなので、イル・ド・フランスで流通している食肉は一〇〇パーセントイスラーム教の宗教儀礼にしたがって処理されている疑いがある」と断言する。農業・食料大臣はこれを否定したが、議論の火蓋は切られたのである。こうして三月五日、当時の共和国大統領ニコラ・サルコジは、「ハラルはフランス人の関心事の核心にある」との見解を表明する。ついで四月八日、「学校の食堂では、この非宗教的《ライック》な共和国の子供たち全員に同じメニューが提供されることをわれわれは望んでいる」と主張する。さらに四月二八日、今度はクレルモン＝フェランで、フランスはオーヴェルニュ地方の教会や大聖堂が物語っているように「キリスト教に根ざしている」ことを想起したうえで、「イスラーム教徒の子供とユダヤ教徒の子供、キリスト教徒の子供には、皆同じ食卓で同じ献立の昼食をとって」ほしい、と言い切るのである。

この数年前からすでに、さまざまな学問領域に属す活動家たちが豚食擁護のために活動していた。多くの者にとって、豚肉はそれだけで、これを禁ずるユダヤ教徒およびイスラーム教徒という少数派の食に関する戒律の問題を象徴している。早くも二〇〇四年にはボルドーからリール、マルセイユからストラスブールにかけて、さらにほかの多くの都市で、大半は国民戦線に近い活動家らの呼びかけにより、路上生活者のための炊き出しが頻繁に実施されるが、その際配給される食事は豚肉を主成分としていることから、豚肉を口にすることを拒む者は、皆この炊き出しから排除されてしまう。少人数の活動家グループは、フランス性擁護の名において、こうした奇妙な会食への参加を声高に呼びかける。近年の例に限ってみると、二〇〇六年一二月、《ブロック・イダンティテール（Bloc identitaire）》がパリのモーベール広場で「豚の脂身スープ」をふるまうが、同じ頃、ストラスブールでも同様の「ガリア食」が提供されている。パリ警視総監は食に関わるこの新種の集会を禁止するが、二〇〇七年一月、行政裁判所はこれを許可し、最終的には「差別的」で「公共秩序をおびやかす」との理由から、国務院により禁止されるにいたる。(4) この国務院の決定は二〇〇九年七月、欧州司法裁判所により是認されている。

それでも同様の出来事は頻発する。二〇一〇年三月、リヨンで豚の覆面を着用した一団がファーストフード店「クイック」に侵入し、「フランスをフランス人の手に！　イスラーム教徒はこの国から出ていけ！」と叫ぶ一方、あるモスクでは豚肉がばらまかれる。アンジェでは極右活動家の男が、同じように豚の覆面をかぶり、モスク建設に抗議する。同じ頃、パリ近郊シャトゥでは、シナゴーグから出てきたラビが、「薄汚いユダヤ人が！　ガス室で殺してやるぞ！　豚を食わせてやるからな！」と罵られる。サヴォワ地方のムティエでは、二〇一〇年一一月五日、イスラーム教の礼拝室の廊下に豚の半頭部が置かれ、そのかたわらには、「豚、ソーセージ、ハム万歳」と書かれたラベルが添えられる。(5)

パリでは、状況はいっそう人目をひくものとなる。二〇一〇年六月一八日、これはかつてド・ゴール将軍が抵抗《レジスタンス》を呼びかけた象徴的な日であるが、パリ一八区では、イスラーム教徒の「侵略」に対するもう一つの抵抗が呼びかけられる。区民は豚肉のソーセージとワインが用意された懇親会に招待される。この愉快な宴は、かつて評判のブドウ畑で名を馳せた、長い歴史を持つグット・ドール地区で催されることになる。(6) 長年にわたって北アフリカ出身のイスラーム教徒移民が不衛生な環境で居住するこの地区は、フランス国民の想像の領域では、フランスにおけるイスラーム教徒の存在を象徴する場になっている。毎週金曜日になると、数百名の信者たちがミラ通りにあるアル・ファト・モスク周辺の通りで礼拝するのである。公共空間は数時間にわたって祈りの場へと姿を変え、メディアはその模様を執拗に放送し続ける。挑発的なこと極まりないことに、《ブロック・イダンティテール》はまさにこの場所で、アコーディオンの伴奏に合わせた踊りと格子縞テーブルクロスで華を添えられた、「豚肉と安ワイン」なる昼食会のひとつを企画することにしたのである。彼らが言うには、

ミラ通りやこの地区の大通りは、特に金曜日になると、わが国の地ワインや豚肉製品の断固たる敵対者たちに占拠されています。〔…〕グット・ドール地区で安ワインやソーセージにありつけること自体が偉業になってしまっているのです。〔…〕この地区に押し寄せるイスラームの波は、われわれに対し、われわれ自身の郷土の特産物を禁止しようとしているのです。

一方、マリーヌ・ル・ペンは共和政国家の降伏を告発している。《ブロック・イダンティテール》とライシテに賛同する活動家からなる小集団《リポスト・ライック》による共同の呼びかけに対し、三〇〇〇名以上にのぼる大勢の参加者が見込まれるが、このなかにはフェミニズム勢力の人々に加え、

支配力を持つ強い共和国の提唱者、ジャン＝ピエール・シュヴェヌマンに近い人々や、労働総同盟（CGT）の旧責任者などが含まれている。こうした面々が一斉に「イスラームのファシストたち」に対して立ち上がったのである。均衡を欠き、雑多な寄せ集めからなる、自然の摂理に反したこの同盟は、全面的な同化を要求する国民のアイデンティティの名において、豚肉を公共の場で食すことを国民の象徴にまで高める。彼らは言う。「われわれは豚肉を愛好している。豚肉はフランスの伝統の最良の部分を体現している」。《リポスト・ライック》は、ハラルとカシェールの食肉にはラベル表示を義務づけ、消費者にはこれを購入しないという選択ができるようにすべきであると主張する。それからこう巧みに締めくくる。「われわれはごみ箱ではないのだ[7]」。

この異様な集会はパリ県知事により禁止されたものの、「フィガロ」紙からは全面的な賛同を得、数年来続けられてきた「ソーセージと安ワイン」の昼食会を突如としてほとんど国民的な次元にまで引き上げる。二〇一〇年六月一八日、グット・ドール地区をあとにした一〇〇〇名以上の参加者は、エトワル広場を目指して行進し始めるが、これはレジスタンスを象徴するきわめて重要な場所であって、一九四〇年一一月、学生たちがヒトラーによる支配拒否を敢然と表明した場所である。インターネット上に出回っている動画に見られるように、大半の参加者たちはソーセージを振りかざし、伝統的なベレー帽かガリア兵の兜をかぶっている。全員で「ラ・マルセイエーズ」を力唱したかと思うと、今度は「パルチザンの歌」〔ナチス・ドイツ占領下の対独レジスタンス運動の歌。一九四一年、アンナ・マルリーがロシア語で作詞・作曲し、一九四三年、ジョゼフ・ケッセルとモーリス・ドリュオンがフランス語で作詞〕を歌い始める。レジスタンス運動の象徴が総動員され、フランス民族は、敗北根性や卑屈な従順さを捨て去り、国民の紋章《エンブレム》となった豚の名において新たな侵略者に対する戦いに今すぐ加わるよう呼びかけられる。《リポスト・ライック》が主張するところによれば、「われわれの子供たちは操作洗脳されている。ソーセージやポテ〔豚肉と野菜の煮込み料理〕、バイヨンヌ生ハムの国に生まれながら、子供たちは豚を食べないこと、豚の名前さえ口にしてはいけないことがあたりまえのことだと信じ込まされようとしている。〔…〕グローバリゼーションの信奉者たちのねらいは何か？……それはヨーロッパにイスラームを押しつけること、イスラームの法と禁忌を押しつけることなのだ[8]」。

急進右派と彼らに賛同する《リポスト・ライック》の人々は、豚のほかにも国民の象徴を持ち出してくる。六月一八日に続いて新たに集結の日として指定されたのは九月四日であるが、これはかつてライシテに関してもっとも厳格な共和政であった第三共和政の成立を決定づけた重要な日付である。第三共和政は、共和政国家と教会のあいだの往々にして熾烈を極めた衝突の末、世俗化された剝き出しの公共空間を創出した共和政として記憶されている。この第三共和政下ではカトリック勢力が非宗教化《ライシザシオン》の観念そのものに対して激烈な抗議を繰り広げたものだが、今日では極右活動家たちは概して保守十全主義《アンテグリスト》のカトリックに近いにもかかわらず、ライシテ派に属する盟友と一緒になって公共空間のイスラーム化なるものを糾弾するのである。教会はといえば、彼らは共和国が掲げる諸々の理想に長きにわたって賛同してきたのであるが、こうした方針をとるようになって以降、彼らは文化的多元主義を推奨するとともに市民間のあらゆる形の差別に反対してきたのであり、上述の「ソーセージとワインのアペリティフ」のこともはっきりと断罪している。《リポスト・ライック》の活動家たちと手を結んだ急進右派の活動家たちは、共和派の夢の真の相続人として現れるのだが、これはジャン＝マリー・ル・ペンが、ドイツ国防軍が掲げた諸々の理想ではなく、ヴァルミーの戦い〔一七九二年九月二〇日、現在のマルヌ県の村ヴァルミーで起きたフランス革命軍とオーストリア・プロイセン同盟軍の戦闘で、フランスの勝利に終わった〕を引き合いに出すのに似ている。

パリでは二〇一〇年一〇月になっても、《ブロック・イダンティテール》の活動家たちが豚肉スープをふるまい続けている。「メニューは豚肉とアルコール飲料」からなり、「ユダヤ教徒とイスラーム教徒の路上生活者を排除する明確な意図」[9]が報じられている。この炊き出し企画に参加している《フランス人との連帯（Solidarité avec les Français）》の会長オディル・ボニヴァールは、次のように述べている。「いたるところでポピュリズムが優勢になっていて、選挙で選ばれた議員が共同体主義や保守十全主義に屈しているのです。たとえばフランスの一部の都市では、ユダヤ教徒やイスラーム教徒といった宗教集団が、障壁をつくったり交通を遮断するなどして宗教学校〔イスラーム教徒の私立学校を指すものと思われる〕の出口を確保したり、屋外で礼拝を行ったりすることが認められているのです」[10]。《ブロック・イダンティテール》の活動家たちは、左翼は「警察に対して犯罪者を、統合に対して無制限の移民受け入れを、国民《ネイション》に対してヨーロッパを、単一不可分の共和国に対して共同体主義を、女性の権利に対してスカーフを、国民主権に対してグローバリズムを」擁護しているとしてこれを糾弾する。こうしたなか突如として、移民、グローバリゼーション、資本主義の脅威にさらされた国民のアイデンティティの象徴として、豚が一部の者たちにとって重要性を帯びてくるのである。二〇一一年五月、今度はリヨンで豚食を奨励する行進が知事によって禁止されるが、この決定も、当該行進は公共秩序をおびやかすだけでなく「一宗教実践を指弾する」ものである以上、「共和国が掲げるライシテの原則に背く[11]」という理由によるものであった。同年六月一八日には再びエトワル広場で、国民戦線と《リポスト・ライック》の活動家たち――これ見よがしにフリジア帽〔フランス革命時、革命派が自由の象徴として着用した赤い三角帽〕をかぶっている者も見られる――が「フランスの愛」を歌い、「フランスのイスラーム化」に対する揺るぎない闘志を口にする。

七月一四日〔一七八九年、バスティーユ牢獄襲撃が行われた日で、フランス革命記念日〕、ほかならぬフランス国民議会議事堂〔国民議会はフランス下院。議事堂はパリ七区のブルボン宮殿〕で、人民右派所属の四四名の国民運動連合（UMP）〔二〇一五年一一月、共和党 Les Républicains（LR）に改称〕の下院議員が、ソーセージと安ワインからなるアペリティフでフランス国民祭を祝うことを企画する。七月一四日といえば一七九〇年にラファイエットが企画した連盟祭〔一七九〇年七月一四日、革命一周年を記念してパリのシャン・ド・マルスにて開催。第3章参照〕の日でもあるが、この祭典は国王と憲法を中心にした国民の統一の祭典、「兄弟愛《フラテルニテ》の絆による全フランス人統一」の祭典にほかならない。このような全市民の祭典が、こともあろうに国民の意志を体現する機構である国民議会の議事堂において、人種差別の意図に満ち溢れたアペリティフへと変貌を遂げるのである。人民右派は、ハラルとカシェールの肉を口にすることを拒むことで、穏健右派にナショナリストとしての情熱を呼び覚ますことを期待する[12]。三色旗と複数の三色帽章で飾り立てられた招待状を見れば、この議員たちの目論見に疑いを挟む余地はない。彼らは一部の市民を排除することで、「フランス国民祭を堂々と祝う」ことを目論んでいるのである。当時、UMPの当の院内会派を率いていたクリスティアン・ジャコブは事態を率直に受け止め、「われわれはソーセージと赤ワインについて論じることを自粛したりはしないでしょう[13]」と言明している。ジャコブはこの一年ほど前、ニューヨークの事件で身動きが取れなくなっていたドミニク・ストロス＝カーンに対して、郷土を持たぬ根無し草であるとの非難〔反ユダヤ主義の常套句〕を浴びせた張本人であるが、この意味深長な比喩は、一九三〇年代にナショナリストの右翼がレオン・ブルムを非難する際に用いた、水しか飲まず、土地との絆を欠いた根無し草という言いまわしを彷彿とさせるものであった[14]。

この豚肉論争により、突如、食卓の分有という問題が再燃する。フランシス・シュヴリエによれば、

> 食卓を共にすることによる社交性《ソシアビリテ》は、殊にフランス人の特性であり、われわれの文化の真の特徴をなしている。〔…〕フランスでは人と人が一緒に食事をするとき、それが家族間であれ友人間であれ、とにかく社会的絆を強化するという目的がある。〔…〕美食術《ガストロノミー》というのはアイデンティティの真の指標なのであって〔…〕人は食べるものによって識別されるのである[15]。

ハラルとカシェールの食肉に関する論争が、興味深いことに今日ここまでの広がりを見せているのは、それが口にされることのなかったタブーに触れているからである。価値観の面でもふるまいの面でも均質であることを人々が夢見てきた国民の一体性というヴィジョンが、決して解決されることのない問題に直面しているのである。一七八九年から第三共和政にいたるまで、果てしない集団的会食――そこではほぼ決まって豚肉がふるまわれる――に参加しては、陽気に飲み食いする普遍主義的共

和国市民からなるこの国民《ネイション》、あらゆる文化的特殊個別主義《パルティキュラリスム》を頑なに拒むこの国民は、食に関する特殊な戒律にいかなる地位を認めるのであろうか。公共の幸福のために尽くしながらも、時として自らの信仰のために共通の食卓に加わらないユダヤ教徒(16)およびイスラーム教徒の市民は、どうすればよいのであろうか。同じ料理を食べない以上、彼らは市民の身分から排除されるべきであろうか。これはフランス革命時から、ユダヤ人の同化に伴う諸々の議論のなかで提起されてきた問題である。本書が描き出そうとしているのはこうした論争である(17)。国民の統一性を損なうことなく文化の多様性を保護してくれるような妥協案を構想することは可能であろうか。時として他の会食者が食べるものとは似つかぬものを食べながらも、同じ食卓を共にすることを思い描くことは可能であろうか。喫緊の課題は、共同体主義による引きこもりを回避すること、共通の市民性《シティズンシップ》を打ち砕く食卓の分離を回避することではないか。食卓というものは、各人が尊重される限りにおいてのみ分かち合うことができるものである。

今日、急進右派とその盟友のライシテ派は、奇妙なことにもっぱら豚を紋章《エンブレム》として掲げ、これから顔をそむける者を排除するのだと主張しているが、これは圧倒的多数のフランス市民にとって、豚を食べることがほとんど日々の食習慣の一部になっているという事情に基づいている。この豚食の背景にあるのは、農村世界の揺らぐことなき優位に基づいたフランス例外主義であり、こうした優位がようやく唐突に終わりを告げたのも、第二次世界大戦後の「栄光の三〇年間」になってからでしかないのである。豚への回帰が呼び覚ますのは、共有された旺盛な社交性の記憶、一つの食卓を囲んでの賑やかな団欒の記憶、田舎での心温まる会食の記憶である。一九世紀フランスでは、「豚は、ほぼ自給自足の暮らしを営む田舎人の寵愛を一身に受ける」存在である。「家族の一員である豚」は、決して伝説などではなく、一九世紀半ばになってもなお見られたのである。[18] フランス人の政治上の想像界につきまとって離れない村という空間においては、豚食は規範であり続けている。イヴォンヌ・ヴェルディエはバス＝ノルマンディー地方の食事を巧みに分析するなかで、それぞれの時間帯にとる軽食を紹介しているが、これによれば、朝はパンに「豚脂、リエット〔豚などの肉をラードで煮込み、すりつぶしてペースト状にしたもの〕、ラード、豚肉を添えた」もの、「昼」には塩漬けにした豚の脂身と野菜の煮込み、夕方には豚肉製品のペーストを塗ったパン切れという具合に、「豚肉はほかの肉とは完全に異質な存在であり、豚は農場でも特権的な地位を占めている」という。[19] 田舎では、パンと栗、野菜、粥に加え、「一九世紀末には、日曜日に加えて週に三度は豚の塩漬け一片を献立に加えていた。〔…〕肉を食べる場合はきまって豚肉であるが、これは残飯で育てた豚をつぶして四分割し、塩漬けにしたものであった。〔…〕豚肉はスープの出汁になる。〔…〕農産物の価格高騰の恩恵を受け、食生活はしだいに豊かになっていった。こうして豚肉は日常的な食材となったのである」。[20] 二〇世紀後半になっても、羊肉と子羊が「ブルジョワの食べる肉」とみなされるのに対し、豚肉は農民も熟練工も口にする「庶民の肉」の象徴であり続けるのである。

農民の食生活の最大の特徴は、その抵抗能力と適応能力である。一九六八年から一九七五年までに農業従事者の数は三分の一減少したが、その間、自給自足による消費量は、豚肉と豚肉製品に関しては目に見えて増加している(21)。

今日でもなお、「豚肉はフランス人が消費する主要食品に含まれ、年間で一世帯あたり平均三五キロを消費している(22)」。

世紀は移り変われど、パリの人々はエミール・ゾラのいう「度外れの田舎趣味」にまかせて都市から飛び出し、「田舎」のなかでもとりわけ田舎じみた「場所」へと向かい、郷愁を誘う散歩へと駆り立てられるのであるが、こうした散歩を容易にするのが鉄道の急速な発達であり、これにより郷土の魅力が再発見されるとともに(23)、パリの人々は豚肉料理で見事に興を添えられた農村のお祭りめいた雰囲気にどっぷりと浸かることができるわけである。また料理本を紐解けば、時代は変われど、豚はときにメインディッシュとして、ときに欠かすことのできない食材として、じつに多様な料理にほとんど不可避的に顔を出していることに気づく。豚の脂身に助けを求めることは、フランス料理にあっては常套手段となっている。これがなければ多くの「郷土」で食生活が大変な混乱に陥ってしまうであろう。牛肉が至高の存在として君臨し続ける一方、ジャン＝ポール・アロンが強調するように、前菜で「唯一無二の存在として勝ち誇るのは豚である」。これもアロンが示していることであるが、ヴェリやシュヴェの郷土料理目録でたえず幅を利かせているのは、豚足のサント＝ムヌー風、冷製豚ロース、バイヨンヌ産生ハム、ブーダンに加え、リヨン、アルルおよびブーローニュ産のソーセージ、ランス産豚の脛肉ハムにネラック産パテである。しかしアロンによれば、「豚肉が食い道楽の食欲を満たすために姿を現すのはこれだけにとどまらない。久しい以前から豚肉は入念につくり上げられた精緻な料理に用いられている[24]」。このことを示している数多のレシピのなかに、好評を博したマルト・ドーデ〔(一八七八－一九六〇)、旧姓アラール。極右団体アクション・フランセーズのレオン・ドーデの従姉妹兼二番目の妻で、日刊紙「アクション・フランセーズ」に美食やモードに関する記事を連載〕著『フランスの美味しい料理』があるが、ここでもソーセージ、脂身、細切り背脂、塩漬け、ラードに加え、バター和えにするか(これが目につくのだが)少量の血を混ぜるかした胃腸《トリップ》といった具合に、豚はほぼ全編を通して登場してくる[25]。

豚は童話にも姿を現し、そこでは純真、繊細さ、そして多くの場合知性を象徴する存在となっている[26]。ゾラからモーパッサンあるいはフローベールにいたるまで、自然主義小説は多岐にわたる庶民の人物を数多く生み出してきたが、そこでは登場人物たちの食卓にこれみよがしに豚を登場させるということが往々にして行われている。ゾラの描くプチ・ブルジョワの、あるいは民衆のパリにおいて、豚は重要な位置を占めている。『パリの胃袋』では、富と横溢の時代である、あの傲慢な第二帝政時代をクニュ家が体現しているが、クニュの妻リザは、カイエンヌ帰りのフロランによって次のように描写されている。

彼女は実にみずみずしく、前掛けや袖の白さが前に並んだ皿の白さと溶け合って、脂の乗った首やバラ色の頬にまでつづいていたが、そこにはハムの柔らかい色調や、透き通るような脂肪の青白さが反映しているかのようだった。フロランは〔…〕ついに店の壁に張りめぐらされた鏡を通して盗み見することにした。〔…〕それはまさに群れをなしたリザの一団だった。どれもみな肩幅が広く、腕の付け根はしっかりして、胸は丸かったが、〔…〕むしろ一個の腹を連想させた。フロランはとりわけ、自分の横の、豚の片身と片身のあいだにある鏡に映った彼女の横顔が気に入って、目を止めた。大理石と鏡に沿って取り付けたぎざぎざ付きの横木には、豚肉や、肉に刺すための脂身の帯がずらっとぶら下がっていたが、頑丈そうな首と、丸い輪郭と、突き出た胸をそなえたリザの横顔は、それらの脂身や生肉の真ん中に置かれた、よく太った女王の肖像のようだった。(27)

さらに

〔…〕〔彼女の〕前には白い磁器の皿が並べられ、そのうえにアルルやリヨンのソーセージの切りかけ、牛の舌、塩漬けにして煮た豚肉、ゼリー寄せにした豚の頭肉、開いたリエットの壺〔…〕などが置かれている。左右の棚にあるのは〔…〕淡いバラ色のハム、それに幅広い脂肪層のしたに血のしたたるような肉を見せているヨークハムなどだ〔同邦訳、九七頁〕。

この小説にはいくつもの食事がちりばめられているが、これらの食事はハムや豚の背肉で埋もれかえっている。中産階級が時代とともに幾分か豚肉に愛想を尽かすことがあっても、商売に携わる人々や一般庶民はあいも変わらず豚肉を堪能し続けるのである。ゾラの『居酒屋』では、ジェルヴェーズもまた豚の肩ロースをジャガイモの煮込みに入れて出すが、客はこのご馳走をむさぼり、皿に何も残らないようきれいに平らげてしまう。

そして、それぞれに取り分けると肱《ひじ》をつっぱりあい、口いっぱいに頬張りながら、しゃべった。どうだい？　すばらしいじゃないか、このエピネは！〔…〕皿はなめたようにきれいになっていたので、脂肉入りグリンピースを食べるのにわざわざ皿をとりかえることはなかった。〔…〕グリンピース料理の食べどころは、ほどよく焼けて馬のひずめの匂いのする脂肉のこまぎれさ。酒は二本でじゅうぶんだった〔エミール・ゾラ、『居酒屋』、黒田憲治訳、河出書房新社、世界文学全集一七、一九六二年、一九五頁。「エピネ」は豚の頭近くの肩肉〕。

地方の村や人里離れた田舎など、大都市から離れた場所でも、小説家たちは豚肉を玩味する食事の場面を描いている。ギュスターヴ・フローベールはエンマ・ボヴァリーが両親の農場で挙げた結婚式の食卓を事細かに描いてみせる。「食卓の上には牛の腰肉が四切れ、若鶏のフリカッセ六つ、犢肉《こうしにく》のシチューに羊のもも肉三つ、真中にはみごとな仔豚の丸焼、これは酸模《すかんぽ》をそえた四本の腸詰で飾られていた」(28)。そしてブヴァールとペキュシェは、彼らの再生と無病の吉報を祝い美食を再開する。二人は「豚肉はそれ自体《良質の食物》であると記されたベクレルの著書を買い求め」、「牡蠣、鴨、豚のキャベツ添え、クリーム、ポン・レヴェック産のチーズとブルゴーニュワインのボトル一本」からなる美味しい夕食を注文する。[29] 同じように、モーパッサンの小説で、ピエールとジャンの家族が一度だけ晩餐で会するとき、彼らは巨大なスズキに続けて、美味しいピティヴィエのヒバリのパテを堪能する。[30] 共和派の社交性が強かったこの時代には、作家たちによるあらゆる種類の宴会が催されたのであり、そのなかにはゾラやマラルメ、ヴェルレーヌらが足繁く通った「ペンの夕食会」なるものがあったが、これは貧乏文士の青白い顔つきの青年たちが、自分たちが味わうことのできない空想上の美食に舌鼓を打つというもので、事情の呑み込めていなかった会食者が「持参してしまったほんの少しのソーセージにこっそりかじりついて」喜びに浸るということもあった。

一九・二〇世紀における職業上の宴会やさまざまな団体の宴会、さらに政治家が顔を見せる宴会の献立を見ると、ほぼ決まって豚肉が食されていたことがわかる。ディジョン市立図書館やフランス国立図書館の版画部門には、この点に関してきわめて貴重なコレクション、すなわち数千点にのぼる献立表が眠っており、これらの献立表は社交性の様態としての宴会が途絶えることなく続けられていたことを示している。第三共和政初期にはすでに、ガンベッタのための愛国的宴会が一八八一年五月二八日、カオールにて催されるが、これは公共空間を徹底的に非宗教化しようとする共和国の創設を象徴する瞬間であった。この宴会では、サーモンに始まり、鶏にトリュフを詰めたガランティーヌ、ベルヴュー風ヨークハム〔ベルヴューは「魚、鶏、甲殻類の身の表面をゼリーでおおって艶を出した料理」（日仏料理協会〔編〕、宇田川政喜、砂川裕美、堀田小百合『新フランス料理用語辞典』、白水社、二〇〇九年）〕、ムーズ川産ザリガニのピラミッド盛り、七面鳥の雛鳥のロースト、ティヴォリエ軒のトリュフパテその他が続いている。[31] その少し後の一八八二年九月には、ディジョンの共和派の知事が県民に次のような食事を提供している――ローストカワマスのソース・リーシュ〔ソース・リーシュとは、「トリュフを加えたソース・ディプロマート」または「シャンピニョンと牡蠣の煮汁に舌びらめのフュメでつくったヴルテソースに加え、クリーム、卵黄、オマールバターを加えたソース」（『新フランス料理用語辞典』）〕、小鹿の腿肉、ペリグー産ウズラ、ヨークハムのゼリー寄せ、ヤマウズラのキルシュ煮、バリグール風アーティチョーク、ロブスターのタルタルソース添え、アミアンのパテ、最後にモスクワ風アイスクリーム。[32] この知事によって次々に供せられた食事の献立表が物語っているのは、県庁に招かれた来賓には、ウズラと小鹿に、決まってパテ、ロブスター、ヨークハムのゼリー寄せにほうれん草やシェリー酒を組み合わせたもの、さらにはプラハ・ハムを加えた食事が毎年のように惜しみなくふるまわれていたということである。[33] 一八九六年八月にブレストの知事がフェリックス・フォール大統領に敬意を表して会食者五〇〇名の宴会を催した際、食事はソーセージを添えた小エビに始まり、トナカイのグラン・ヴヌール風が続いた。直後の一〇月、フォール大統領はシャロン軍事基地で昼食会を催すが、これは小エビに始まり、牛ヒレ、ヤマウズラ、アルデンヌの生ハム、ルーアン風雄仔鴨のムースがそれに続いた。[34] この時代のフランスの市長たちの宴会が、まるでこの巨大な集まりの構成員たちの極端な多様性に注意を払っていることを示すかのように、豚もノウサギも猟肉《ジビエ》も甲殻類も含まないものであった[35]一方、国家の最高権力者たちはしばしばソーセージと猟肉を格別堪能していた。たとえば一九〇四年一〇月にエミール・ルーベ大統領がフランス共済組合全国連合会の盛大な祝典に招かれた際、晩餐会はハムのムース、アルルのソーセージ、トゥールのリエット、オリダ屋〔パリ九区ドゥルオー通り一一番地に一八八五年創業。「ヨークハム屋」の呼び名でも知られた〕のハム、ストラスブールのソーセージ、サラダ、チーズにデザートを含むものであった[36]。それから間もない一九〇六年七月にジョルジュ・クレマンソーが昼食会を催した際、シェリー酒で味付けしたハムのクルスタードが献立から抜け落ちるようなことはなかった[37]。一九一三年二月、レーモン・ポワンカレ大統領の就任を祝してパリのパレ・デ・フェットの応接間で晩餐会が催された際に供された多くの料理のなかには、マデラ酒入りドミグラスソースで味付けしたオリダ屋のハムのほうれん草添えが含まれていた[38]。一九三一年五月にアンドレ・タルディウ首相がアンドレ・マジノ陸軍大臣を伴ってバール＝ル＝デュックの農業組合連合に招待された際には、晩餐会は温かいハムのプティパテから始まっている[39]。一九四八年五月一五日にヴァンサン・オリオル大統領がディジョンに迎えられたとき、最初に出された料理はモルヴァンハムのニユイ＝サン＝ジョルジュ風であった[40]。その後一九七九年五月にジスカール・デスタン大統領がラ・ラバトリエールの住人のために開いた晩餐会は、同地の豚肉製品で幕をあけるものであった[41]。同じようにジャック・シラクが仏独友好を祝してドイツのヘルムート・コール首相を迎えた折の晩餐会では、パセリ入りハムのテリーヌにパイ皮包みの鳩の「王の敷石」パテが続いている[42]。

ギャラリー・ラファイエットの支配人であるブローム夫妻とレオン・ブルム夫人のために一九五三年四月一六日、パレ・ド・シャンゼリゼで開かれた昼食会では、明らかにこうした招待客に想定される価値観〔ユダヤ教の戒律のこと〕に配慮して、慣例に真っ向から反し、オードブルにマドラスチキングリルとクリーム入りオランデーズソースをかけたアスパラガスという非常に簡素な食事が提供されているが[43]、典型的な国家ユダヤ人であったピエール・マンデス＝フランスが総理大臣在職中の一九五四年六月に行われた「マンデス＝フランス晩餐会」では、あいかわらずシェフのパイ皮包みのパテとクリームを添えたハムのあとに、ローストしたブレスト産の鶏、チーズの盛り合わせ、アイスクリームが続いている[44]。

普仏戦争や第一次世界大戦などのさまざまな戦争の退役軍人協会の祝宴でもまた、会員の多様性にもかかわらず、ハムと豚肉製品が提供されている。同様に、第二次世界大戦とそれに付随した数々の不幸や迫害のあと、強制収容所被収容者・抑留者・行方不明者家族協会国民連合が最初に開いた食事会のひとつでは、詰め物をした仔豚に始まり、蒸し煮してクリームに浸したハムのニュイ＝サン＝ジョルジュ風、雄鶏のシャンベルタンワイン煮込み、当地特産のチーズに自家製のパティスリーが続くというものであった[45]。農業共進会の数えきれない食事会もまた、ガランティーヌ、ノウサギの赤ワイン煮込み、小鹿、ザリガニ、ロブスターといった豚肉に相当するもの〔つまりカシェールでない食物〕の重みで文字通り崩れんばかりであった。それは商事裁判所が催した食事会でもまったく同様であり、一八八二年にマルセイユで開かれた食事会は、ブッシェ詰めモングラ風に始まり、ザリガニ、ウズラのクルスタード、イギリス・ハム、ベルビュー風クジャクなどがそれに続くというものであった[46]。建築業、教育、ジャーナリズムの世界の職業協会が開く宴会でも事情は同様で、子ウサギのテリーヌやシュークルートが出されることもあれば、家禽のガランティーヌで始まり、イシビラメ、豚ヒレのロースト、チーズ、と続くこともあり[47]、この点に関しては労働者の世界で行われる宴会も変わりはない。

食の楽しみは地域によって異なることもあろうが、国民の指導者たちは豚肉を使った無数の料理を堂々と堪能している。その証拠に、一九五二年二月、アントワーヌ・ピネーとヴァンサン・オリオルはヴァンドームで、豚を連れた聖アントニウス祭にわざわざ臨席しているし、またエドガール・フォールが「わが家では豚を殺すときはみんな笑うんですよ、豚以外は！」という警句で有名になったことは知っての通りである。同じ時期の一九五三年、ヴァンセンヌで、ソヴィエトから帰国したモーリス・トレスとフランス共産党の指導者ら立会いのもと、ユマニテ祭が行われた際、福引の景品は、ルノー車か豚一匹を選ぶというものであった。またド・ゴール将軍がグリルで焼いた豚の耳に目がなかったということを知らぬ者はない[48]。将軍のもっとも忠実な後継者であったジャック・シラクも、同じく豚肉を好物としていた。シラクは友人たちに囲まれて大勢で食事をするのが好きで、そのようにしてお気に入りの料理を満喫していたけれども、このなかにはジャガイモに加え、あらゆる種類の豚の脂身とハムを主な食材とするファルシデュールがあったが、これが以下のものと一緒に食されたのである――ミルク、豚の塩漬けのリムーザン風煮込み、たっぷりと添えたベーコンによって本来の風味がしっかりと引き出されたシロインゲンマメのコレーズ風、キャベツの詰め物煮込みに一キロの豚肉、ワイン、ミルクに浸したパンをあわせたもの、豚足のワインソース、一二切れのベーコンを添えたベーコンエッグ、トマト六つ、ソーセージ六本、油と……バターで調理したトリップ。こうしたことから、「もしスライスしたハムがキャンディのように包装されることになれば、ジャック・シラクはポケットいっぱいにセロファンで包装したハムを持ち歩くことであろう[49]」と言われるのである。そして日本などの遠く離れた国々に赴くために飛行機に搭乗する際には、料理人がソーセージ、ハム、リエットのセットを携帯するのを忘れないよう目を光らせるのである。彼に続いてコレーズ県で国民議会議員になり、その後大統領になったフランソワ・オランドも、彼と同じ嗜好を持っていた。そうしたわけでオランドは二〇一一年三月二六日、コレーズ県の小さな町ヌヴィルで行われた豚祭りに参加し、豚肉、ソーセージ、パテ、ブーダンだけからなる食事を味わったのである。フランス共和国大統領に立候補した際、彼は減量して格好良くなりたいと思った。体型について質問を受けると、笑いながら「ブーダンは食べますよ、あれは脂っこくないですからね」と答えたが、そのとき隣にいたのはヌヴィルの祭りの発案者であった豚肉屋べベールであった。[50] 大統領選を数ヶ月後に控えた二〇一二年二月、彼は郷土を訪れ、自らのコレーズ人としてのルーツを再発見する。ジャック・シラク同様ファルシデユールを食べ、ユセルの街を選挙遊説した際には、住民からキャンディやスライスしたハムが差し出された。ジャック・シラクもフランソワ・オランドも、コレーズ県の国民議会議員にして第四共和政下で三度首相を務めたアンリ・クイユの後継者を自任しているが、この控えめな指導者も豚肉を食べる喜びを隠そうとはしなかったのであり、フランソワ・オランドはこのような首相を「まっとうな」[51]指導者の鑑として挙げているのである。マリーヌ・ル・ペンはといえば、彼女のウェブサイトに少しでもアクセスすれば、一九三〇年代風の歌が耳に飛び込んでくるが、その果てしないリフレインでは、「豚はどこを取っても美味しい、脾臓も、腎臓も、くるくる巻きのしっぽも、ばら色をして」と歌われている。

豚は、全市民のさまざまな行い方、感じ方、喜び方を統合する紋章《エンブレム》として実に多岐にわたる国民の代表者たちから賞揚されてきたけれども、ある種の人々の目には論争を引き起こすような性格を帯びたものと映っている。というのは豚の名において、市民のうち、宗教上の戒律を守るためにそれを口にすることを拒む人々が、少なくとも象徴的に排除されてしまうからである。今日この紋章たる豚を旗印として掲げる扇動者たちは、選挙における極右の躍進にも鼓舞され、フランスの風習に敬意を払わないうえに「共和国の食卓に[52]」席を持っていないとして、まずイスラームを槍玉に挙げる。極右支持者と《リポスト・ライック》の支持者らによって引き起こされたさまざまな騒動の折に見られただけでなく、国家の政治的指導者の言葉のなかにも認められたように、カシェールの肉はたいていの場合豚肉の禁忌に同一視されるようになり、現在ではハラルの肉と一緒くたにされている。カシェールの肉とハラルの肉をともに禁止すること、あるいは厳格な監視下に置くことを提案する複数の法案が姿を現してきている[53]。ブリジット・バルドーとその友人たちに続いて、動物友の会が介入してきてこの屠殺様式に対して激しく抗議する一方、《リポスト・ライック》もまた、儀礼的屠殺に対して攻撃的なキャンペーンを張り、おなじみの要領で豚食の利点を並べ立てるのである[54]。

本書では、共通の食卓の分有の問題が、フランス革命以来ユダヤ人に与えられてきた市民権の諸条件の観点から検討されている。どのような肉なのかということとどのような方法で畜殺されたのかということがしばしば注目を集めてきた。しかしながらカシュルット〔「カシュルット」はユダヤ教の食物規定。ヘブライ語の形容詞「カシェール（適正な）」の名詞形で「適正性」を意味する。「コシェル」ともいう〕の掟ははるかに複雑なのであって、それは軟体動物やノウサギ、猟肉《ジビエ》の禁止に関わるものであり、何よりもまず肉製品とバターやチーズなどの乳製品を同時にとることの禁止に関わるものであり、かつワインの非常に込み入った製造方法に関わるものなのである。[55] ユダヤ教の伝統においてこれらの禁止事項は創世記のなかではっきりと述べられている――「ただし、肉《にく》は命《いのち》である血《ち》を含《ふく》んだまま食《た》べてはならない」（創世記九章四節）〔聖書の引用の日本語訳は、以下すべて新共同訳による〕。また、申命記では「ただ、その血《ち》は断《だん》じて食《た》べてはならない。血《ち》は命《いのち》であり、命《いのち》を肉《にく》と共《とも》に食《た》べてはならないからである」（申命記一二章二三節）と言われ、さらに「あなたは子山羊《こやぎ》をその母《はは》の乳《ちち》で煮《に》てはならない」（申命記一四章二一節）とされている。レビ記でも、モーセは食に関する禁忌により自民族を他民族から分かつ――「わたしはあなたたちの神《かみ》、主《しゅ》である。わたしはあなたたちと諸国《しょこく》の民《たみ》を分《わ》かつから、あなたたちは、清《きよ》い動物《どうぶつ》と汚《けが》れた動物《どうぶつ》、清《きよ》い鳥《とり》と汚《けが》れた鳥《とり》とを区別《くべつ》しなければならない。動物《どうぶつ》、鳥《とり》、すべて地上《ちじょう》を這《は》うものによって、自《みずか》らを憎《にく》むべきものにしてはならない。これらは、わたしが汚《けが》れたものとして、あなたたちに区別《くべつ》することを教《おし》えたものである」（レビ記二〇章二四―二五節）。また、「地上《ちじょう》のあらゆる動物《どうぶつ》のうちで、あなたたちの食《た》べてよい生《い》き物《もの》は、ひづめが分《わ》かれ、完全《かんぜん》に割《わ》れており、しかも反《はん》すうするものである」（レビ記一一章二―三節）とされる。[56] これほど多くの原則が、豚を排除するとともに、ひれと鱗のある動物とその他の動物、つまり移動できず、それゆえ食べてはならない動物の区別を導入するのである。[57] モーセの律法は、割礼とシャバット〔ユダヤ教の安息日で、金曜日の日没から土曜日の日没まで〕の遵守とともにひとつの区別を、すなわちこれほど多くの存在論的境界線を内的に引く諸々の禁忌を確立する。エルサレム神殿が破壊されたあと、聖書、食卓、および食卓における作法、そして聖書のなかで繰り広げられる物語と食卓で行われる祈りは、すべてエルサレム神殿破壊の隠喩のようなものになる。[58]

このような考え方に従えば、ローマ帝国時代に関してジョーダン・ローゼンブルムが述べているように、非ユダヤ教徒と食事をすることは、偶像崇拝に直結する（出エジプト記三四章一五－一七節）とともに、非ユダヤ教徒との性交渉を受け入れたり族外婚を容認するも同然の行為（民数記二五章一－三節）であり、ユダヤ民族と他民族の境界線を消し去り、外部権力に身を委ね、ユダヤ世界を崩壊させるにも等しい行為なのである(59)。ヨセフの兄弟たちがエジプトに赴いたとき、「食事は、ヨセフにはヨセフの、兄弟たちには兄弟たちの、相伴《しょうばん》するエジプト人《じん》にはエジプト人《じん》のものと、別々《べつべつ》に用意《ようい》された」（創世記四三章三二節）のである。また、ユディトはホロフェルネスと食事をする際、自分の食物を持参し、エステルはハマンとは食卓を共にせず、ダニエルは自分のアイデンティティを明確にするためにネブカドネザル王の食物を拒むのである。

ユダヤ人の目には、豚は穢れの権化たる動物と映る。というのも「豚への言及はたいていの場合、禁じられた食品の換喩とみなされうる(60)」からである。ユダヤ人の生活における食物の役割を専門とする歴史家デイヴィッド・クレイマーによれば、「豚は他者の肉の本質的象徴になった(61)」のだという。今日のフランスにおいてムスリムは、豚、ひいては食物そのものを外国人憎悪やあらゆる多元主義の拒絶をかき立てるのに適した旗印とみなす民族的動員の主要な標的となっているが、ユダヤ人もまた、多くの演説や調査においてムスリムに結びつけられ、同じ問題に巻き込まれている。今日カシェールの肉屋や食料品店が公然と増加しているという事情も手伝い、ユダヤ人は彼らを他のフランス市民から明確に区別する、このように特殊なアイデンティティ形態を放棄するよう切に求められている。単一民族からなる国民の名において、またこれとは反対に、排他的で戦闘的なライシテの名において、「フランスをフランス人の手に」[62]のスローガンのおぼろげな再来が姿を現し、新しい表現で公共空間への帰属の問題を問うのである。こうして食の問題は唐突に世間の注目の的となり、奇妙なことに国民的論争の争点になっている。[63]ほとんど警戒されることなく拡大しているこの論争は、外国人憎悪やナショナリズム的思考だけでなく、一九世紀末に花開き、ヴィシー政権下で支配的になった、国民についての生物学的ヴィジョンへの回帰を促すものであるが、ヴィシー政権の先導的措置のひとつが、これは歴史家たちがないがしろにしがちな点であるが、儀礼的屠殺とカシェールの食肉の禁止だったのである。豚肉を賞揚し、食を通した内輪での共生の名のもとにカシェールの食物を禁止することは、市民性のひとつの解釈であるが、このような解釈はじつを言えばはるか彼方に過ぎ去った過去に根ざしており[64]、フランス人同士のあいだに生じたいくつかの紛争において、敵対し合う同胞の一部が、奇妙なことにまったく異なった前提からではあれ、共有していたものなのである。

これは本書が示すことになる点だが、ヴォルテールから第三共和政を経てヴィシー政権にいたるまで、あるいはモーゼス・メンデルスゾーン、ミラボー、クレルモン゠トネール伯爵からエドゥアール・ドリュモンとその追随者たちにいたるまで、時代は変われど、軽視されがちであったこの食物の問題は、さまざまな議論、無理解、拒絶、提議を引き起こしてきた。生物学的ヴィジョンの名において、あるいはその文化的見地がけっきょくのところキリスト教に根ざしている普遍主義的ライシテの名において、ユダヤ人は過去においても現在においても、自らの「先祖代々のしきたり」を捨てるよう促されている。その度に、国民集団の大部分を組織化する信仰・行動様式とは異なった信仰・行動様式の残存が公然と愚弄されるのである。それでも一部の人々は、各人を尊重しつつ共通の食卓を分かち合うことを想像し得たのである。国民に関するこの排他的ヴィジョンの起源を理解するためには、そしてまた、どうしても必要な場合には妥協に応じうることを示し得た一共和国のさまざまな実践を再発見するためには、過去にさかのぼり、国をまたいでいくつかの比較を行うことが不可欠である。

二〇一二年九月、レ・パレルにて

私はこの場を借りてニューヨーク大学ティクヴァ・センターに感謝したいと思います。二〇一一－二〇一二年度にこの原稿の準備と執筆を終えることができたのは、同センターのおかげです。疑念と苦悩の時にあって、私の友人ミシェル・トロペルは、この著作の執筆を続けるよう、この長い一年たえず私を励ましてくれました。妻のジュディット・ビルンボーム＝ランベルジェはたいへん念入りにこの原稿を読み返してくれました。スイユ社の歴史部門の責任者、セヴリーヌ・ニケルさんはこの原稿の一貫性を大いに改善してくれました。

第1章　啓蒙と食

――「私たちはあなたがたと一緒に食べるわけにはまいりません」
（モーゼス・メンデルスゾーン）――

一八世紀において、フランス流啓蒙はカトリック・フランスに敵対するとともに、理性の名において全能の教会に対して戦いを挑む。ヴォルテールはあらゆる才気を駆使してカトリックのさまざまな信仰を辛辣に告発することで、宗教の蒙昧主義に対するこの戦いを先導する。同時に、そして同一の論法によって、彼はユダヤ教をも攻撃するのである[1]。このユダヤ教批判の激烈な論調から、ヴォルテールを近代反ユダヤ主義の始祖とみなす向きもあった[2]。彼がくどくど述べ立てている非難はよく知られており、それによれば、ユダヤ人は自分たちの慣習を他民族から借用しているにすぎず、彼らが「歴史や古い寓話で仕立て上げるものは、古着屋が古着で仕立て上げるものと同じであるが、古着屋は古着を裏返し、新品としてなるべく高く売りつけるものである」[3]。この「さまよえる群れ」、この「肉体的で血なまぐさい民族」は、「あらゆる民族を嫌っていたばかりではなく、あらゆる民族から嫌われてもいた」のであり[4]、割礼のようなエジプト人の慣習を模倣しているばかりではなく[5]、ユダヤ人は「エジプト人と同じように、〔食べて良い肉と悪い肉といった〕肉類の差別に執着した。また、彼らから水垢離《みずごり》（斎戒沐浴）とか、宗教的行列とか、神聖な舞踏、アザゼルの贖罪の山羊〔『レビ記』第一六章、一〇〕、赤毛の雌牛〔『民数記』第一九章、二〕などを借り受けた[6]」というのである。ヴォルテールは、おそらく彼のもっとも体系的なテクストである、「ヨーロッパにおけるユダヤ人の境遇について」〔『諸国民の風俗と精神について』第一〇三章〕のなかで、この問題を再び長々と論じている。彼はユダヤ人排斥の責任をユダヤ人自身に帰したうえで、その理由を次のように説明している。「彼らは諸民族を憎むよう命じられたのであり、他の法に従う人間の皿で食事をすれば自分が穢れたと信じ込むよう命じられたのである。〔…〕ユダヤ人には、ローマ人が使った皿からもアモリ人の皿からもものを食べることが自分に許されるとは思われなかった。彼らは皆、人づき合いの慣習とは正反対の慣習を固持している。したがって彼らは当然のことながら、あらゆる面で他の諸民族と対立した民族として扱われている」[7]。

人間は皆兄弟であると考える啓蒙思想家にしてみれば、いかなる人間も自分は神に選ばれたのだと思いあがるようなまねはできないし、また他の人間たちから離反し、同じ料理を皆で一緒に分かち合って食べることを拒むようなこともできないのである。しっかりと共有された社交性の基本形態としての「共に食べること」に付与されたこの特権はモンテーニュを思い起こさせるが、彼は二世紀前にこう書いていた。「何を食べるかということよりも、誰と食べるかということに気を配る必要がある〔…〕。〔…〕私にとっては、皆と一緒に食事をすることからくる楽しみほどうまいご馳走はないし、またそれほど食欲をそそるソースもない」[8]。頑固な理神論者にして、人類融和の礼賛者としてあらゆる兄弟殺しの戦争を拒絶するヴォルテールは、普遍主義のヴィジョンと、さまざまな人間集団および個人に固有の信仰・思考形態の尊重との両立の問題を、食に関する所見とともに正面から論じている。聖典を名目として食事が共にされないとき、社会性は否定されているのだろうか。興味深いことに、ヴォルテールに関する歴史家たちの研究では、『諸国民の風俗と精神について』のこの重要な章を締めくくる反ユダヤ主義的風刺の側面が黙殺されている。

アムステルダム生まれのポルトガル系ユダヤ人であるイザーク・ド・ピント〔一七一七―一七八七〕はこの点に関して見誤るようなことはない。自身ユマニストにして啓蒙思想家、開かれた社会と国際交流の信奉者[9]であるピントは、『ヴォルテール氏著作集第七巻第一章について』と題されたテクストを書き、このなかでヴォルテールはユダヤ人を「十把一絡げにして」しまっており、そうすることでユダヤ人の「おぞましい肖像」をつくり上げているといって非難を浴びせている。ヴォルテールのユダヤ人に対する糾弾を不当なものとして退けたうえでピントが主張するには、ユダヤ人は「居を構えた国々の国民の愛国精神を自分のものにする」ことができるのであって[10]、ヴォルテールはポルトガル・スペイン系ユダヤ人の綿密な繊細さ」を軽視しているが、ポルトガル系ユダヤ人の習俗は他のユダヤ人の習俗とはまったく異なっており、前者はあごひげをたくわえておらず、服装の面でもまったくおかしなところはない」のだという[11]。さらにピントはドイツ・ユダヤ人の弁護まで引き受けてやり、彼らの欠点は彼らが被ってきた「迫害」によって形成されたものであると主張している。ピントはユダヤ史における学者たちの地位、とりわけ「哲学者たち（というのは、ヴォルテール氏には気に入らないだろうが、ユダヤ人のなかにも哲学者はいるのだから[12]）」の地位を強調しており、「三〇〇〇年ほど前に（というのは、ユダヤ人には古い歴史があるからだが）モーセが過越祭を創設して以来、彼らの暦にはいかなる変更もなされなかった[13]」と述べている。ピントは、モンテスキューが引用している、あるユダヤ人女性が異端審問に際して自らの宗教を弁護する際に行った演説を長々と引用したうえで、次のように結論づけている。

私はよく、仮に人間たちのあいだに一つしか宗教がなければ、皆幸せになれるのに、と思ったものである。しかし個々の利益に注意を払ってみると、一様な信仰を持つ人々においてでさえ、人類の不幸は人類自身に起因するということがわかったのである[14]。

同化ユダヤ人であると同時にユダヤの伝統に忠実であるピントは、ヴォルテールが長々と論じている食の戒律に関する問題を直接取り上げることはしない。まるで同じ国民を構成する諸々の市民を分化するような要素を明るみに出すことを恐れているかのようである。

ピントに丁寧に返答しながらも、ヴォルテールは包み隠さず以下のように述べている。「多くの人たちにはユダヤ人の戒律も書物も迷信も認めることができません。彼らが言うには、あなたがたユダヤ民族はつねに自らに甚大な害を与えており、また人類に対しても害を与えているのです[15]」。そして以下の名高い文章で反駁するのである。

私は、カルデア語やフェニキア語、アラブ語などが混じった片田舎の方言が、われわれの古いガリア語と同じくらい乏しく、耳障りな言語であるということをあなたに認めてもいいでしょう。しかしたぶん私はあなたを怒らせてしまうでしょうし、立派な紳士であるあなたに嫌われるようなことは私もしたくないのです。あなたはユダヤ人なのですから、ユダヤ人のままでいてください。あなたは「シボレート」という言葉をきちんと発音できなかったからといって四万二〇〇〇人の人間の喉をかき切って殺したりはしないでしょうし、ミデヤン人と肉体関係を持ったからといって二万四〇〇〇人を同じように殺したりはしないでしょう。それでもどうか哲学者でいてください。この短い人生で私があなたに願いうる最良のことはそれだけです[16]。

ゲネ神父〔アントワーヌ・ゲネ（一七一七―一八〇三）。ソルボンヌ大学修辞学教授、アミアン司教座聖堂参事会員、碑文・文芸アカデミー会員。のちのシャルル一〇世の家庭教師も務めた〕によって書かれ、『ポルトガル、ドイツ、ポーランドのユダヤ人からのヴォルテール氏への手紙』と題された奇妙な返答のなかでは、ピントのテクストとは異なり、この食物の問題が長々と取り上げられている。ゲネは「ユダヤ人の儀礼に関する戒律を滑稽なものに見せようとする批評家〔ヴォルテール〕の虚しい努力」を次のように糾弾している。

> 祭儀というものはすべて等価なものなのです。祭儀がどれも厳かであるのは、もっぱら宗教が祭儀に認める聖性によるものです。〔…〕一部の非衛生的な食物が賢明なる戒律によって禁止されていること、また民族によっては美味しいと思われる別の食物が特別な理由で禁じられていることのどこがおかしいのでしょうか。こうした特別な理由を知らないのであれば、それを断罪することなどできないはずです。〔…〕なんともまあ、あなたはわれわれの立法者にむかって、彼の民族にこうした危険で下劣な食べ物を禁じ、もっとも適切でもっとも健康に良い食べ物を食べるよう命じたといって非難しようとでもいうのでしょうか[17]。

ゲネは、鱗のない魚類や豚肉、ノウサギなどを禁ずる、食に関するユダヤ教徒固有の禁忌の弁護に乗り出す。彼は以下に見えるように、ヴォルテールの「からかい」や「神権を愚弄」するようなやり方に憤慨している。

あなたはノウサギの肉がわれわれに禁止されたことを認めようとしません。どうやらあなたはこの肉がお好きなようだが、それが嫌いな人たちもいるのですから、好き嫌いについて議論するのはやめましょう。国によっては極上の美味とされ重宝される肉が、あらゆる国で同じような扱いを受けているわけではないということを、あなたは知らないとでもいうのでしょうか。〔…〕あなたは、豚肉は美味しく健康に良いとお考えかもしれませんが、多くの人たちは、キリスト教徒の一部でさえ、あなたとは違う考えを持っており、豚は消化しにくい食物であると考えているのです。〔…〕〔また、豚は〕レプラにかかりやすく、あらゆる動物のなかでもっとも不潔な動物です。以上の三点は、豚をわれわれの食卓から排除するのに十分重大な理由であったように思われるのです。(18)

これから少し経った一七七六年、ヴォルテールは例の才気を活かし、「六人のユダヤ教徒に反論する一人のキリスト教徒」と題された稀にしか引用されることのないテクストによって抗弁する。ここでは食に関する戒律に関連する部分だけを取り上げよう。このなかでヴォルテールは、豚食を擁護して次のように書いている。「あなたはユダヤ教徒のご馳走についてきわめて雄弁に語っています。たしかにシリアや石のアラビア〔アラビア半島の砂漠地帯〕の砂漠では、塩漬けの豚肉は健康には良くないでしょう[19]」。さらに皮肉を利かせて、こうつけ加えている。「ウエストファリアの商業を牛耳っているユダヤ教徒は、どうして彼らのラビから、豚肉しか栄養源にできないこのような寒い土地に住まなくてすむようにしてもらえなかったのか、ということをまたご教示くださると幸いです[20]」。

また、ヴォルテールは全身全霊でブーダンの摂取を擁護する。

ピジョン・オ・サンやブーダンがあなたがたに禁じられているということであなたがたが得るものはたいへん大きなものでしょう。あなたがたは、このような処方箋を出したのはひとりの偉大な医者であると信じておいででしょう。血は毒であり、テミストクレスや他の人たちは雄牛の血を飲んだために死んでしまったとお考えでしょう。打ち明けて申しますと、私はギリシアの寓話をからかって、自分が所有している若い雄牛の一頭を出血させてその血を一杯飲んでみたことがあるのですが、なんら体に障ることはありませんでした。私の地域《カントン》の農民たちは毎日同様のことをする慣わしがありますが、彼らはこの昼食をフリカッセと呼んでいます[21]。

ヴォルテールは、理性と兄弟愛によって統治されるべき世界における、食に関する戒律と諸々の儀礼、そしてあらゆる形態のユダヤ的特殊個別主義の固持を、辛辣な皮肉を込めて糾弾する。しかし彼はユダヤ人に対して犯されたあらゆる暴力にも抗議しており、ユダヤ人のうちに「われわれの父たち」や「われわれの兄弟たち」を見出している。ハーヴェイ・シシックが指摘しているように、ヴォルテールは自分とはまったく無縁の特殊個別主義的儀礼の維持を、それが私的領域にとどまっている限りにおいて事実上容認しているふしがある。(22) じっさい彼は、そのことをにおわせるようにして次のように書いている。

ためしにロンドン取引所に入ってみたまえ。これはそこらあたりにざらにある法院なんぞよりはずっと尊ぶべき場所だが、あなたの日にされるものといえば、人間の利得のために万国の代表者たちが蝟集《いしゅう》している光景だ。そこでは、ユダヤ教徒、マホメット教徒、そしてキリスト教徒が、まるで同じ宗旨の人間のようにお互同士を扱っていて、異教徒呼ばわりするのは破産なんかする奴に対してだけだ。そこでは、長老派が再洗礼派に信用を与え、英国国教派がクウェイカー派の約定を納《い》れたりする。そしてこのなごやかな自由な寄り合いを出た途端、ある者はシナゴーグに行き、他の者は飲みにゆく。こっちの奴は父と子と聖霊の御名において大盥《おおだらい》の中で洗礼をしてもらいに行くかと思えば、あっちの奴は自分の子の包皮を切らせて、わかりもしないヘブライ語の文句をその子供に向ってもぐもぐ誦《とな》えてもらう。かと思うと、自分の教会内に引き籠って、帽子をかぶったまま神の霊感を待ち受けるという例の連中もある。そしてみんなめでたし、めでたしである。もしイギリスに宗旨が一つしかなかったならば、その専横は恐るべきものがあろう。もし二つしかなかったならば、お互いに喉笛を切り合っただろう。しかしそこには三十からもの宗旨があるので、みんな仲よく安穏に暮している[23]。

ヴォルテールはさらにドイツ、イギリス、オランダ、フランスに関して、次のように述べている。

今日これらの国では、宗教の相違がいかなる紛争も呼ぶことはない。ユダヤ教徒、カトリック教徒、ギリシア正教徒、ルター派、カルヴァン派、再洗礼派、ソッツィーニ派、メンノー再洗礼派、モラヴィア派、その他大勢がこれらの国で同胞として生活し、等しく社会の幸福に貢献しているのである。〔…〕宗派はその数が多ければ多いほど、それぞれの宗派は恐ろしくなくなるものである。数が多いために諸宗派の力は弱まり、そのすべてを公正な法律が取り締まる。〔…〕わたしはあなたに、すべての人をわれわれの兄弟と思わねばならないと言おう。なに、トルコ人が兄弟だと、中国人、ユダヤ人、シャム人が兄弟だと君は言うのか。いかにも、そのとおり。われわれはみんな同じ父をもつ子供たち、同じ神の被造物ではなかろうか[24]。

ヴォルテールはあらゆる宗教に対して激しい敵意を抱いており、普遍主義的啓蒙の熱烈な伝播者にして純然たる理神論者であるが、右に列挙された信仰の正当な存続に関しては、それが公共領域で表現されない限りにおいて受け入れているように思われる。人類への共通の帰属のほうが優先されるのであり、すべての人間は、自分たちを一つに束ねる社会性の絆を守らなければならないというわけである。反対にイザーク・ド・ピントにとって、ユダヤ人は個人として人類に属してはいるが、彼らはやはりひとつの「民族」を形成しているのである（これはヴォルテールも嘲りながらではあれ、認めていることである）。彼らユダヤ人を神性に結びつけるこの信仰の共有は、排除というふるまいによってしか生き延びることができないが、こうしたふるまいは公共領域にも表出してしまう。そしてゲネが強調しているように、市民は公共領域で出会うのだが、だからといって同じ食べ物を食べるわけではないのである。

この論争は、肝要なものであるにもかかわらず単なる言葉の応酬にとどまっているが、やがて近代におけるユダヤ人の運命を激変させることになる深い革命的断絶をすでに予告している。おそらくこのヴォルテールとピントの直近の衝突を知ることなく、そのわずか数年後の一七八一年、プロイセンの優秀な行政官であるクリスティアン・ヴィルヘルム・フォン・ドームが、フランス・ユダヤ人であるセルフ・ベールの求めに応じて、『ユダヤ人の市民としての改良について』を上梓する。ドームはこの著作を、不当に攻撃されているアルザス・ユダヤ人を保護する目的で、ユダヤ啓蒙運動ハスカラの中心人物、モーゼス・メンデルスゾーンとの深い意見の一致に基づき構想した。この著作では、フランスのユダヤ教とドイツのユダヤ教のあいだの近親性、両者の密接な絡み合いがすみずみまで明らかにされている[25]。両者ともユダヤ人解放の問題に直面しており、両者とも自身を公共空間から締め出す下等身分を拒んでいる。さらには、両者とも啓蒙主義の開花とともに近代に参入し、市民へと変身することを切望している。それでもこのような変身の諸条件は明瞭であるにはほど遠く、そのことはこの時代のさまざまな出来事やイデオロギー論争が証明している。

この短い本は即座に仏訳され、フランス革命の際、ユダヤ人解放に関するあらゆる論争で取り上げられ、ある者からは援用され、別の者からは断罪されている。プロイセン国家の高級官吏であるドームは、革命的発想など微塵も持ちあわせていない。彼が望むのは、国家がユダヤ人の生活環境を改革・改善し、彼らを市民の身分まで引き上げ、彼らに直ちに政治的権利のすべてを認めてやることを約束することである。彼がユダヤ人たちに対して抱いている偏見はこの著作の頁をめくるたびにはっきりと目につくが、それでも彼は次のように声高に訴えている。「ユダヤ人の宗教は、政府が国家に付随する諸権利を彼らに与えようとすれば、彼らが良き市民であることを妨げることはない。〔…〕この宗教は、市民の諸々の義務と矛盾するようなことは何も教えてはいないのである[26]」。ユダヤ人は、公共空間のただ中に完全に参入しながらも彼らの信仰に忠実なままでいられるのだと宣言されたわけだが、これは決定的に重要な瞬間である。飽くなき楽観主義者、ドームが主張するには、もし市民に「信仰に関しては自らの知性の光に従う自由があるのであれば、市民はこのような自由を享受できるようにしてくれた国家をそれだけいっそう愛するであろうし、狂信的な言動は影を潜めるはずである[27]」。彼が確信しているところによれば、ユダヤ人は忠実な市民になるであろうし、シャバットの諸々の禁止事項にもかかわらず、祖国を防衛するために武器を手にする愛国者となるであろう。たしかにドームは、彼らがそれまでの仕事をやめ、新たな職業を選ぶよう願いながらも、彼らに国家公務員の門戸を開放することに関しては慎重な姿勢を崩さない。ドームはこの可能性を否定することはないが、将来の世代へと先延ばしするのである。[28] それでも公共空間への参入は「団体精神」やあらゆる形態の集団的帰属の消失を含意するものではないということを彼は理解している。「ユダヤ教会」には「過ちを犯したユダヤ人において人間と市民」を罰しないという条件で排除の権利が認められているのだから、ユダヤ人はたとえば貧困にあえぐ同胞の面倒を見たり、自分たちの好きなようにシナゴーグを建立したり、ラビに報酬を与えたりすることができるのである。[29]

このような考え方はアングロ・サクソンの多元主義と自由主義によってつくりあげられ、それが奇妙にもプロイセンのような官僚化された国家に移し替えられたわけだが、この考え方によれば、普遍主義は信仰の多様性と両立不可能であるということはまったくない。しかしながら、この決定的に重要な主張は自明なものではない。一八世紀から今日にいたるまで、普遍主義と差異のあいだの緊張関係は解消されるにはほど遠い。まさに普遍主義の名において、ユダヤ人たちは自分たちの名前を捨て、ユダヤ人としては消え絶え、共通の市民の身分のなかに溶け込むよう促されているのであり、この共通の市民の身分こそが彼らの近代化を意味しているのである。しかしそのようなことはドームにはまったく考えられない。彼は勇敢にもこう書いている。

> 政府の偉大で高貴な役割は、これらすべての異なる社会の排他的諸原則を緩和させ、そうした社会のすべてが、自らを包摂する大社会の迷惑とならないようにすることである。〔…〕政府はこ

れら特殊小社会のそれぞれに、自らに固有の団体精神を持つこと、ひいてはそれが害のない場合に限り、偏見に凝り固まることも認めてやるべきであるが、同時にその構成員に、国家に対するよりいっそうの愛着を吹き込むよう努めるべきである。こうして貴族、農民、学者、職人、キリスト教徒、ユダヤ教徒といった身分が市民の身分に従属させられたとき、政府は自らの目標を達成したことになるだろう(30)。

この数語のうちに、共通の市民の身分と両立可能な文化的多元主義の同時代の諸原則が、つまり市民の身分と集団的アイデンティティ、公共空間と多様性を和解させる見地の同時代の諸原則が言い表されている。しかし実際には、ドームのさまざまな提案は嘲弄と激しい反論を巻き起こす。なかでももっとも有名なのは、間違いなくヨハン・ミヒャエリスによってなされた厳しい反論であり、これによればモーセの律法は、ユダヤ人が他民族に混じることを禁じている。

自民族を他民族から引き離しておくのは彼らユダヤ民族の意図によるものであり、このことは食物の清浄・不浄に関する戒律にいたるまで完全にモーセの律法に含まれている。他民族において見られるのとは異なり、ユダヤ民族はこの食物の清浄・不浄に関する戒律を一七〇〇年の離散のあいだ守り通してきた。そして彼らがたとえばわれわれと一緒に食事をしないかぎり、つまり彼らが食事の同席者となることができないかぎり、あるいは最下層の人々の場合であれば、われわれと一緒にビールジョッキを囲むことができないかぎり、彼らはわれわれと混じり合うことはないであろう[31]。

ミヒャエリスは、ユダヤ人の欠点は彼らと不可分であり、それゆえ彼らは改善されることもなければ祖国のために戦うこともなく、いつまでも外国人、アジア生まれで南国の気候に慣れ親しんだ東洋人のままでいるだろうと考える。ミヒャエリスはユダヤ人の法を「モンテスキューのまなざしで」考察しようとする。『法の精神』の著者同様、彼は決定要因としての気候にこだわっている。したがってドイツ国民が、自ら強く必要としている砂糖栽培に適したユダヤ人の身体的特徴を享受するためには、彼らをジャマイカやタヒチなどの島に送ってしまえばよいということになる。こうした意味では、ゲルマン世界と相容れない「ユダヤ人種」は、少なくともドイツ植民地主義の道具にはなりうるのである。ユダヤ人を公民として改良することは永遠に望むべくもないのだから、ミヒャエリスは「彼らの強制移送という植民地的空想」にふけりながら、ドームの多元主義的普遍主義にきっぱりと背を向け、ユダヤ人に対してヨーロッパ近代へのいかなる参入をもはねつけるのである[32]。とりわけ、「彼らがたとえばわれわれと一緒に食事をしないかぎり、つまり彼らが食事の同席者となることができないかぎり、あるいは最下層の人々の場合であれば、われわれと一緒にビールジョッキを囲むことができないかぎり、彼らはわれわれと混じり合うことはないであろう」と書きながら、ミヒャエリスはドーム流の「小社会」の残存を断罪するだけではなく、皆で食卓を囲んで食事を共にするという社交性を市民の資格の前提として指定している。彼らユダヤ人は、自らの食に関する禁忌に従い続けているがゆえに「われわれと混じり合うことはないであろう」し、永遠に自らすすんで排除されるのである。ユダヤ人解放の断固たる反対者によってなされたこの主張は、歴史記述においてはまったくなおざりにされているけれども、当時の議論のなかでは中心的な位置を占めていたのである。

一七八三年、ドームと親しいメンデルスゾーンは、彼が「人間たちの友人」とみなすドームの論拠を補強する著作、『エルサレム』を出版する。[33] 自分たちの価値観の一部を保ったまま公共空間に参入したがっている世代のドイツ・ユダヤ人にもてはやされているメンデルスゾーンは、ドームの再生的ヴィジョンに賛同しない。[34] 彼は、ユダヤ人が近代に到達するために彼らの人格や職業を根本的に変革すること、たとえば行商や彷徨の世界を離れ、農業や学問の世界に入ったりすることを望まない。[35] 彼によれば、ユダヤ教はその戒律や儀式を否定するよう強いられてはいないのである。彼は、ユダヤ教の戒律や儀式は世俗化された国家と両立するものであると考える。同化のプロセスに好意的なそぶりなど微塵も見せることなく、メンデルスゾーンはディアスポラ・ユダヤ人の存在を認めるようなモデルを提起する。近代性に不可欠な調整としてのユダヤ人改良を推奨する者たちとは一線を画しながらも、彼はミヒャエリスの東洋趣味的偏見を論駁する。[36] 彼はユダヤ教の政治的次元、すなわちシオンへの回帰の見通しとは無縁の、ユダヤ教の往時の現世的権力を放棄しながら、個々のユダヤ人の信教の完全な自由を要求するが、これはたとえば破門の手段に訴えることができる同業組合的自治のようなものを維持しようとするドームの考えとは相容れないものである。メンデルスゾーンは、自分たちの信教の自由、すなわち自分たちの信仰を守る個人としてのユダヤ人解放が、世俗化された啓蒙主義の諸々の理想と両立可能であることが明らかになってほしいと願っている。それでも彼は、その結果ユダヤ人が原理主義に走り、そのことが新たな「残忍な仕打ち」や、ユダヤ的アイデンティティをおびやかす新たな「亡霊」の目覚めをもたらす危険があるのではないかと危惧している。[37]彼の考えでは、啓蒙はユダヤ人再生を含意することはできないのである。

メンデルスゾーンが「友人」であるドームと価値観を共有すれども意見を少々異にしているということは、彼がミヒャエリスの毒々しい攻撃に対して暗黙裡に立場を表明する姿勢に比べれば、ここではさして重要ではない。ドームは、国家へのユダヤ人参入を促進するために長い時間をかけて彼らを改良することを望んでいるが、彼はすでに見たように、諸々の「特殊小社会」が、それらが持つ「偏見」とともに、ただしこうした偏見が「害のない」場合に限り、維持されることを擁護している。したがってこの論理に従えば、ドームは、食事の場においてユダヤ小社会を、国家の最大限の利益のために市民が寄り集まって形成している他の諸々の小（あるいは大）社会から引き離すことにより構造化している、食に関する宗教実践の保護を正当なものとみなすしかないということになる。このような考えは、先に見た通り、ユダヤ人が「われわれと一緒に食事をしないかぎり」、彼らの近代への参入を想い描くのは無駄なことであると言ってはばからないミヒャエリスを激怒させる。われわれがメンデルスゾーンの返答を強調したいのはまさにこの点においてである。この返答はドームの論理に似通っており、文化的多元主義と普遍主義的公共空間のあいだの両立性に関する現代の議論に通じるものである。国家と宗教の根本的分離の擁護者であるメンデルスゾーンは厳かに断言する。

個人的な戒律、イスラエルの息子たちに与えられた義務は、寺院の崇拝やパレスチナにおける所有地とは無関係に、われわれが理解できる限りにおいて、律法の字義通り厳密に遵守されねばなりません。〔…〕神が結びあわせたものを人間がほどくことなどできないのです。〔…〕どうしてあなたがたは、儀式に関する戒律の遵守によってわれわれがあなたがたと外面的に区別されるかぎり、つまりわれわれがあなたがたと一緒に食事をせず、あなたがたと結婚しないかぎり、われわれのことをふたたび兄弟のように愛することも、われわれと礼儀に則って団結することもできないなどと思い込んでしまうのでしょう。

「諸宗教の結合」を「真の寛容とは正反対」の「まったくの幻想」として退けながら、メンデルスゾーンはその著書の結論部分で次のように言い切る。「多様性が神の計画でありかつ最終目的であるところに、調和など作り出さないようにしましょう。われわれのうちでは、誰も自分の同胞のように考えたり感じたりする者などいないのです(38)」。ユダヤ啓蒙思想の旗手たるメンデルスゾーンが、儀式に関する戒律、なかでも食物の清浄・不浄の区別に関する戒律の厳密な遵守を神経質に擁護しているのである。つまり、仮に市民間の兄弟愛が信教の自由や信仰の尊重を破棄する「諸宗教の結合」を前提とするのであれば、このような見せかけの兄弟愛のためにカシュルットの規則が再度問題視されるわけにはいくまい、というのである。メンデルスゾーンは、ユダヤ人を他の市民から引き離す族内婚を断固として擁護するばかりではなく、食卓の分離を維持することを訴えている。ユダヤ教徒の市民が同胞たる非ユダヤ教徒の市民と一緒に食事をしないことは、彼にとっては正当なことなのだ。この考察はメンデルスゾーンの著作の注釈者たちからほとんど取り上げられることはないが、同化主義者にして理想的ドイツ・ユダヤ人たるメンデルスゾーン、「教養《ビルドゥング》〔普遍主義的、合理主義的かつ同化主義的ドイツ啓蒙〕」の預言者にして調和した全体的共生の預言者メンデルスゾーンという、あまりに流布しすぎたイメージを決定的に退けるものであるように思われる。『エルサレム』の著者は、同胞市民の大ひんしゅくを買いかねない分離形態を、迷うことなくあからさまに要求しているのである。市民の資格が強固な懇親性を前提とするという考えはそれほど強いわけだが、この懇親性が贔屓にしている媒介物が食卓なのである。もし「市民の結合が、われわれがいまだに義務を負っていると考えている法に背くという条件によってしか成し遂げられないのであれば、残念ながらわれわれはむしろ市民の結合を断念するしかない、と説明せざるを得ないことになります。〔…〕われわれはあなたがたの兄弟や同胞というわけにはまいりませんが、少なくとも同じ人間、この国に一緒に住んでいる人間であるとお考えください[39]」。メンデルスゾーンはこの文章を、カシュルットと族内婚の規則を遵守する必要性を強調した直後に書いている。彼の言動は首尾一貫しており、非ユダヤ教徒思想家との旺盛な交友関係に身を投じる一方、レッシングやニコライ、アプトらが参加しているきわめて閉鎖的な「月曜クラブ」に例外的に加わるよう招待を受けたとき、このクラブでは会員たちが一緒に夕食をすることになっていたため、これを断念している。マイケル・グレイツによれば、「彼はユダヤ教とその食に関する戒律を犠牲にしてまで宗教をまたいだ交友関係に参加しないという原則に忠実に、この招待を断ることを選んだ[40]」のである。ユダヤ人が自らの法を尊重することを断念するよう強いられているのであれば、「市民の結合」や共通の市民の資格に背を向けるほうがよいというのである。メンデルスゾーンの人生は「パラダイム的」である。彼は近代に参入することを想い描きつつも、これほどまでにユダヤ教の戒律に従い、自身のユダヤ的アイデンティティに忠実なユダヤ人であり続けることができたのである[41]。彼の友人であるカントからヘーゲルあるいはブルーノ・バウアーにいたるまで、普遍主義の哲学者たちは食に関する戒律のこのような残存を断罪し続けるだろう。たとえばヘーゲルにとっては、血、すなわち命そのものを口にすることの拒絶は、ユダヤ人を暴力から除外する、つまり歴史の弁証法から除外するのである[42]。

市民都市《シテ》のただ中における食に関する戒律の永続性についてのこのような強い主張は、疑いようもなくユダヤ人解放に関する議論の、軽視されがちではあるが本質的な契機を構成している。その反響は当時のさまざまな中心的人物の数多の言説のなかに見て取れる。一七八七年にプロテスタントの大義を擁護したあと、クレティアン＝ギヨーム・ド・ラモワニョン・ド・マルゼルブはこの解放政策をユダヤ人に拡大しようとする。このためミラボーは仏訳されたばかりであったドームの著作をマルゼルブに送り、彼はそれを熱心に読んだあとボルドーとアルザスのユダヤ人の訪問を受け、彼らの敵対関係を確認する。彼は最終報告書のなかで、フランス・ユダヤ人への議会の門戸開放を推奨するまではいかずとも、彼らの境遇を改善しようと努めているが、食に関する戒律維持に関しては苛立ちを隠しきれない。とはいえこの食に関する戒律は、実際には厳しい条件のもと、かろうじて維持されていたにすぎない。肉屋の同業組合はカトリックにしか許可されていなかったため、ユダヤ教徒の肉屋は公式の流通の外部でしか自分たちの仕事に従事することができなかったからである。[43] ユダヤ人が豚食や飲酒の禁忌に従っているのは、社会性や友情の絆がほかならぬこの枠組みで確立されるからであるということが、マルゼルブには理解できないのである。こうして彼は簡潔に、田舎では「豚をつぶすとき、ユダヤ人は不在であろう[44]」とつけ加えている。フランス革命期に展開されることになる諸々の議論をいくらか先取りしているこの勇敢な改革者の考えでは、豚肉を口にすることができないという理由により、ユダヤ人は市民のあいだを支配することになる友情から締め出されてしまう。マルゼルブは、ユダヤ人解放の敵対者であるミヒャエリスの人種主義的思考や東洋趣味的空想癖をまったく持ちあわせてはいないにしても、ドームが表明した「小社会」が持つさまざまな偏見を尊重しようという気遣いや、メンデルスゾーンが行った食に関する戒律の根本的尊重のための断固たる立場表明を、暗黙裡に拒絶しているのである。

同じ頃、ミラボーは『モーゼス・メンデルスゾーンについて――ユダヤ人の政治的改革について』（一七八七年）と題された著作を刊行する。彼はメンデルスゾーンに対して抱いている賞賛の念を隠そうとはせず、とりわけその『エルサレム』に敬服している。「このような短い書物の制約のなかで明瞭に述べられ、深く掘り下げられているのは、かくも普遍的で重大にして複雑かつ困難なテーマであるから、この点だけですでにメンデルスゾーンは思考する人々の感謝に値するであろう」[45]。ミラボーはドームの著作群にも影響を受け、この二人の思想家が説く根本的な文化的多元主義を自家薬籠中のものとしている。彼ら同様、ミラボーも次の点を強調する。

あらゆる社会は諸々の私的小社会で構成されているが、そのひとつひとつが特殊な原則を持っており、それぞれの構成員たちに独自の感情と偏見を吹き込み、彼らの活動を一定の範囲に収めている。それでも世界は存続し、良く統治された国民、すなわち自由に統治された国民は繁栄するのである。〔…〕キリスト教徒と割礼を受けた者とは、またユダヤ教徒でもイスラーム教徒でも、アリ派でもオマル派でも、教皇派でもルター派でも、ソッツィーニ派でもカルヴァン派でも、皆お互いから離れればよいのだ。政府の重大にして高貴な役割は、こうした分離のすべてが大社会の利益になるようにすることにある[46]。

ドームの言葉遣いをそのまま引き継ぎながら、ミラボーもまた社会の最大利益のため、文化的多元主義の樹立を要求している。彼もまたユダヤ人の公共空間への参入に加え、国務への参加そのもの（この点に関しては、彼はドームほど否定的ではない）が、これら「私的小社会」の維持とつねに両立可能であると考えている。しかしメンデルスゾーンはといえば、彼はこうした小社会に強制的権力と団体精神を拒み、それだけいっそう強く万人に平等な市民権に賛同していた。それでも食に関する戒律の永続性については、ミラボーはこの多元主義からメンデルスゾーンと同じ結論を導き出すのである。彼もメンデルスゾーン同様、ミヒャエリスの発言に異を唱えている。

> モーセの律法の主な目的はヘブライ民族を孤立させ、他民族に対する憎しみを吹き込むことにあると彼〔ミヒャエリス〕は考えている。ユダヤ教徒がキリスト教徒と飲み食いしたりキリスト教徒と一緒に社会生活の務めを果たさないかぎり、また彼らが料理の清浄・不浄を区別し続けるかぎり、他の民族に組み入れられることはないであろうというのである。(47)

こうした論法に反駁するためにミラボーは「メンデルスゾーンの回答」を参考にしながらも、「そこに自らの考えをいくらか混ぜ合わせた」ことを公言している。彼も『エルサレム』の作者と同様、「ユダヤ教徒には不浄の料理がある！〔…〕このことはユダヤ教徒に対して人類の権利を拒むもっともな理由であるというわけだ」と言い切ってみせる。(48) さらにドームとメンデルスゾーン同様、彼もまた、「ユダヤ人に祖国を与えてごらんなさい。彼らは自分たちのものとなった祖国を愛するでしょう。たとえ彼らの宗教がそのようなことを禁じているとしても、彼らは自分たちの血を流してまで、そうした祖国を愛し、そのために尽くすことでしょう(49)」と書いている。このように、ドームがアルザス・ユダヤ人セルフ・ベールの求めに応じて、またメンデルスゾーンとの意見の一致のもとに執筆した著作は、ミラボーの考察も手伝い、即座にフランスの文脈に入ってくるのである。ドームの著作は「偏見」の永続性やユダヤ教徒に固有の諸々の法を擁護しているが、これらの法はユダヤ教徒の普遍主義的公共空間への加入と両立可能であることが明らかになる(50)。

第2章

革命期

――「ノウサギを食べること、
それもあなたがたと一緒に食べることを
私に強いる法律があるとでもいうのでしょうか」
（クレルモン＝トネール伯爵）――

同じ頃、ミラボーとメンデルスゾーンの理想は大西洋の対岸ではすでに実現しているように思われる。一七八八年七月四日、フィラデルフィアで独立宣言を記念した大がかりな軍事パレードが行われる。大群衆が幟に続いて行進し、勲章を散りばめた軍服姿の軍隊と同業組合の代表者たちが教会の代表者たちとともに参列している。自由の到来を祝うこのおびただしい数の市民の集まりのなかに、三人のラビがいたことが指摘されている。行進のあと、兄弟愛に満ちた大規模な宴会が催される。ラビには別に食卓が設けられ、彼らは誰の注意を引くこともなく、自分たちの戒律に準じた料理を食べる。[1] ジョージ・ワシントンが聖書〔列王記上五章五節、ミカ書四章四節、ゼカリア書三章一〇節、マカバイ記① 一四章一二節〕に着想を得てニューポートのユダヤ人宛てにしたためた親書のなかで述べているように、「諸民族《ネイション》からなる国民《ネイション》」にあっては、各宗教はそれぞれの木の下にすわればよいのである。ワシントンの発想の根底にあるイギリス流啓蒙思想では、このようにさまざまな信仰が共存することが正当化されている。

> この国に住むアブラハムの末裔たちが他の住人たちの善意に値し続けるとともにそれを享受し続け、彼らのうちの各々が自らのぶどうの木といちじくの木の下に安心して座ることができますように。あらゆる善の父が、われわれの歩む道に闇ではなく光を投げかけますように。[2]

同年、フランス流啓蒙思想に基づき、グレゴワール神父が『ユダヤ人の肉体的・精神的・政治的再生に関する試論』を執筆している。これはフランス革命前夜の一七八九年一月になって出版された。

グレゴワールは、どうすればユダヤ人を「幸福」にできるかという問題を解明することを目的として行われたメスの懸賞論文コンクールで受賞し、この受賞論文により大きな反響を巻き起こす。彼はユダヤ人を再生することなどつゆも望まぬアメリカ流多元主義的見地とはあらゆる点において一線を画している。グレゴワールもミヒャエリスが用いたのと同様の表現でユダヤ人の堕落を描き出すが、ミヒャエリスとは異なり、それを人種ではなく習俗、しきたり、夫婦生活におけるふるまいによって説明するのである。グレゴワールが強調するのは、「彼らの食物はわれわれの気候よりもパレスチナの気候に適している」ということであり、「うまく選択されてもいなければ、うまく調理されてもいない食の慣習」[3]を暴き立てるのである。さらには「ドーム氏がユダヤ人を弁護する方法」にも異論を挟み、ドームの「不正確な比較」を反駁し、タルムード〔紀元二〇〇年頃、パレスチナでイェフダー・ハ＝ナシにより成文化された口承律法（ミシュナー）に、伝道者たち（アモライーム）による注解（ゲマラー）を加えた、ラビ・ユダヤ教中最重要文献のひとつ。四世紀末に編纂された「エルサレム・タルムード（タルムード・イェルシャルミ）」と五世紀末に成立した「バビロニア・タルムード（タルムード・バヴリ）」があるが、通常は後者を指す〕は「人間精神のさまざまな妄想が堆積した汚水溜め」[4]なのだと言い切る。それでもユダヤ人に見られるとされる犯罪性や祖国愛の欠如についてのミヒャエリスの断言は、これをきっぱりと拒絶している。ユダヤ人に帰されている「空想に過ぎぬ大罪」の大部分に関して、彼らは無罪であるとしてその汚名をすすいでやっている。ユダヤ人は伝染病の原因でもなければ、井戸に毒を撒くこともなく、儀礼殺人や裏切りの罪を犯すこともない、というのである。彼によれば「ユダヤ人の教育を正し、素行を正してやる」ことにより彼らを矯正することは可能である。さらには、「メンデルスゾーンを輩出したことを誇るこの民族は、少なくとも理性の目覚めの時期にさしかかっている。すでに多くのユダヤ人はラビ連中のがらくたの知識の山にうんざりしており、律法につけ加えられた人為的添加物を、諸原則の真理を歪めることなく剪定している」のだという[5]。このようにグレゴワールはミヒャエリスの論拠を却下し、ユダヤ人は再生されうると述べている。この旧体制《アンシャン・レジーム》下のフランスで、彼は勇敢にも、「ユダヤ人を市民にしようではないか。彼らは身体的にも精神的にも再生されることで、より健全でよりたくましい気質、理性の光、実直さを得るであろう[6]」と言ってのけるのである。このような目的から、「彼らを互いに引き離し、可能な限り彼らの間のやりとりを断ち切り[7]」、「キリスト教徒のなかに分散させる[8]」べきであるという。また彼はこうも書いている、「生まれたばかりの世代、思春期に差しかかっている世代を〔ユダヤ人の両親の手から〕そっくりとりあげるのである」、そうすれば子供たちは「意図することすらなく健全なものの見方を身につけることができるであろうし、それは彼らが家庭内で詰め込まれようとしている馬鹿げた知識の解毒剤となるであろう[9]」。

ドームとミラボーの多元主義的見地に逆らい、グレゴワールはこうした意味で、「われわれが推し進める計画はユダヤ共同体の解体をもたらす[10]」と考えている。同時に彼は、強力かつ共通の市民権の名においてユダヤ共同体の維持に同じく反対するメンデルスゾーンと同じ見解にいたる。しかしながらメンデルスゾーンやミラボーと異なり、グレゴワールはユダヤ人に彼らのタルムードを、彼らの「偏見」や風習とともに放棄させることを望んでおり、多くの「馬鹿げた知識」に背を向けさせ、彼らの集団的アイデンティティに終止符を打つことを望んでいる。このような見地から、彼は食物および共通の食卓の問題に立ち返る。

ラビの戒律のいくつかは、まずユダヤ教徒の兵士とキリスト教徒の兵士のあいだに何らかの区別を設けることになるであろう。たとえば、彼らは同じ食事において乳製品と肉を食べないであろうが、それでもやがてはやむを得ない状況、見本、悪意のない冗談などが〔ユダヤ教徒の兵士の〕人格ではなく〔乳製品と肉を一緒に食べないという〕事柄に立ち向かい、こうした無意味な規則を消滅させてしまうであろう。以前、食事の場でキリスト教徒のナイフを使うのは過ちを犯すことであると信じていた者は、自分の親しい仲間となったこのキリスト教徒と同じ料理を食べるであろう。レヴァント地方やドイツのユダヤ教徒は通常、われわれキリスト教徒の手で製造されたシードルやビールは何のためらいもなく飲むのに、われわれが搾ったワインを飲むことはない。しかしイタリアのユダヤ教徒に加え、わが国でも一人ならずのユダヤ教徒が、このようなくだらない細則を撤廃しているのだ[11]。

メンデルスゾーンやミラボーが尊重するカシュルットの規則を、グレゴワールは断罪するのである。「手を洗わずに食卓につく」ことは宗教上の罪ではなく、「くだらない細則」違反の一例に過ぎない[12]。ミヒャエリスに続きグレゴワールもまた、こうした規則をすみやかに消滅すべき「無意味な規則」としている。彼にとっては、マルゼルブにとってとほぼ同じように、共通の食卓について同じ料理を食べることは、ユダヤ教徒とキリスト教徒の和睦の条件そのものである。こうすることで初めて、キリスト教徒はユダヤ教徒にとって「自分の親しい仲間」となるのである。啓蒙主義の信奉者にしてユダヤ人再生のための孤高かつ無鉄砲で不屈の闘士、さらにミヒャエリスの人種差別的偏見の敵対者たるグレゴワールも、ここでは啓蒙の名において、こうした「理性が否認する荒唐無稽な作り話」を消し去ることを目論んでいるが、ミラボーはこうした「作り話」にまったく不快感を覚えることはないし、メンデルスゾーンにとってはその「作り話」とされるものこそが、本質的なものであり続けているのである。

それでもグレゴワールはしばらくすると考えを軟化させたようで、憲法制定議会においてユダヤ人解放が議論された際、次のように書いている。

私が耳にした反論によれば、結婚によって他民族と縁続きになることを決して望まない人々を市民と対等に扱うことはできない、ということです。〔…〕というわけで私はこの見事な論法でもって、フランス人を市民にすることなどできない、なぜなら彼らはユダヤ教徒の女子を娶ることがないのだから、ということをあなたがたに証明することもできるのです。〔…〕ユダヤ教徒がキリスト教徒と食卓を共にすることを拒んでいるという理由で彼らの風習が放棄不可能なものであるとされている点については、それがまったくの誤りであることは日々の経験に照らせば自明のことです。もっとも、こうした食事法の相違など、政治的安寧にとってはどうでもよいことではないでしょうか。ポーランドやロシアの田舎に行けば、次のような奇妙な組み合わせが見られます。金曜日に鶏肉を食べているプロテスタントのそばで、カトリックは卵で我慢していますが、双方ともワインを飲み、トルコ人の傍らで働いています。そのトルコ人はというと、ワインを飲むのを控え、この日は祝日として休んでいるのです。このような多様性が市民の調和を損なうことはありません。[13]

方言を敵視[14]する再生論者にして共和国画一化の主唱者たるグレゴワールではあるが、ここでは「食事法の相違」は微塵も「政治的安寧」を乱すことはないと認めている。ここで挙げられた例は、たしかにミヒャエリス流のオリエンタリズムにしたがってユダヤ人をトルコ人に関連づけてはいるが、それでもまったく悪意のないものである。この点に関して彼は少しのちに、メスのアカデミーによる懸賞論文コンクールの同時受賞者であるザルカン・ウルヴィッツの徹底的に多元主義的な結論と同じ結論にいたるのである。その受賞論文『ユダヤ人のための弁論』のなかで、ウルヴィッツはじっさい、ユダヤ教徒とキリスト教徒は難なく同じ食卓につくことができると考えている。

モーセは豚のような一部の動物と血を禁じているだけで、禁じられていない食べ物を異邦人と一緒に食べることは禁止していない。したがってユダヤ教徒は日々、キリスト教徒の（ワインを除く）飲み物、パン、野菜、乳製品、魚を用いているうえに、キリスト教徒を自分たちの食卓に招いてもいる。一部の食べ物を断つからといって、ユダヤ教徒がバラモンやマホメット教徒、四旬節中のカトリック教徒よりも人づきあいが悪くなることなどないのである。[15]

グレゴワールや同時代の他の演説者とまったく同じように、ウルヴィッツもユダヤ人を「マホメット教徒」や「トルコ人」に比較したうえで、彼らの調理法遵守が社交性の障害になることはないと断言する。彼は市民共同体と併存し得る、食に関する真の多元主義を想い描いている。一七八七年のメスのアカデミーによる懸賞論文コンクールでこのカシュルットの問題を提起したのは、ウルヴィッツとグレゴワールだけであった。シェ師のような他の参加者たちは、「ユダヤ人は決してわれわれの友人にはなり得ないであろう」と主張して、共通の食卓の観念自体を原則的に拒絶したのである[16]。一七八九年一二月、ユダヤ人解放に関する並外れた議論のなかで、敵意を剝き出しにした多くの演説者が発言するなか、クレルモン=トネール伯爵は決定的な言葉を発して、自ら支持するユダヤ人の市民権参入の諸条件を述べる。

聞くところによれば、この民族は非社交的である、つまり彼らは高利貸しをするよう命じられているうえ、結婚や普段のつき合いを通してわれわれと関係を結ぶことができないばかりか、われわれの料理を食べることもわれわれの食卓につくことも禁じられており、われわれの軍隊にユダヤ人が祖国防衛のために奉仕することはあり得ない、ということです。こうした非難のなかでもっとも重大なものは不当なものであり、ほかは特殊なものです。ユダヤ人は高利貸しをするよう命じられてなどいません。〔…〕彼らに土地と祖国があれば、もう金貸しをすることはない、こういう解決策があるではありませんか。彼らが非社交的であるとされている点に関しては、これは誇張にすぎません。そんなことがあるでしょうか。このことからあなたがたは理論上どのような結論を導き出すのでしょう。ノウサギを食べること、それもあなたがたと一緒に食べることを私に強いる法律があるとでもいうのでしょうか。こうした宗教がらみの悪癖はたしかに消えてゆくでしょうが、仮に哲学を学んでもなお、そしてついに真正の市民となり、社交的な人間になる喜びが得られてもなお、このような悪癖が生き延びるとしても、それは法が罰することができる犯罪でも罰すべき犯罪でもないのです。それでも、ユダヤ人には独自の裁判官と法律があるではないか、と言われるかもしれません。これに対しては、私はこう答えるでしょう、あなたがたは認めようとはしないでしょうが、それはあなたがたのせいなのです、と。民族としてのユダヤ人にはすべてを拒絶しなければなりませんが、個人としてのユダヤ人にはすべてを認めてやらねばなりません。〔…〕彼らが国家のなかで政治団体や組織を形成することなどあってはなりません。彼らはそのひとりひとりが市民であるべきなのです。〔…〕国家のなかに非市民の社会が存在し、国民のなかに別の国民が存在するなどということは忌むべきことです(17)。

この発言は、ユダヤ人の公共空間への参入に関する議論の画期的な瞬間となった。それにもかかわらず、「民族としてのユダヤ人にはすべてを拒絶しなければなりませんが、個人としてのユダヤ人にはすべてを認めてやらねばなりません」という名高い一節だけが取り上げられてきたのであり、しかもその際ユダヤ教の民族的側面を断罪するために後半部分が頻繁に端折られたのである。しかしながらこの演説は論理的に構成されており、ユダヤ人の非社交性が「誇張」されているという主張が出発点となっている。そのうえクレルモン＝トネールは、「ノウサギを食べること、それもあなたがたと一緒に食べることを私に強いる法律があるとでもいうのでしょうか」と言ってのけるのである。カシュルットの遵守は法律によって罰せられる犯罪ではない以上、国家には無関係であり、異なる信仰を持った市民のあいだの社交性の妨げにはならない。たしかに、食に関する戒律は消滅するよう定められた悪癖であると考えている点で、クレルモン＝トネールは消滅する運命にある「くだらない細則」を断罪するグレゴワールに似ていなくもない。しかしクレルモン＝トネールの考えでは、ユダヤ人は別個の食卓について食事を取り続けることができるのであり、また同じ食卓についても同じ料理を口にする必要などなく、それでいて国民の構成要素であり続けることができるのである。彼はグレゴワール同様、ユダヤ人が「国民のなかに別の国民」を形成する、つまり国民の統一性を破壊する集団を形成するという考えには我慢がならないもの(18)、食卓の分離をもたらすような宗教上の戒律や信仰によって国家が解体の危機に追いやられることなど決してないのだと明確に主張している。こうした論理には、カシュルットの遵守を合法的なものとみなしていたミラボーの論理に通じるものがあるが、それでもクレルモン＝トネールは小社会の賛美は退けている。他方、彼の言説は食に関する戒律を擁護する点で、驚くほどメンデルスゾーンの言説に似ている。けっきょくメンデルスゾーンにとっても、クレルモン＝トネールにミラボー、さらには憲法制定議会における議論で多元主義への対決姿勢をある程度改めたグレゴワールにとっても、ユダヤ人は国民から抜け出すことなく自らの集団的アイデンティティに完全に忠実に生きることができるのである。

しかしながらミラボーにしてもクレルモン＝トネールにしても、この一七八九年一二月の決定的に重要な議論においてはまったく孤立したままであり、優勢であったのはやはりナンシーの司教、ラ・ファール猊下の演説に代表される立場である。これによれば、「ユダヤ民族」は永遠に彷徨する運命にあり、永久によそ者で「行きずりの〔…〕部族」なのである。というのもこの民族はその戒律により、安息日に物を運んだり働いたり武器を手にすることを禁じられているからである。さらにまずいことに、「ユダヤ民族が自らの戒律に忠実であれば、あらゆる会食、すなわちキリスト教徒とのあらゆる親密な交際を自らに禁ずるであろう、というのも彼らはキリスト教徒が作った料理を食べてはならず、キリスト教徒と同じ調理器具を使ってはならないからである。ユダヤ教徒が強情に自らの戒律への忠誠を貫き通してくれるおかげで、ユダヤ民族とフランス民族の混成社会にとってなんと多くの障害、なんと多くの決して乗り越えることのできない障害が生じることであろう[19]」！ 一七八九年一二月の議論の末に勝利を収めたのは、このようにカシュルットの戒律遵守に関する考察に基づきユダヤ人の市民権参入に敵対する意見であり、ユダヤ人解放は、プロテスタントや俳優、さらには……死刑執行人の場合と異なり、延期されることになったのである。

翌年になると、ユダヤ人は引き裂かれ、いがみ合う状態が続く。ボルドーやバイヨンヌ、アヴィニヨンのユダヤ人とアルザスおよびロレーヌのユダヤ人のあいだには緊張が張りつめる。慣習や職業の面で社会に深く同化していた前者は、「アルザスとロレーヌの一部のユダヤ人の思慮を欠いた要求」に対して立ち上がる。彼らにしてみれば、このような要求は「フランスにいながらにして特殊な制度のもとで生活することを熱望している点で、まったく異常なものと受け取られる[20]」に違いなかった。こうした意味では、彼らはジャコバン派のジャン＝フランソワ・ルーベルのような、一部の反ユダヤ人解放論者と同じ考えを持っているといえる。一七九〇年一月五日、ルーベルは「このアフリカ人の残忍な群れが順応する」のを拒んでいることを糾弾したうえで、次のように述べている。

フランス人になりたがっているというのに、ユダヤ人行政官、ユダヤ人裁判官、ユダヤ人公証人を手放さなそうとしない連中について、あなたがたはどうお考えですか。彼らは自分たちの隣人であるフランス市民とは異なった相続法、異なった婚姻法を持とうというのです。個別の肉屋、個別のパン屋、個別の酒場は保持し、フランス人とは飲み食いすることも結婚することもできないという原則を維持しようというのです!! ご覧の通り、ユダヤ人を排除しているのは私ではなく、彼らが自分で自分を排除しているわけです[21]。

一七九〇年一月二八日、アルザスとロレーヌのユダヤ人の名において、セルフ・ベールとダヴィド・ズィンツハイムは他のユダヤ人議員らとともに、国民議会がボルドーのユダヤ人だけに市民権を付与したことに憤慨して声を上げる。非常に長い陳情書のなかで、彼らは、すべての「ユダヤ人はそれゆえ外国人ではない。〔…〕ユダヤ人は市民なのであり、市民であるべきなのだ」と訴えている。陳情書の執筆者たちは、国民《ネイション》への完全な参入と両立可能な文化的多元主義を断固として擁護している。兵役とシャバット遵守の問題を検討しながら彼らが考えるところによれば、ユダヤ人は戦時には、「その日がちょうど彼らの祝日であっても」彼らの祖国を防衛するであろうが、平時には徴兵の日程が「ユダヤ人の祝日と重ならないよう取り計らってもらうことができるはず」である。というのも彼らの見込みでは、「どの民兵長も、自分にとって困難でもなければ市民にとって有害でもないこのような取り計らいを拒むことはないはず」だからである。[22] さらにこのアルザスおよびロレーヌのユダヤ人たちは、市民としての統合と両立可能な差異尊重の名において、食物の問題を長々と論じている。

しかしながら彼らユダヤ教徒の料理の大半は、カトリック教徒の料理と共通のものです。彼らに特有の料理に関しては、彼らはしばらくそれを断つこともできるし、自分たちで調理することもできます。彼らの食事様式とカトリック教徒の食事様式のあいだに横たわるこうした差異が、彼らに市民の諸権利を承認することの障害になるということはあり得ません。こうした多様な宗教の信徒たちが互いに歩み寄ることを可能にする他の興味深い関係はたくさんあるのですから、このような関係のみが考慮されるべきなのです。[23]

アルザスとロレーヌのユダヤ教の代弁者たちは、共通の市民権へのユダヤ教徒の即座の参入を唱えるが、彼らはボルドーやアヴィニョンのユダヤ教徒とは異なり、ためらうことなく自らの宗教の尊重を要求するのである。メンデルスゾーン、ミラボー、さらにはクレルモン＝トネールに加え、最後の諸宣言をした際のグレゴワール神父が考えるところによれば[24]、兄弟愛は、たとえば別々の食卓で食事を取り続けること、あるいは少なくとも異なった食物を食べ続けることとまったく両立不可能ではない。彼らにしてみれば事態ははっきりとしているのであって、「ユダヤ教徒は自らの宗教的戒律を持つ必要があり、そうした戒律の施行に関する内規を持つ必要がある。しかし公民の次元に関わるすべてにおいては、ユダヤ教徒とキリスト教徒のあいだではいかなる区別も避けねばならない[25]」ということになる。

このような意見は、ボルドーのユダヤ人同様、すでに広く同化していたバイヨンヌのスペイン・ポルトガル系ユダヤ人の意見と対立するものであった。このバイヨンヌのユダヤ人たちが国民議会への誓願書のなかで宣言するには、「公民の次元においては、彼らとカトリックのフランス人のあいだにはいかなる差異もないのであり、精神の次元においては内的信仰の差異以外の差異はない[26]」ということだが、この内的信仰は、徴兵に関しても食事に関してもいかなる公的調整も必要としない。アブラアム・グラディスのようなボルドーのユダヤ人名士は、パリやボルドーの貴族の友人らと夕食をとり、「禁じられている肉を公然と食らう札つきの異端者とみなされている[27]」。アヴィニョンのユダヤ人たちは、今日でも多くの反響を呼んでいる、次のような普遍主義の論理を完成させるのである――「もはやフランスにユダヤ人はいない。〔…〕もはやフランス人しかいないのであり、したがって国民のなかにはいかなる区別もあってはならない」[28]。逆に多くのアルザス・ロレーヌのユダヤ人にとって、自分たちの戒律の尊重は、彼らを同胞たる市民から永続的に分離する生活様式と信仰様式の承認を前提としている。一七九〇年四月二二日、ベール・イザーク・ベールは自身が在住するナンシーの司教、ラ・ファール猊下に宛てて皮肉を込めた手紙を書き送り、フランス東部の同宗者たちの思いに忠実に、こう言い切っている。「あなたはユダヤ教徒がキリスト教徒と同じ食卓で食事をしないことを障害とみなしているようですが、その程度のことが障害になるとは思えません。なるほど自らの法に忠実なユダヤ教徒にしてみれば、それはおそらく大きな不自由でしょうが、そのせいでユダヤ教徒の靴屋がキリスト教徒の靴を作ることができないとは思えないのです」[29]。このような意見表明は、アルザス・プロテスタントの保守的指導者で同地の議員でもあるクリスティアン・コッシュの逆鱗に触れるものであった。彼は一七九〇年六月に覚書をしたため、そのなかでユダヤ教徒が市民になりうるという考えに怒りをぶちまけている。

彼らはキリスト教徒と結婚することはないでしょうし、キリスト教徒と一緒に住んでもいなければ、一緒に食事をすることもありません。このことから多くの特権が生まれるでしょう。とりわけシャバットの日や彼らの戒律によって定められた他の祝日中は、いかなる公共の労働も強要されないという特権が挙げられます。しかもこれらの祝日はキリスト教徒の祝日とは重ならないため、必ずや社会を混乱に陥れるにちがいありません。〔…〕自分たちの住居や宿営、さらには自分たち専用の宿屋まで持つ特権、独自の肉屋を持つ特権[30]〔…〕。

一七九一年九月、度重なる逡巡の末、ユダヤ人は完全かつ無差別に公共空間へ参入するが、その際、彼らの食事作法、婚姻関係、さらにはシャバットの遵守などについてあれこれ注文がつけられることはなかった。完全にメンデルスゾーン的な論理に従うと同時に、『エルサレム』の作者を何度も明示的に参照しながら、ベール・イザーク・ベールは、「われわれの精神的戒律に固有ではないあらゆる公民的・政治的分野に関しては、この団結精神と共同体精神を捨て去ることがなんとしても不可欠である」ことを強調している。ベールは、至高存在が「われわれにすべての権利を回復させ、われわれを再生するために寛大なフランス国民を選んだ」ことを喜んでいる。しかし彼はグレゴワール神父や啓蒙主義の語彙をわがものとしている一方で、メンデルスゾーンの考えを引き合いに出しながら次のように書いている。

あなたがたにわれわれの宗教宣言や信仰実践について語ろうとするなど言語道断です。このようなことを論じるよう、あなたがたに提案したりするつもりは毛頭ございません。仮にわれわれのうちに、新しい政体に何らかの利点を嗅ぎつけたような気になって己が宗教の教義をねじ曲げてしまうような者がいるとすれば、そのような輩は、私に言わせれば獣《けだもの》ということになります。〔…〕一八世紀ものあいだ、われわれが自分たちの戒律を勇敢に守り抜いてきたのは、自由の光が差してくるやいなや〔戒律に対して〕反抗的になるためでしかなかったのでしょうか。否、わが同胞にそんなことができる者がいるとは思えません(31)。

政治的・市民的再生、すなわち市民権獲得は、法的また同業組合的な次元において「小社会に」終止符を打つが、それでも文化的・社会的「小社会」がなくなるというわけではない。市民権を獲得したからといって、特別な行動様式と思考様式に結びついた社交性の諸々の特殊形態や、共通の市民権にはまったく無関係な食の実践、族内婚を促す恋愛の駆け引きといったものが消え失せなければならないわけではないのである。

ひとたびユダヤ人が解放されると、彼らに対する強い敵対心がのべつ幕なしに表明されるようになる。それがいっそう激しさを増したのが、一八〇六年二月、ボナルド子爵が「ユダヤ人について」と題された記事を発表し、このなかでアルザス・ユダヤ人の特殊個別主義を糾弾して大きな反響を呼んだ際である。カトリック反動主義的右翼の代弁者であるボナルドは、メンデルスゾーンを繰り返し非難し、ユダヤ人は、「何をしてもらおうが、キリスト教のもとではキリスト教徒になることなくして市民になることなどできないはずである(32)」と主張する。一八〇六年七月二五日、「ガゼット・ナショナル」紙に掲載された匿名記事では、ユダヤ人によって行われていた高利貸しが断罪され、次のように述べられている。

われわれの食す多くの魚、鳥、四足動物を使った料理が彼らには禁じられている。彼らはユダヤ教徒が調理したものしか食べてはならなず、キリスト教徒のナイフを使うことはないであろう。〔…〕きわめつけは彼らの暦であり、これが彼らを他民族から決定的に孤立させるのである。(33)

カトリックの反革命思想はまた、多くの攻撃文書にも表れている。同じ一八〇六年に出版され、同様の支持を得た粗暴極まりない著作のなかで、ルイ・プージョルは、「だますことを義務づけ、あらゆる道徳心を信者のうちで窒息死させてしまうタルムード」に従っているユダヤ人の解放を疑問視している。(34)プージョルは、ユダヤ人は盗賊、スパイ、狂信家であるとしてこれを非難し、「彼らの宗教はキリスト教徒や他の社会の人間と結婚することを禁じており、違反した場合は相続権が剥奪される」(35)だけになおさら、彼らから市民の資格を剥奪すべきであると主張している。そしてこのプージョルもまた、ユダヤ人の食に関する戒律を数頁にわたって糾弾するのである。

彼らの宗教はある一定の食物をとることを禁止したり、ある一定の仕方で調理したもの、しかも自民族の人間が調理したものしか摂取してはならないとしているが、このことは彼らの利益に反しているだけでなく、われわれが目指す文明の目的にも反している。豚肉の禁忌は、ユダヤ地方〔かつてエルサレムを首都とするユダ王国があったパレスチナ南部の地域〕に限ってみれば、彼らにとって非常に有益な目的を持っていた。気候の種類や当時の風習のせいで彼らはつねづねレプラに悩まされていたのだが〔…〕人類にとって幸いなことに、この禍《わざわい》は今日では、特にわが国においては、ほとんど知られていない。したがって豚肉の禁忌は、ユダヤ人にとってももはや無用の長物以外の何物でもないのである。この禁忌は、仮にそれにより彼らが、豚肉を日常食としているキリスト教徒と一緒に食事をするのを妨げられるようなことがないのであれば、それ自体さしたる問題にはならないはずである。

彼らの食物の特殊な調理法に関して言えば、これはまったく利点を欠いているばかりか、そもそも重大な支障をもたらすように私には思われる。この禁忌の目的は、彼らを他の人間から孤立させ、他の人間と一緒に食べることを妨げることなのである。彼らが現在置かれている立場にあっては、このような禁止にしがみつくことほど有害なことはない。彼ら自身の利益を考えれば、彼らがなすべきことは、逆に国民全体に歩み寄り、そこに溶け込み、やがてはその構成員全員と固く結び合わされた一心同体の単一民族を形成することにより、全世界に対して見本となることなのだ[36]。

このように一八〇六年になっても、ミヒャエリスの後継者たちにとって、食にまつわる慣習は依然としてユダヤ人を市民の身分から排除するに足る理由であり続けている。カトリック反革命主義的右翼のこうした助言に注意深く耳を傾けたのが、皇帝ナポレオンである。彼は「フランスに甚大な被害を与えているこの毛虫やバッタども[37]」に立ち向かうことを決意し、ユダヤ人を国民に確実かつ完全に同化させることで、最終的にその特殊な慣習から彼らを引き離すことを目的として、名士会議〔(Assemblée des notables) 一八〇六年五月三〇日のデクレに基づき、同年七月二六日から一八〇七年四月六日まで、パリ市庁舎に隣接する、当時廃用となっていたサン＝ジャック礼拝堂にて開催された、フランスおよびイタリア王国（ナポレオンが一八〇五年に設立）のユダヤ人名士一一一名からなる会議。異宗婚や祖国防衛、警察司法権、高利貸しの禁止など、ユダヤ人の同化に関連して皇帝から課された一二の質問への回答作成にあたった〕を招集する。しかし食卓の分離や食に関する戒律の問題は、この名士会議においても、またその後を継いだサンヘドリン〔大サンヘドリン(Grand Sanhédrin)は、名士会議の決議事項を批准することを目的として、ローマ支配時代のユダヤ教の最高法院、サンヘドリンを模してナポレオンが招集し、一八〇七年二月九日から三月九日までサン＝ジャック礼拝堂にて開催された、合計七一名のラビおよび一般信徒のユダヤ人からなる評議会〕においても、取り上げられることはなかった。ナポレオンの宗教再編計画でラビに与えられた任務は、「イスラエリット〔ユダヤ人のこと〕に兵役は神聖な義務であることを認識させ、兵役に従事している期間はこれと両立し得ない戒律は遵守する必要がないことを彼らに宣言する」[38]ことである。とはいえ、このような見方はすでにドーム、メンデルスゾーン、ミラボー、グレゴワール、ひいては今やフランスを「新たな約束の地」と捉えるユダヤ教のすべての代弁者たちによって受け入れられていた。ただ結婚の問題だけが、いまだに困難な課題として頻繁に取り上げられ、名士会議においてもサンヘドリンにおいても、激しい議論と微に入り細をうがった回答を呼び起こすのである。一七九一年の〔ユダヤ人解放の〕精神を否定するナポレオンは、族内婚を制限することで、この「小社会」という社会形態を壊滅に追い込む思惑を隠そうとはしない。皇帝によって提起された最初の三つの質問は結婚に関するものである。このうちもっともあからさまなのが三番目のもの、すなわち、「ユダヤ教徒の女性はキリスト教徒の男性と、キリスト教徒の女性はユダヤ教徒の男性と結婚できるのか、あるいは律法はユダヤ教徒は内輪で結婚するよう定めているのか」という質問であり、これに対し、名士会議はためらうことなく以下のように答える。

ラビたちがこの種の縁組〔族外婚のこと〕に反対意見を持っているということは等閑視すべきではない。〔…〕どのような結婚も、こうした宗教儀式が執り行われてからしか有効にならないのである。こうした宗教儀式をともに神聖なものと認めない男女には儀式は有効にはなり得ないが、この場合、夫婦は〔…〕宗教上ではなく、民法上結婚したとみなされる。〔…〕ラビはキリスト教徒の女性とユダヤ教徒の男性の、あるいはユダヤ教徒の女性とキリスト教徒の男性の結婚を司式する気にはなれぬであろうが、これはカトリックの司祭がそのような婚礼の司式をすることに同意しないであろうのと同じことである[39]。

したがって民法上の結婚は単に民法上の価値を帯び、宗教上の結婚だけが認められるのである――ただし単に宗教上の結婚として。ラビたちは、誰もが――とりわけ異なる宗教の市民同士が――本人の望むように結婚することを許容する法の優位を認めはするものの、わざわざそのような縁組を司式したいとは思わない、というわけである。サンヘドリンは、より簡潔にこう宣言している、「フランス民法典にしたがって取り結ばれたイスラエリットとキリスト教徒の結婚は強制力を帯びるとともに民法上有効であり、こうした結婚が宗教上の形式をとることはないにしても、そのことで破門が行われることはない[40]」。「国法ガ法デアル〔「ディナ・デ＝マルフータ・ディナ」（アラム語）。三世紀のバビロニアの伝道者、シェムエルにより定式化されたタルムードの原則で、ユダヤ法がユダヤ教徒の生活する異郷の国法と衝突する場合、トーラーの基本原則に違反しない限り後者を優先することを説く〕」の掟を繰り返し引き合いに出しながら、サンヘドリンのメンバーはフランス民法典に従うとともにそのあらゆる側面を尊重する。フランス民法典にはユダヤ教徒に非ユダヤ教徒と結婚することを強いるものなど何もないし、そのような異宗婚に宗教的価値を見出すことを強いるものも何もないのである。結婚に関しては三組に一組は族外婚とするよう命じることで実質的には人種的再生同然のことを強要せんとする皇帝の意志は、サンヘドリンのメンバーの控えめではあれ断固たる抵抗に遭う。彼らの考えるところでは、もっともこれは言明されているわけではないのだが、族内婚制の維持もおそらくは、これ以外の方法ではほとんど生き延びる望みがない食に関する戒律実践の、本質的な枠組みとみなされている。

サンヘドリンは第六項で、次のように宣言する。

> 大サンヘドリンは、フランスおよびイタリア王国で生まれ育ち、市民としてこの二つの国家の法により扱われているイスラエリットは誰でも、この二つの国家を自分の祖国とみなし、奉仕し、防衛し、法に従い、あらゆる商取引においてフランス民法典の規定に従うよう宗教的に義務づけられている、と規定する。また大サンヘドリンは、徴兵されたイスラエリットは誰でも、兵役と両立できないあらゆる宗教上の戒律遵守は、法により免除されることを宣言する。[41]

「この二つの国家の法により扱われている」という文言が原文中イタリックに置かれているのは、

皇帝がユダヤ人に強要しようとしていた特別法を全面的に拒絶したうえで、ユダヤ人が自らの祖国を防衛するとともにフランス民法典の特殊規定ではなく一般規定に従うのは、彼らがまさに市民として扱われることを条件としていることを強調するためであろう。ヤコブ・カッツは、「もっとも保守的なラビたちでさえ、圧力に屈することなく、ハラハー〔ユダヤ法〕の観点から正当化できないことに関しては何も譲歩しないで、旧来のシステムを守り抜いた同僚たちの態度にご満悦であった[42]」ことを強調している。けっきょく、サンヘドリンが行ったこの「極限への移行」にもかかわらず[43]、新たな契約においては、メンデルスゾーンやこれらの会議のメンバーたちが願っていた通り、彼らの考え方や生き方が問題視されることはなかった。それぞれに共通の価値観に基づいた「小社会」の存続は確約されたのである。

第3章

革命から革命へ

――革命時の宴会、市民権、食――

急進的合理主義の名において表明されたジャコバン派の世界観は、一七九三年から激烈な非キリスト教化を強要し、カトリシズムをほとんど公共空間から締め出してしまう。パトリス・イゴネがユダヤ人再生のプロセスを解説しながら説明するところによれば、「ジャコバン派は、それ自身として意見表明をする権利を持った諸々の共同体からなるコラージュ、「市民連合」のような多文化国民という考え方を受け入れることができない」[1]。教会は理性の神殿へと改められるが、一部の教会は破壊され、宝物庫は略奪され、鐘は没収され[2]、通りの名前はカトリック色を一掃するため改められ、キリスト教に関連した意味を持つ洗礼名は放棄される。新たな暦が作成され、日曜日＝主日はその神聖さを払拭されて休日ではなくなり、第十日という新たな休日が課される[3]。諸々の革命委員会は、廃止されたグレゴリオ暦への愛着を反革命的であるとして、そのあらゆる表徴を処罰の対象とする[4]。公民洗礼が制定され、司祭には結婚が義務付けられ、彼らは信仰放棄の宣誓を強要され、投獄される[5]。「共和暦二年の文化革命」はフランス社会のカトリック文化を問題視し[6]、地方ではしばしば重大な暴力行為を引き起こす[7]。宗教性を時代錯誤の過去の遺物として廃棄する新たな世界が生まれたのである。

プロテスタントにはほとんど関係がなかった一方で、一七九〇年以来、とりわけアルザスにおいて、財産も生命もおびやかされていたユダヤ人[8]は、恐怖政治と、地方に急派された、あるいはその場で選出された派遣議員たちの激しい宗教憎悪の余波を受ける[9]。ユダヤ人の多くは、国民公会やさまざまな革命委員会に聖具まで提出したり、場合によってはカルパントラで見られたように自分たちのシナゴーグを理性の神殿に改造するなどして熱烈な愛国心を表明するものの、彼らの運命は不安定なものにとどまる。ブリュメール二年一日（一七九三年一一月二二日）、バ＝ラン県行政府は、逮捕された一部のユダヤ人のふるまいを次のように告発している。「この連中のあいだには、まるで自然の摂理は完全ではないといわんばかりに、男児に生後、血なまぐさい手術を施すという人の道に外れた法が存在します。これは尊厳に背く行為です。彼らはこれ見よがしに長いあごひげをたくわえていますが、これは〔聖書におけるイスラエル民族の〕族長たちの美徳を受け継ぐことなく、その猿真似をしているに過ぎません。こうした慣習を彼らに対して禁じ、すべてのヘブライ語書籍の、とりわけタルムードの真理が焼却されるよう命令を下すことを臨時委員会に要請いたします[10]」。一七九三年一〇月二七日、パリのジャコバン協会の一員は次のように宣言する。「共和国はユダヤ人という語の意味を解しない。なぜならこの語が指すのはもはや一民族ではなく、一宗派だからである。共和国はいっさいの宗派を認めず、宗派信者は社会秩序を乱す場合に限りこれを流刑に処すであろう[11]」。サンキュロットを全面的に信奉する「公安新聞（*Feuille du salut public*）」に一七九三年一一月に掲載された別の文書では、次のように述べられている。

ユダヤ人の名で知られる市民は新生児に割礼を施す慣習を守っているという。〔…〕この国でこのような戒律を遵守することは自然の摂理に背くことである。人類はこの敬虔な蛮行に対し抗議する。〔…〕アブラハムの末裔たちに自分の男児を割礼することを禁じる明確な法律が必要なのだ[12]。

トゥール〔ロレーヌ地方、ムルト＝エ＝モゼル県のコミューン〕やナンシー、あるいはタン〔アルザス地方オー＝ラン県のコミューン〕同様[13]、コルマールでもまた[14]、ユダヤ人住民はひどい仕打ちを受けている。地方のジャコバンクラブ会員にとっては、ユダヤ人が彼らのさまざまな特殊個別性を維持する限り、彼らを良き市民にすることはできない。一例を挙げると、彼らにあごひげを切ることを義務づける計画が持ち上がったが[15]、これはメスの懸賞論文コンクールでグレゴワール神父およびウルヴィッツと同時受賞したアントワーヌ・ティエリーが少し前に望んでいたことだった[16]。この嘆願書は却下されたが、メスのユダヤ人は髭を剃ったようである[17]。投獄されたあるラビは、ユダヤ人はシャバットにも働かねばならず、野良仕事を手伝わねばならないと語っている。このラビはこうもつけ加えている、「祈ることさえ、シェマア〔ユダヤ教の唯一神の信仰告白がなされるヘブライ語聖書の詩句「聞け、イスラエルよ（シェマア・イスラエル）。我らの神、主は唯一の主である」（申命記六章四節）の冒頭の一語をとって呼ばれる「シェマア」は、申命記六章四－九節、一一章一三－二一節および民数記一五章三七－四一節からなる祈禱の定式で、すべてのユダヤ教徒成年男子に一日二度、朝晩の朗誦が義務づけられている〕を朗誦し、テフィリーンとツィツィットを着用することさえ、危険なのですべて隠れて行わなければいけません」[18]。それでも固執するユダヤ人もあった。たとえば共和暦二年プリュヴィオーズ一六日〔一七九四年二月四日〕、モイーズ・ピマンテルは無酵母パンを作るのに必要な小麦を求めてパリのコミューン〔フランス革命時に樹立されたパリの革命自治政府（一七八九－一七九五）〕に次のように訴えている。「われわれの崇高なる元老院はデクレにより信仰の自由を認めています。フランス市民として認められたイスラエリットには、毎年一週間、自分たちの手で作った無酵母パンしか食べないという慣習があります」[19]。

カンバセレスが議長を務める国民公会の立法委員会は知らせを受け、共和暦三年ブリュメール一一日（一七九四年一一月一日）、こうした「侮辱」や「迫害」をやめるよう命じる。それでもありとあらゆる形態の日に見える信仰実践が執拗に拒絶され続ける。たとえば共和暦二年ヴァントーズ二四日（一七九四年三月一四日）、リュネヴィルのコミューンの検事は「ユダヤ人の非合法の悪ふざけと団結」に終止符を打つよう命じる。共和暦二年プレリアル二九日（一七九四年六月一七日）、ローゼンヴィラーでは、「連中のうち、ユダヤ律法主義の馬鹿げた戒律に従って埋葬されるためローゼンヴァイラーに搬送された、ストラスブール在住にして同地で死亡した人物の遺体」が差し押さえられる。バ＝ラン県の行政官たちが明言するには、

あなたがたとわれわれが注意を向けるべきなのは、目下われわれが検討している彼らの宗教体系というよりはむしろ、彼らが自分たちの滑稽な宗教を信仰しない市民に対して抱いている邪《よこしま》な憎悪なのです。そしてこの連中はフランス市民と一緒に団結しようとすらしない以上、もはやフランス市民とは呼べないにもかかわらず、フランス市民の権利を享受するのだと言い張っているのです[20]！

諸々の革命員会は新たな暦を厳密に遵守したため、日曜日に加え土曜日も監視の対象となった[21]。一七九四年六月六日、「日曜日の実践者」と働かずにシャバットを遵守している者に有罪判決が言い渡される。七月一二日、すなわち共和暦二年メシドール二四日、ヴェットルスハイムでは、「前日の雷

雨により引き起こされた混乱の一部を復旧しようと住民たちがあくせく働いている傍らで、ユダヤ人たちはシャバットを遵守しているさまが目撃された」[22]。さらに七月一四日には、「穫り入れの人手が不足している。公安のための措置として、すべての定職のない者、とりわけユダヤ人を刈り入れのために徴用するという提案がなされる」[23]。同様に共和暦三年ブリュメール一一日（一七九四年一一月一日）、バ＝ラン県の行政官たちは書いている。「ユダヤ人がこれほど頻繁に非難にさらされるのは、決してユダヤ人としてではなく、悪しき市民としてなのです。このような忌むべき呼称をその痕跡にいたるまで消し去ることができるかどうかは、もっぱら彼ら次第なのです。ところが彼らは古い境界線を永続させることを自分たちの義務と考えているのです」[24]。なるほどジャコバン派が殊に非難するのはカトリック教会であるが、敵意に満ちた嫌がらせがここかしこでありとあらゆる形態の「境界線」を抑圧するのである。ユダヤ教の現れも残らず槍玉に挙げられ、共和暦の無視、シャバットの遵守、ろうそく点火、ヘブライ語表記の墓碑建立、さらにこれは当時ほとんどすべて荒らされていたのだが、ユダヤ人墓地の存在そのものなど[25]、「信仰の外的しるし」[26]はどれもみな標的となる。以降、ユダヤ教の儀式は地下室や秘密の部屋などで内密に執り行われるようになり、その際、祈り声が漏れぬようユダヤ人は屋外で大声で歓談するようになる[27]。

アンリ・プラーグはこの逸話を生き生きと語っている。

恐怖政治下でも最悪の時期には、祭儀はすべて厳禁されていた。権力を掌握していた熱狂家たちは祈りを捧げる自由、聖務を執り行うために集まる自由をためらうことなく奪っていた。〔…〕ティシュレー月の祝日がせまっていたが、恐怖政治は機能し続けていた。ユダヤ人の苦悩はますます深まった。〔…〕危険がこの凶暴なサンキュロットの姿をとって玄関先で見張っているというのに、どのようにしてロシュ・ハ＝シャナー〔ユダヤ暦の新年〕やキプール〔モーセ五書によりティシュレー月一〇日に定められたユダヤ教の大贖罪日、ヨム・キプールは、ユダヤ暦中もっとも神聖かつ厳粛な祭日であり、ロシュ・ハ＝シャナーに始まる悔い改めの一〇日間を締めくくる。一日目の日没から翌日の日没後までの二五時間、一三歳以上のすべての男性と一二歳以上のすべての女性に厳格な断食が義務づけられている〕の儀式に、古来守られてきた威光と荘厳さを与えろというのか。このようにわれわれの先祖は当時、異端審問とその呪われた長官トルケマダの血なまぐさい支配下でスペインのユダヤ人が置かれていたのとさして変わらぬ状況におかれていたのである。〔…〕ユダヤ共同体の人々全員が地下室に身を潜めていたが、たった一人、住民と通行人の注意をそらす役を買って出た者がおり、〔…〕神聖な騒音をかき消すため〔…〕「ラ・マルセイエーズ」や、「ラ・カルマニョール」、「サ・イラ」〔ともにフランス革命時に流行った歌〕を歌ったのである。〔…〕この無名のユダヤ人の高貴で見事な行為のおかげで、当時そこらじゅうで公民精神を発揮する機会をうかがっていた恐怖政治体制支持者たちに微塵も疑いを抱かせることなく、ロシュ・ハ＝シャナーとキプールの祭礼は無事、祭儀の規定通りに執り行われたのである。[28]

ここで描かれているような過酷な措置は、おそらく反ユダヤ主義によるものというよりは、むしろ純然たる迷信とみなされた信仰の拒絶によるものであったと思われる。この意味で、「これらの法律は特にカトリックの宗教を標的としていた〔…〕のであり、ジャコバン派の聖画像破壊主義者たちの容赦ない暴力は、イスラエリットには間接的にしか向けられなかった」[29]。それでもジャコバン協会から除名され、「外国の手先」としてギロチン刑に処されたジャコブ・ペレーラや、フレー兄弟〔ジュニウスとエマニュエル、ともに一七九四年四月五日処刑〕、イザーク・ルイ・アントワーヌ・カルメール[30]〔一七九四年七月一七日処刑〕など、一部のイスラエリットが恐怖政治期に命を落としたのは、総体的に見てユダヤ人を敵視する措置によるものであったということは押さえておくべきである。こうしてディジョンでは、共和暦二年ジェルミナル一三日〔一七九四年四月二日〕、シャバットを禁止し、肉屋に対して「無差別の全市民向け食肉以外の食肉」を販売することを禁ずることで「ユダヤ教徒の狂信を消滅させる」[31]ことを謳うアレテをジャコバンクラブが発令する。その少しのちのテルミドール二日（一七九四年九月二〇日）、ストラスブールで、ジャコバン派のヴァンドランは書いている。

> ストラスブールのコミューンの検事による申請を受け、同市警察の裁判所執達吏である私は下に署名し、カサーン（ハザーンという語のアルザス・キリスト教徒による発音）を、メシドール二九日〔一七九四年七月一七日〕、大食肉処理場にてユダヤ教の儀式に即して牛一頭を屠殺したことで問われている罪に関して裁きを受けさせるべく、今月九日午前八時に市役所内の上記裁判所に召喚した[32]。

それでも歩み寄りも行われており、たとえば一七九一年一〇月二三日、ビシュハイムでは、「ユダヤ教徒たちとカトリック教徒たちが抱擁し、（宣誓）主任司祭〔一七九〇年の聖職者民事基本法を支持した主任司祭〕が彼らに向かって演説し、彼らは互いに愛し合い、認め合うことを誓ったあと、裕福なイスラエリットの邸宅で参加者一〇〇名規模の宴会に臨んだ」[33]。しかし彼らが一緒に何を食べたのか、歴史は教えてくれない。このことはカルパントラで刊行されていた「新コンタ・ヴネサン年代記」のジャーナリストが一七九一年九月、ユダヤ人に共感を示しているという理由でアヴィニョンの革命家たちを非難するとともに、「町の裕福なユダヤ人」がある役人――おそらくはのちのアヴィニョン市長――とその妻のために再度開いた夕食会を皮肉る際も同様であり、ここでも献立に関しては一切言及がないのである[34]。この記事は以下の言葉で締めくくられている――「この食事会によってきわめて強固な絆が結ばれたが、この絆は幸福な役人夫妻にとってこの上なく有利になるであろう」[35]。食物は分かち合われようが合われまいが、本質的な争点とみなされている。フランス革命はこうして何ものも解体できない統一体となることを夢見ているのである。市民のあいだにみなぎる兄弟愛は、陽気なお祭り気分の宴会を伴う、革命を祝う大がかりな祭典の企画により具現化する。集団での食事は文字通り宗教的な意味合いを帯びてくるのであり、それほどまでにこの種の食事は見出された融合《コミュニオン》＝聖体拝領を体現するのである。フィラデルフィアで見られたのとは異なり、宴会の食卓が分かたれたり引き離されたりすることはあり得ない。というのは、国民体の融和《フュジオン》は食卓を共にすることによって表現されるからである。それは一七八九年七月にシャルル・ヴィレットが想い描いている通りである。

私はわれわれの復活の起点となる日に国民の祭典を制定することを望みます。〔…〕善良なるパリ市のすべてのブルジョワに自宅の食卓を公衆の面前に設えて、自宅前で食事をしてほしいのです。そうすれば富める者も貧しき者も一緒になって、あらゆる身分が混じり合うことでしょう。〔…〕首都は端から端までつながり、ひとつの巨大な家族を形成することでしょう。一〇〇万人が同じ食卓についている光景を目にすることになるでしょう。鐘が鳴るたび、一〇〇機の大砲が轟くたび、マスケット銃の祝砲が鳴り渡るたびに、それに合わせてパリの全区で祝杯があげられることでしょう。こうしてその日、国民は自らの公式晩餐会を催すことになるのです[36]。

さらにヴィレットはこう続ける〔前の引用文が一七八九年七月の手紙であったのに対し、以下の引用文は一七九二年五月一日の手紙〕。

こうした公民宴会に、人は諸家族の結合、市民間の憎しみと親族間の分裂の忘却を見ることでしょう。〔…〕同じ日、同じ時刻、饗宴と踊りを通して、自由のかけがえのない歌が、わが国全土で、あらゆる軍隊の兵士とあらゆる年齢および身分の市民によって何度も繰り返し歌われることを〔…〕私は願っております[37]。

こうした「公民宴会」においてはあらゆる差異と諍いが消滅するのであり、食物を皆で分かち合い、同時に宴を催すことで、市民により構成された均質の国民の到来が例証されるのである。ゆえにこのような「公民宴会」は諸々の革命祭の画期的な瞬間として立ち現れる。それでも和解した市民により構成された人類に関する、ヴィレットのこのユートピア的提案は、けっきょく一部の地方議員がラ・ミュエット公園〔パリ一六区のラヌラグ庭園〕内で開かれた大晩餐会に招待されるという形で部分的に受け入れられるにすぎないだろう。(38) この晩餐会のため、公園内の小道には共同の食卓が設えられるが、席に着いたのは市民により構成された国民自体ではなく、国民の代表者たちだったのである。これとは別に、数日間にわたって〔パリの〕あらゆる地区で公民食事会が開かれる。パレ・ロワイヤルで開催されたこうした食事会のひとつには、国民議会の議員たちが参加している。ラ・ミュエット公園で開かれた別の食事会では、五〇〇〇名近くの市民が一堂に会し、地方から上京してきた会食者たちが「見渡す限り広がる食卓」を囲んで饗宴を催す。こうして国民は、この食卓の分有という特権的な枠組みのなかで具現化するのである。

モナ・オズーフはヴィレットを参考にしながら連盟祭〔一五頁参照〕を次のように分析している。

式典の考案。この点に関しては、この祭典が前代未聞のものであると考えていたミシュレが渾身の力を込めて論じている。ついで国民の一体性の派手な演出。最後に、〔…〕この祭典は自発性の祭典であり、〔…〕私的なものから公的なものへの移行を聖別し、〔…〕互いに上演し合う見世物にうっとりとした市民の混合、および彼らの心の完全な一致を可能にする。(39)

こうした意味で革命祭は透明な公共空間を創設するのであり、そこでは全市民が同一の価値観を分かち合い、精神的に一体化するのである。均質な公民政治体に関するこのような見方は年を追うごとに顕著になってゆく。一七九三年七月一一日、ダヴィド（『マラーの死』（一七九三年）などの作品で知られる、フランス新古典主義を代表する画家ジャック＝ルイ・ダヴィド（一七四八－一八二五））は『八月一〇日の共和国集会の祭典に関する報告書および政令』のなかで、国民公会議員たちがバスティーユ広場に集結し、「再生の泉から汲み上げた、純粋で体に良い水を同じ盃で一人ずつ飲む」さまを想像している。ダヴィドはまた、市民の群衆がパリの街頭を練り歩き、廃兵院《アンヴァリッド》に達したところで「フランス民衆を象徴する巨大な像」に迎えられるさまを想い描き、こうつけ加えている。「これらの式典を締めくくるのは質素な宴会である。このために城郭の周囲に設営されたテントの下、芝生の上に仲良く腰を下ろした民衆は、持参した食べ物を兄弟たる同志たちと分かち合うであろう」[40]。このような祭典はパリでも地方でも企画され、つねにより多くの市民を集める。パリでは毎年開催の祭典の計画が持ち上がるが、これはシャン・ド・マルスに設営された四八の巨大テントからなる総合施設で開催されるとされ、それぞれ二二〇〇名収容可能なテント内には、「屋根のある広大な舞踏会場」に加え「カフェやレストランなどの飲食施設」[41]があるとされている。

皆で食事をする習慣は、数年にわたってフランス全土に広がる。同じ地区の市民が集まり、通りで衆目のなか、皆で仲良く食事をして同じ食べ物を分かち合うのである。「こうした局地的な公民食事会は懇親性を強要するものであり、人々は通りで食事をするか、さもなくばまったく友好的でない身勝手な孤立がゆえに告発されかねない、といった事態を想定するものであった」[42]。革命祭は、フランス革命に多大な影響を及ぼした古代都市国家スパルタを模範として、国土全域を通して社会を一体化することを揺るぎない目的としているが、そのスパルタのリュクルゴスの提案していたところによれば、市民は「公共の食事会に姿を見せねばならず」、「皆で一緒に食事をすべきであり、法律で定められた同じ肉、同じ料理を食べるべきであった」(43)。同様の趣旨でガルニエ・ド・サントは、共和暦二年ジェルミナル一六日〔一七九四年四月五日〕に行ったジャコバン派への演説でこう叫んでいる。「われわれが自らを粛清するのは、フランスを粛清する権利を得るためなのです。われわれは共和国にいかなる異分子も残しはしないでしょう(44)」。

フランス流公共空間が誕生したわけである。この要求過多な点において異例の公共空間は、ユルゲン・ハーバマスの結論を否定するものであり、その存在そのものが、このドイツ人哲学者がなおざりにした比較研究へと駆り立てる。昨今の研究者のなかには、「ユルゲン・ハーバマスは消費の関連性を検討するのを怠り、その代わりに国家による消費の推奨は、公共空間に関する真のあるいは理想化された合理的議論を弱めるのに役立つと悲観的に主張した(45)」と見る向きもある。じっさい消費はハーバマスの主張とは裏腹に、市民間のコミュニケーションに有利に働くのである。さらに消費は社会によって別の形態と意味作用を帯びるのであり、このことは資本主義社会にも当てはまる。諸々の社会を比較すればフランス流公共空間の例外主義が明らかになる(46)。フランス流公共空間は中央集権国家の周到な監視のもとに和解した社会であり、衣食に関するふるまいを一様化するのに対し、ドイツの公共空間を見ると、こちらは強力な地方自治の固持に起因する多元主義に合わせて、きわめて多様なふるまいを維持するのに適していることがわかる。こうした背景から、ユダヤ人はこのような相反する国家論理に適応して、フランスでは国民の衣食規範に同化するのに対し、ドイツでは地域によって極端に異なる慣習を尊重するのである[47]。さらにフランスとは異なり、イギリス[48]やアメリカ[49]のような宗教的かつ多元主義的な社会では、カシュルットはただちに正当なものとして認められる。アメリカ社会では、二〇世紀初頭に数百万のユダヤ移民が押し寄せてきた時点ですでに、「政治システムはカシュルットに有利に働いている。宗教に携わる公務員に関する国家承認制度の不在と経済における全般的な自由放任の雰囲気が、あらゆる監督を混沌としたものにするのである。連邦政府と地方政府の無関心により、ユダヤ教徒の肉屋およびその他の食材店には、判断上の大きな自由が与えられている」[50]。そのうえアメリカ合衆国において支配的な個人主義は、食物の消費を、私的領域に限定された個人的な行為としているのに対し、フランスでは食卓の分有が、兄弟愛を集団的に主張する市民の公的活動の象徴となっている[51]。後者の場合、この公共空間という特権的な場への参入拒否は、重大な結果を招かないわけにはいかないのである。

以上の点を踏まえれば、いかにしてパリがフランス革命の象徴という理想郷《ユートピア》的意味を帯びるにいたったのか容易に理解できよう[52]。そこで繰り広げられる巨大な宴会は、この革命下の都市に相応のものであり、ほとんどそれだけでそのもっとも輝かしいシンボルなのである。つまりこうした巨大な宴会は、和解した市民の理想郷のシンボルなのであり、それは理性の名において再編された都市風景が広がる市民都市《シテ》において公然と顕現するのである。〔フランス革命の〕何年か前にパリで発明されていたレストランは、必要不可欠なものとなり、往時の安食堂《ブイヨン》や定食テーブル《ターブル・ドット》に取って代わるのだが、これはハーバマスがコミュニケーションの特権的な場としてただそれだけに着目したカフェとは異なるものである。レストランもまた、議論を促進する空間として現れるのである(53)。レストランの発明はフランス例外主義に属すものであり、フランスの国民文化において食が占めているきわめて重要な地位を確証するものである。すなわち、「一七八九年のフランス革命と同じように、フランス料理もまた、革命的活動の姿をとった、避けて通ることのできない国民現象なのだ。〔…〕カレーム〔マリー・アントワーヌ・カレーム（一七八四－一八三三）。菓子職人から出発し、美食家であったタレーランに仕えたのち、欧州各国の宮廷に仕えた料理人。多くの料理本を執筆〕によって生み出されたフランス料理は、分裂した国民を統合しようという、壮大な国民計画の本質的要因となったのである(54)」。

とはいえ、この革命期に大勝利を収めたのは〔レストランではなく〕宴会である。宴会のあからさまに公共的な側面は、市民が宣言する兄弟愛というジャコバン派のイデオロギーに合致する。「ペール・デュシェーヌ」紙の長広舌に続いて、無数の市民が兄弟さながら、仲良く隣り合って座ることで創出された公共空間のただ中で、見渡す限り連ねられた共通の食卓を分かち合うこれら市民のあいだに行き渡っているとされる社会的近接性が、頻繁に理想化された。ル・シャプリエ法〔一七九一年六月一四日可決〕により同業者組合が廃止されると、たとえば職人とジャーナリストは平等に同じ食卓について一緒に食事をすると想定されたが、まったくそういうわけにはいかなかった。それほど彼らを対立させる争いは多かったわけだが、共和国のレトリックはこうした争いを超越し、それ自身が、統一されたとされる総体、サンキュロットがつくり上げた総体となるのである(55)。

残る疑問は、こうして寄り集まった市民がいったい何を食べたのかということである。モナ・オズーフが指摘するように、「連盟の議事録に彩りを添えていた献立表は、議事録から姿を消してしまった〔…〕少なくとも「真のサンキュロットとして」皆が同じ食卓で酒を飲むのである」[56]。さらに詳しく知ろうとした歴史家たちは皆失敗してしまった。それでもここに断片的な要素をいくつか寄せ集めてみたい。一七九三年九月、国民公会は最高価格法を可決し、戦時の投機や不足に備え、さまざまな食品の価格を一方的に固定する。最低限の必需食品リストには、水やワイン、バターと並んで、豚の塩漬けがはっきりと記載されている[57]。パリのコミューン名義で首都に掲示された張り紙には、次のような記載が見られる。

豚の塩漬け。共和国生活必需品委員会がパリのコミューンに塩と白ワインに漬けた豚肉約一五〇樽を譲渡したことをうけ、行政官は、この塩漬け食品が以下の通り分配・販売されることを市民に通知する。〔…〕各セクション市民委員会は、一〇日おきにそれぞれの住民の比率に合わせて、市民ピュエシュの店に塩漬け肉を受け取りに行かせること。〔…〕各市民委員会は豚肉製品店を指名し、指名された店は豚の塩漬けを半リーヴル単位で、単価一〇スーで公衆に小売りすること。〔…〕公衆への小売りは、各セクションで午前中、セクション委員立会いのもとで行うこと[58]。

ディジョンでも、同年九月二九日、郡《ディストリクト》行政府により最高価格法が適用される。対象となるのは

「生肉」、「肉屋によって切り分けられた牛肉、子牛の肉、羊肉、豚肉製品店により切り分けられた豚のヒレ肉、〔…〕同様に切り分けられた豚の他の部位、つまり生の脂身、炭焼肉、背肉、喉肉のハム、耳肉」などである。(59) 地方でも事情は同様であり、一七九三年夏のあいだ、ロワール地方の恐るべき派遣議員、クロード・ジャヴォグはこの地で絶対権力を行使する。凶暴極まりなく皆から恐れられているジャヴォグは恐怖政治を一身に体現した存在である。サン＝マルタン＝アン＝コアイユーとサン＝ジャン＝ボヌフォンの二人の派遣議員が彼に嘆願書を提出しようと近寄ると、

> 〔そのうちの一人〕ジャン・デュ・ムーラン・ペロは血色が良かったので、ジャヴォグは彼のあごを両手でつかみ、一〇本の指を顔にめり込ませながら言った。「なんとも見下げ果てた奴だな、貴様！豚の脂身もチーズも鶏もたらふく食いまくってるんだろう。俺は虎みたいに残忍な根性をしてるから、貴様など貪り喰ってやる！」楽しそうに二人に殴る蹴るの暴行を加えると、ジャヴォグは彼らを遠くへ追い払った。(60)

それからほどなくして、アルムヴィルのコミューンの会場でジャコバン派の会合が行われた際、参加者たちはビールやワインを飲み、「ジャヴォグと吏員たちに加え、われわれの仲間であった人たちは、パン屋で押収してきた白パンと一緒にソーセージを食べていた(61)」。同様に、ルイ・セバスティアン・メルシエも一七九三年秋にサン・トゥスタシュ教会で行われた理性の祭典の模様を次のように描

いている。

内陣のまわりに食卓が用意され、その上にはワインボトル、ソーセージ、アンドゥイユ、パテ、他の肉類が所狭しと積み上げられていた。両側の小聖堂の祭壇ではすべてが贅沢や美食に供えられており、聖別された石の上には暴飲暴食のおぞましい痕跡が見られた。(62)

豚食はフランス革命時の兄弟愛に満ちた宴会で常時行われていたことが見て取れるが、これはそれ以前の王政時代においても同様であった。豚は特権階級の食物ではなかったものの、宮廷の多くの食事に不可欠であったことが明らかになっている。(63)一七八三年二月、マルゼルブの甥にあたる裕福な徴税請負人の息子、アレクサンドル＝バルタザール＝ロラン・グリモ・ド・ラ・レニエール〔（一七五八－一八三七）。フランスの美食家で美食文学を確立。一九世紀の批評家サント＝ブーヴによりブリヤ＝サヴァラン（一七五五－一八二六）とともに「食卓の父」のひとりに数えられる（『月曜閑談』、一八六五年四月二四日）〕はまったく新しい形式の国王「公式晩餐会」を考案する。これは、饗宴が繰り広げられる間《ま》をぐるりと取り囲む回廊から数百人の見物人が見守るなか、二二名の招待客が公開晩餐会に臨むというものである。会食者たちには、才能溢れる豚肉専門食肉処理業者である、グリモ・ド・ラ・レニエールの従兄弟の店から取り寄せた豚肉がふるまわれる。パリのあらゆる交際圏の注目の的であったこの名高い晩餐会は、公的社交性の新たな形式を創始するものであるが、このような形式はレストランの時代の到来を告げるとともに、豚食に重要な象徴的意味を付与する。(64)それからまもなく、ヴァレンヌ逃亡というフランス革命の劇的な転機に際して、国王が自らの食い意地によって墓穴を掘ったことは知られている。サント＝ムヌーで、王は目前の国境を越えるかわりに、じっくりと豚足を堪能するのである。レベッカ・スパングがユーモラスに強調しているように、この料理に舌鼓を打っている王に気づいたのはマンジャン氏〔「食べる《マンジェ》」という動詞を連想させる〕であり、またそれを調理したのは……ソース氏〔ジャン・バティスト・ソース（一七五五－一八二五）〕であった！(65) 王制期からジャコバン派のフランス革命にいたるまで、豚肉は国王からサンキュロットにいたるまで、皆に共有された食物であるように思われる。ちなみに一九〇三年、オーギュスト・エスコフィエ〔（一八四六－一九三五）。フランス料理のシェフ〕が名高い『料理の手引き』を出版した際、彼は自身のお気に入り料理の調理法において、豚肉とあらゆる種類の豚の脂身に重要な役回りを割り当てている。それはたとえば蒸し煮や高級料理として名高い牛ヒレ肉の温野菜添えであるが、その牛肉にはあらゆる面から念入りに豚の背脂が刺し込まれているのである。(66) これに加えて、一八〇九年にカンバセレスによって開かれた晩餐会も挙げることができよう。グリモ・ド・ラ・レニエールはこの晩餐会をひとつの模範としているが、そこで招待客たちが満喫したのは、ジャンボン・グラッセにザリガニ、エペルラン、仔ウサギのヒレ肉、キジ、ヤマウズラ、ヴォロヴァン〔蓋つきの軽いパイ皮にファルスを詰めた料理〕〔すべてカシェールでない料理〕であった。(67)

　フランス市民となったユダヤ人はこの一九世紀を通して、公共空間のただ中に完全に参入し、政争に参加し、政治行政関連の職に就くことで、市民間の絆の深奥にどっぷりと浸かることになる。こうして一九世紀前半には早くも、彼らの統合に歯止めをかけている宗教儀式の放棄が、抜き差しならぬ問題として浮上してくる。同胞たる自国市民との宴会に列席し、自らの食の戒律を無視してまで同じ食卓を囲むことが彼らにできるであろうか。一八一六年、シャルル＝ジョゼフ・バイユが上梓した、『一九世紀のユダヤ人、またはフランスにおける彼らの戸籍・政治的身分に関する考察』と題された著作は、ユダヤ人に好意的な著作ではあったが、「イスラエリットはフランスでもドイツでも、ブーダンやノウサギ、鰻を食べることができるであろうし、〔…〕シャバットの日に火を灯すことも〔…〕、他の無数の迷信を放棄することもできるであろう」と主張していた。これに対し、サンヘドリンの立役者のひとり、アブラハム・デ・コローニャは、〔翌年出版された著作のなかで〕こう抗議している。――「私が思うに、そしてこれは経験に裏打ちされたことだが、イスラエリットはフランスでもドイツでも、ブーダンやノウサギ、鰻を食べたり、シャバットの日に火を灯したりせずにすますことができるのであり〔…〕それでもまったく良き市民であり、祖国に役立つことができるのである」[68]。とはいえ、この問題はさらに多くの観察者たちの憤慨を引き起こす。ヴォークリューズの弁護士アグリコル・ムローは、彼もまたユダヤ人解放賛成論者ではあったが、県議会議員に選出された二人のユダヤ人が土曜日であることを理由に書類に署名することを拒んでいると語っている。

> 彼らは翌日になってから、署名しようと姿を見せた。私は、今日は日曜日ですよと、指摘してやった。彼らは私の宗教熱に感心している様子だった。月曜日になって戻ってきたので、私は公文書偽造の共犯者になるわけにはいかない、と言ってやった。〔…〕彼らが土曜日に議会に姿を見せることはなかった。〔…〕この二人の名士は、ヴォークリューズの四つの〔ユダヤ〕コミュニティ

ーの不変の意見の代弁者でしかなかったのだ(69)。

さらに、きわどい調子で次のように息巻いている。

彼らは割礼するのを妨げられているというのか？　土曜日に無理やり働かされているというのか？　豚の脂身やアンドゥイユを無理やり食べさせられているというのか？　国家にしてみれば、ノウサギが反芻しようがしまいが、その肉が許されていようが禁じられていようが、そんなことはどうでもよいことではないか？　自分の気に入るものだけ食べるがよい。だが市民でありたいのであれば、市民になってほしいものだ。なにも洗礼を受けろと言っているわけではないし、棄教を迫っているわけでもない。私はただ彼らに、ありがたいラビ連が四〇世紀にわたって彼らの宗教に塗り重ねてきた数々の迷信を振り払ってほしいだけなのだ(70)。

一八二五年、アルチュール・ブニョは、彼もまたユダヤ人再生賛同者であったが、学術農業美術協会が開催した懸賞論文コンクールで受賞する。これはグレゴワール神父が受賞した、例のメスのコンクールを連想させるものだった。コンクールの目的は「アルザスのイスラエリット住民を文明の恩恵に浴させるのに最適な方法を突き止める」ことであり、「同住民のひとりひとりを社会から遠ざける原因は、迷信の実践と古い因習を頑なに守ろうとすることから生じるのではないかということを究明する」ことであった。ブニョはあらゆる形態の分離《セパラシオン》に憤激しており、彼に賞を授与した委員会でさえ、「度が過ぎる」と評している。ブニョによれば、重要なのは「彼らの土曜日のシャバットをキリスト教徒の日曜日にずらす」ことであり、また特に、ユダヤ教徒がしつこく守り続け、「社会の融合」の妨げになっている食に関する戒律を変更することである。

ユダヤ教徒には一一〇の祭儀があると言われており、それらを厳格に遵守する者が、キリスト教徒と一緒に始めた仕事にきちんと取り組むことができないのは、火を見るよりも明らかである。こうした祭儀への参加は、特にユダヤ教徒を職工長のもとで雇用することを妨げるが、食物の選択面で極端に神経を尖らせていることについても同じことが言える。イスラエリット長老会議は同宗者たちに言って聞かせるべきなのだ、ある種の食物の禁止が有益なのはユダヤ地方に限られたことであった、というのも宗教上の意向には政治的・衛生的理由が絡んでいるものだからということを、そしてユダヤ地方で有益であった理由がわが国の気候下では存在しない以上、ユダヤ教徒の社会融和を妨げている神経質なまでの良心の呵責を捨て去ることに反対するものは何もないということを。(71)

同様に一八二六年、「ラ・フランス・リテレール」誌の編集長シャルル・マロは次のように書いている。

現代のイスラエリットは、いまだにモーセの掟を可能な限り守ろうと努めている。〔…〕彼らはレビ記で禁じられている食物を摂るのを控えているのである。彼らが口にするものはすべて、ユダヤ教徒によって特別な方法で調理されたものでなければならない。〔…〕ユダヤ教徒はどの祭儀にも増してシャバットを尊んでおり、細心の注意を払ってこれを遵守し〔…〕金曜日に自分たちの食物を調理する。シャバットの日になると、彼らはいっさい仕事をせず、荷物を運ぶことも馬に乗ることも馬車や船に乗ることも、どのようなものであれ楽器を演奏することも、いっさい控えるのである。[72]

それでもこうして一九世紀中葉にもなると、正統派ユダヤ教徒層や近代化推進論者のユダヤ教徒層のほうでも、食に関する戒律の問題を、消し去るべき、あるいはそうすべきではない社会的刻印として取り上げるようになる。一八三六年、「再生（*La Régénération*）」誌〔「イスラエリットの宗教的かつ道徳的状況を改善する」ことを目的として、一八三六年から翌年にかけてストラスブールで発行された月刊誌〕の編集者シモン・ブロックは、「シャバットに無理やり飲み食いさせ、働かせるキリスト教徒の親方のもとで、いかにしてわれわれの子供たちに工芸を学ばせたらよいのか[73]」と自問している。この問いに答えて、ツァルファティの筆名を持つ、宗教儀式の抜本的改変論者、オルリー・テルケム〔（一七八二－一八六二）数学者〕は言う。

われわれにはエコール・ポリテクニックやサン＝シール陸軍士官学校、海軍学校といった、土曜の安息日や律法に即した節食法を遵守できないと端《はな》からわかっている教育機関に、自分の子供たちを入学させようとすることが宗教上許されているのではないか。〔…〕今こそ、こうした何にでも適用されるが何の役にも立たない陳腐な一般論とは決別すべきなのだ(74)。

自著『第八書簡』のなかでツァルファティはこうつけ加える。

この〔宗教上の〕過ちは社会的に必要なものなのです。非イスラエリットはわれわれの同胞となり、友人となったのです。したがって彼らとの関係は相互的なものでなくてはいけません。彼らがつくった食事を彼らと一緒にとることを毛嫌いするような人たちは、そうしたからといって彼らと敵同士になってしまうわけではありませんが、やはりそれでは友人同士というわけにはまいりません。食卓を囲んだときに味わう喜びから生まれる親密さは、社会の鎖を構成する輪のなかでももっとも肝要なものの一つなのです(75)。

そしてしまいには、じっさい食に関する儀礼を怠りがちな同宗者たちの偽善を辛辣に愚弄するのである。

キプール〔…〕は富者が厳格に遵守する唯一の断食ですが、その厳格さも、昼食を断る際、最初は断食中であるからと言っておいて、けっきょくはもう昼食は済ませてしまったので、と白状するガスコーニュ人〔ほら吹きとされる〕程度のものなのです。私の知っているあるフランスの都市では、三〇名程度のイスラエリットによるキプール宴会が長きにわたって行われていて、これはひょっとするとまだ行われているかもしれませんが、同地の地方長老会議会員二名列席のもと、レストラン経営者の店で行われていました。ある敬虔な婦人によれば、夫と息子たちがそこに行くのを阻止する手だてとして、自分で彼らに夕食を準備してしまうことほど有効なものはなかったということです。そうすれば少なくとも彼らはカシェールの食事をとるのだから、というのです[76]。

食に関する戒律の廃止を前提とした国民への統合というこの急進的見解は、多くのユダヤ人の怒りを買うのであり、彼らはツァルファティのなかに「熱狂家〔…〕、フランス人であることをあえて口にし、〔…〕モーセ律法の基礎を破壊せんとするイスラエリット[77]」を見てとる。ジャコブ・ラザールも「この無宗教者〔…〕、この男は頭がどうかしているにちがいない！」と鼻息を荒くしている[78]。アレクサンドル・ベン・バルーフ・クレアンジュも『ユダヤ人歩哨』のなかでツァルファティに反発し、彼が推奨するユダヤ教儀式放棄をこき下ろしている。つまりツァルファティにとっては、「割礼のせいでわれわれは永遠に分離主義者《セパラティスト》」なのであり、「断食の遵守は自然の摂理に反しており、いずれにせよ繊細な胃袋には危険」なのであって、「われわれの糧となる食肉の調理に関わる衛生上の諸規則は、現在われわれを取り巻く生活環境においては余計なもの」である、というのである。[79] クレアンジュはツァルファティが用いた「分離主義者」という語の言葉尻を捕らえて言う。

われわれは「分離主義者」ではあるが、それはわが国の憲章と法に基づいてのことである。〔…〕陸軍への一致協力、国民衛兵への一致協力、陪審団への一致協力、選挙への一致協力、そしてわが国の国王を愛し、憲章を尊重することによりわが国の全市民と一致協力すること。しかし宗教に関しては分離、完全なる分離あるのみである。

クレアンジュは、「タリット〔男性ユダヤ教徒が朝の礼拝時に着用するショール〕と経札《フィラクテリウム》〔本章注18参照〕を身につけ、慣例に即してヘブライ語で祈禱し、シャバットとユダヤ教の諸々の祭礼を厳格に遵守していた」[80] メンデルスゾーンの遺産を継承していると主張する。ジョエル・アンスパッシュは逆にツァルファティの見解に賛同して言う。「ラビたちは孤立して生活していたがために、イスラエリットがこの孤立から脱して自分たちと同じ信仰基盤を持つ社会のなかで生活するようになったとき、これらの禁忌が彼らに対してどれほど重大な結果をもたらすことになるか予測できなかったのである」[81]。アンスパッシュによれば、すべての構成員を「同じ信仰基盤」、なかでも解放者としてのフランス革命への信仰を共有する市民へと変容させる国民のなかにあっては、もはや孤立や分離は通用しないのである。

もっとも、アルザスのようなフランス社会の周辺部では、「カシュルットの遵守や食に関する規則は自明のこととして受け止められる傾向にある」[82]ことは確かである。地方という生活環境にあっては、この〔ユダヤ〕小社会はつねに、民族性《エスニシティ》にも似た高度に族内婚主義的な基盤[83]および共通の存在様式に立脚しており、ユダヤ的生活、つまり特殊なタイプの非領土的「小祖国」の維持を可能にする種々の相互援助、社交性、連帯に立脚しているからである。[84]一九世紀には、「シャバットと祝日は田舎では一律に休日とされ、小都市においてもほぼ厳格に休日とされた。食に関する掟についても、軽微な差異はあれ同様であった」[85]。非ユダヤ教徒の民家や田舎の宿屋ではカシェールの鍋が物置に常備してあり、立ち寄ったユダヤ教徒たち、とりわけ行商人のユダヤ教徒たちがかわるがわる使用したのである。[86]

一八四八年の〔二月〕革命と、この革命が行った市民間の兄弟愛への呼びかけ、大衆を動員する宴会や自由賛歌——ただしこれはあらゆる従属関係を断ち切るよう促してはいたのだが——は、この食卓の分有という問題をいっそう先鋭化させる。一つの革命から別の革命へと移行しようとも、豚肉の特権が揺らぐことはない。一八四七年、翌年革命を引き起こすことになる「宴会キャンペーン」が行われているあいだ、あるいは片田舎で多くの宴会が催されていた第三共和政下では、ソーセージとハムにパンとバターを添えたものが頻繁に招待客にふるまわれている。一八四八年四月、モー〔セーヌ＝エ＝マルヌ県のコミューン〕では一〇〇〇名以上が町の通りで昼食を共にしたが、その際ハムのパテに続いて出されたのはチーズ〔ユダヤ教では肉と乳製品を一緒に取ることが禁じられている〕とワインであった。[87]一八四五年に中央長老会議の議長職を辞していたアドルフ・クレミウも、こうした兄弟愛に満ちた食事会に参加している。[88]長老会議によりカシェールと認定された肉屋と長老会議の品質保証ラベルを持っていない肉屋の争いが熾烈を極めるこの時代[89]にあって、長老会議だけが欲しいままにしているカシェールの食料に一般のユダヤ教徒がもっと簡単にありつけるようにするために不可欠な方策は、それに課された税を引き下げることであり、これこそが喫緊の課題であるにもかかわらず、長老会議の改革派のお歴々はカシュルットを無視した食事に参加し、「デザートどきになってくつろいでくると」シュルハン・アルーフの戒律をあっさりと棄て去ってしまうありさまで、こうした面々を皮肉るアレクサンドル・ベン・バルーフ・クレアンジュの辛辣なユーモアも理解されようというものである。[90] こうしてクレアンジュは、「シナゴーグを牛耳りながらそこに顔を見せず、割礼師《モヘール》を任命しながら自分の息子たちには割礼をさせず、屠殺師《ショヘット》を任命しながらカシェールの肉を食べることはない長老会議」を激しく非難攻撃するのである。[91]

第4章

絶対共和国

――サロモン・レーナック、ユダヤ教改革、食に関する「迷信」――

第三共和政の勝利は、近代性、実証主義、科学の名において世俗化《セキュラリザシオン》のフロンティアをたえず拡張してゆく普遍主義と合理主義に染まった社会における儀礼の残存の問題を、いっそうこじれたものにする。カトリックと自由思想家の衝突が繰り返されるなか、自由思想の信奉者たちは宗教に対して理性を称揚し、聖金曜日に豚肉を食べ、カトリックから「ソーセージ族」として糾弾される。彼らが一八八七年三月、ヴェルサイユで開いた宴会の献立も、やはり重要な象徴的意味を持っている。というのもその献立というのが、「こちこち信者スープ、助任司祭ソーセージ、マッシュルーム入りウサギのソテーのフレペル〔シャルル・フレペル（一八二七－一八九一）。アンジェの司教、国民議会議員。一八七五年、アンジェにカトリック大学を創設〕風、剃髪司祭腿肉、カプチン会修道士サラダ[1]」なのだから。カトリック教会はまたしても執念深い敵とみなされ、政治家たちは宗教が持つ制度上の影響力を制限し続けたため、これ以降、宗教は個人の信仰の内的領域に封じ込められるようになる。こうして一九世紀末になると、絶対的非宗教化《ライシザシオン》の信奉者と穏健なライシテの賛同者が真っ向から対立するということも起こりはするが、それでも両者はあらゆる制度化された宗教の次元から切り離された市民権というヴィジョンを共有している。カトリック世界はアウェンティヌスの丘〔ローマの七丘の一つで、前四九四年、貴族に反抗した平民が立てこもった〕に退却し、カトリックのエリートは指導者の地位から身を引き、カトリック団体は極端な反体制派の立場をとり、極右ナショナリズムの誘惑《セイレーン》に耳を傾けることも辞さないようになる。この実証主義的共和国は、マリアンヌの名において革命の夢を見出すのであり、偏見を切り崩し、市民を教化し、忠誠心を放棄させ、過去を一掃することを望む。こうして一九〇三年から一九〇五年にかけて成立した法により、政教分離が実現するのである。

ユダヤ教徒が共和政国家の怒りにさらされることはない。急ピッチで進められる非宗教化策は彼らよりカトリックを標的としていることもあり、一八〇八年の長老会議に関する法規を手放さなければならない〔第一帝政下、一八〇八年三月一七日のデクレに基づき設置され、国営宗教団体としてフランス・ユダヤ教徒を組織化してきた中央・地方長老会議は、一九〇五年の政教分離法によりキリスト教諸団体とともに民営化され、以降、届出に基づく信仰結社となった〕のは彼らにしてみれば残念なことではあるが、彼らは一連の政教分離法を肯定的に受け止め、こうした法律が信仰の復興につながることを期待している。それでも墓地を非宗教化し、カトリック墓地に隣接したプロテスタントとユダヤ教徒の囲い地を廃止した一八八一年法に彼らが心をかき乱されたことも事実である。とはいえ実際には〔墓地内のユダヤ教徒が眠る〕一区画は依然として一目でそれとわかるものではあったのだが。アルベール・ドレフュス、アルフレッド・ナケ、カミーユ・セー、バンベルジエが賛成票を投じ、ただダヴィド・レーナルだけが賛成に回ることを思いとどまったこの法律は、「アルシーヴ・イスラエリット」誌〔「アルシーヴ・イスラエリット・ド・フランス」は、一八四〇年から一九三五年にかけて刊行されたフランスにおけるユダヤ共同体のリベラルな機関誌。月刊から週刊へ移行〕によって「諸々の異なる墓所を分け隔て、それぞれを孤立させていた仕切り壁を打破することは混乱を招くことであり〔…〕、潜在的な敵意を増幅することである[2]」として批判された。ユダヤ教徒の新聞雑誌は何年ものあいだ、この非宗教化策に抵抗する。「アルシーヴ・イスラエリット」誌の説明によれば、

> 墓地を俗用に移すことは良いことである。だがあらゆる宗教に敵意を持ち、あらゆる信者にとって耐え難いごたまぜをそこに据えるというのは嘆かわしい規定である。〔…〕宗教上の中立性は

非宗教的国家においては必要不可欠である。〔…〕しかし宗教に、任意の一宗教に、その信者が持っているはずの、同宗者の傍らで己が宗教の紋章のもとに眠る権利を禁ずるのは、こうした中立性の侵害に他ならない(3)。

一八八九年五月、葬儀役所はユダヤ人棺担ぎ人夫はユダヤ人ではない担ぎ人夫に補佐されねばならず、さらにカトリックの葬儀にも参加する義務があるという決定を下す。「アルシーヴ・イスラエリット」誌は再び抗議して言う。「非宗教化というものは、サロンやカフェで話題にするときはたいへん美しいものである。しかし最後のお別れというこのかくも悲痛な瞬間に、かけがえのない亡骸が奪い去られるのを目にすれば、ああ！　そんな時にはまったくなんとも言いようのない苦渋の念に苛まれるものだ(4)」。週休の選択(5)と聖務や祝賀行事のために与えられる軍の休暇(6)とに関するその他の法案や規則案もユダヤ人社会を大きく揺るがす。しかしユダヤ人は何よりもまず共和国という共同体に順応して溶け込むことを追求するのである。ふたつの象徴的な例がそのことを物語っている。一八八一年七月一四日のフランス革命記念日は、敬虔なユダヤ教徒が遵守する四つの断食のひとつと重なる。これは黄金の子牛崇拝や、西暦六八年、ローマ人がエルサレム神殿に最初の突破口を開き、三週間後のアヴ月九日〔ティシュアー＝ベ・アヴ〕にこれを破壊するきっかけとなったことをはじめとする複数の不幸な出来事を記念するタムーズ月一七日の断食である。この重複に関する「ユニヴェール・イスラエリット」誌〔一八四四年から一九四〇年にかけて刊行されたフランスにおけるユダヤ共同体の保守系機関誌で、月刊から月二回発行、さらに週刊へ移行。前出の「アルシーヴ・イスラエリット・ド・フランス」と合わせた発行部数は一〇〇〇部未満〕の考えは次の通りである。「われわれは嘆き悲しむことと歓喜すること、断食することと皆でご馳走を食べることを同時に行わなくてはならないのだろうか？　否。そうではなく、続けて順番に行えばよいのであり、そうすればまったく矛盾することなどないのだ。〔…〕フランスのイスラエリットは断食し、エルサレムとその神殿を偲んで祈るであろう。そのあとで小旗を飾り、イリュミネーションをつけ、フランスを解放しイスラエリットを市民にした日を祝って乾杯するであろう」[7]。このようにして二つの出来事を両立するものにしようと努めているわけである。アメリカ合衆国では一七八八年、ニューヨーク州の当局者たちが憲法採択を祝う行進を一日ずらし、このタムーズ月一七日の断食と重ならないようにする措置が取られた[8]。一八八八年七月一四日のフランス革命記念日は、アヴ月九日のエルサレム神殿破壊の記念日と重なる。「ユニヴェール・イスラエリット」誌が述べるには、

われわれはイスラエリットの資格において、われわれの神殿に涙を流し、断食する義務がある。またわれわれはイスラエリットとフランス人という二重の資格においてわれわれの同胞たる市民とともに喜び、バスティーユ牢獄の解体を祝う義務がある。〔…〕たしかにわれわれのならわしに従えば、アヴ月の最初の九日間、われわれは孤立して悲しむ義務があるけれども、たとえわれわれの聖典が定めるどんな些細な掟にも忠実であったとしても、われわれのうちにはイリュミネーションをつけ、小旗を飾り、公共の喜びに参加することを宗教上の潔癖から拒否しようなどという者は一人もいない。〔…〕われわれの自己犠牲のすべて、エネルギーのすべて、精力のすべ

ては現在の祖国に注がれるのであり、消失した祖国、すなわち天上のエルサレムには、悔恨、涙、敬虔な思い出が捧げられるのである。[9]

ちょうど同じ頃、サロモン・レーナックは「迷信」や同宗者の統合を阻む「桎梏《しっこく》」を槍玉に挙げる息の長い一連の記事を書き始める。共和国の学校教育においてきわめて優秀な生徒であったレーナックは、全国学力コンクールで六つの賞と一〇の次席賞を勝ち取り、ユルム通りの高等師範学校の入学試験にはトップで合格した。文法学の教授資格を持ち、アテネ・フランス学院のメンバーにしてフランス学士院会員でもあった、このエジプトから古代ギリシアにいたるまでの宗教史の権威は、彼が生きた時代の精神に即した合理主義的解釈の基盤の上に、膨大な著作群を構築した。彼は言う。「文献学、人類学、民族誌学のおかげで、今日われわれは、まだ大半の人間の目から彼らの信仰の起源と内的意味作用を覆い隠しているヴェールをめくり、それらを暴露するができる。〔…〕私は彼らに諸々の啓示宗教に関する良い知らせを伝えてやるのだ[10]」。社会の非宗教化のための同時代の闘争に深くコミットした、この啓蒙思想の継承者たるレーナックは、こうも言っている。「人間の歴史は、いまだ完遂にはほど遠い、ひとつの漸進的非宗教化の歴史なのだ[11]」。さらに、世俗化を推し進める第三共和政のイデオロギーに同調してつけ加えるには、「理性は自身の諸権利を要求すべきである[12]」。高名な学者である彼の膨大な著作群は、ちょうどアングロサクソン系の人類学が隆盛を誇っている時代に練り上げられた。神話に関するエドワード・タイラーの著作に触発されたレーナックは、宗教信仰のアニミズム起源や動物崇拝に関する独自の研究を展開してゆく。ロバートソン・スミスにおけるのと同様、レーナックによれば、宗教は一連の段階を経るものであり、現代においては残存状態でかろうじて存続しているに過ぎず、人類はしだいにそこから脱却することに成功するとされる。ジェイムズ・フレイザーが練り上げ、一八八八年に『ブリタニカ百科事典』に記載されたトーテムとタブーの概念は、彼にとって宗教を説明するための鍵となる。人間文化の変形に関するレーナックの解釈はジグムント・フロイトの目に留まり、フロイトは自著『トーテムとタブー』のなかで繰り返しレーナックの著作を参照している。この考えによれば、諸宗教は、芸術同様、心理的側面を表出しているにすぎず、これは社会状態というよりも個人の意識に属するものとされる。(13) ユダヤ教に関してもレーナックは非常にネガティヴな見解を示し、これが伝統擁護者たちの強い反発を惹起することになる。

ユダヤ教《ジュダイスム》は今日、宗教でも人種でも民族でも、そしてこれはハイネが信じ込んでいたことであるが、不幸でもない。〔…〕なぜユダヤ教は早くも一九世紀には、その肩に重くのしかかっていた馬鹿げた儀式偏重主義をすすんで放り出し、道徳と進歩の、純粋に人間的な宗教になろうとしたのか。ユダヤ教の不倶戴天の敵は反ユダヤ教主義《アンチジュダイスム》ではなく〔…〕狂信的なユダヤ教徒なのだ。〔…〕「破廉恥を粉砕せよ」というヴォルテールの言葉は、健全なる理性に敵対するものすべてに対していまだ有効である。(14)

文芸と学問において異論の余地なく傑出した人物であったサロモン・レーナックは、自身が副会長を務めたアリアンス・イスラエリット・ユニヴェルセル〔一八四〇年にダマスカスで起こった「儀礼殺人」事件を踏まえ、アドルフ・クレミウ（一七九六－一八八〇）の提唱により、全世界の迫害されたユダヤ人を救済することを目的として一八六〇年、パリに設立された国際ユダヤ人団体〕の活動において、二人の兄弟とともに（人呼んで「全知三兄弟《フレール・ジュ・セ・トゥー》[15]〔《Je sais tout（ジュ・セ・トゥー）》は「私は何でも知っている」の意。ジョゼフ、サロモン、テオドールの頭文字J、S、Tと三兄弟（フレール）の秀才ぶりをかけて〕」）重要な役割を果たした。彼はまた二人の兄弟とユダヤ研究会（Société des études juives）の設立に携わり、その第一回会合は一八七九年に開催された。こうしてフランスで勃興したユダヤ学は学士院会員に加え、大学や高等研究実習院の教授らの参加に恵まれる。それほど多くの特権的な知の場がユダヤ人に門戸を開放していたわけだが、ドイツでは同時代にユダヤ学が誕生した際、こうした場の大半はまだユダヤ人には禁じられていた。サロモン・レーナックは「ユダヤ研究誌（*Revue des études juives*）」に大量の論考を寄稿し、このユダヤ研究会の会長を二度にわたって務めている[16]。太古の昔から受け継がれてきた無用の残存物や迷信を拒絶したいレーナック兄弟は、徹底的な改革主義を掲げたユニオン・リベラル・イスラエリットのユダヤ人たちの輪に加わる。この団体のもっとも象徴的な機構がコペルニク通りのシナゴーグ〔パリ一六区コペルニク通り二四番地〕である。このように三兄弟がその名声を惜しむことなく差し出したこの運動は、小規模であることには変わりないが、それでも中央長老会議に支持され広範な支配力を誇る正統派および保守派のユダヤ教徒層と堂々と渡り合うのである。

かくして一九〇〇年に食に関する戒律と祭儀をめぐって今日ではあまり知られていない論争が持ち上がる頃には、お膳立てはすべて揃っていたのである。この論争の主な当事者は、一方がサロモン・

レーナック、他方が「ユニヴェール・イスラエリット」誌に加え、「アルシーヴ・イスラエリット」誌のさまざまなスポークスマンである。当時のユダヤ教徒の新聞雑誌の代表格であるこの二大週刊誌は、片や保守主義、片や自由主義と異なった方向性を示していたにもかかわらず、サロモン・レーナックの主張に対しては競うようにして批判、嘲り、誇張を展開する。この対話は二〇年にわたって繰り広げられ、一つの号から次の号へと数十の論考が戦わされるのだが、この論考群は詳細な分析に値するものである。愛想のかけらもないこれらのテクストの焦点となっているのは、合理主義的近代に直面したフランス流ユダヤ社会の運命である。この点から見ると、一九・二〇世紀の変わり目はひとつの転換期である。というのも隣国スイスで一八九三年、シェヒター〔ユダヤ教の屠殺法〕が初めて禁止されたからである[17]。

最初の派手な一撃は一九〇〇年七月に放たれる。これは「ユダヤ研究誌」に掲載されたサロモン・レーナックの短く、ぶっきらぼうな論考であり、この論考はのちに名著『祭儀・神話・宗教』に再録されている。民俗学の最新の研究成果に感化されて彼が断言するところによれば、「聖書のなかで清浄な動物というのは人が殺して食べる動物のことであり、不浄の動物というのは人が食べず、かつ殺さない動物のことである」。このような区別は善意や有用性、さらには健康に良くないといった判断や衛生問題などとはまったく無関係であり、この区別に従えば、「人が食べられないものこそ、まさに敬意、自粛、不干渉を引き起こすもの、つまり厳密に言えば聖なるものなのである」。

レーナックによればユダヤ教はこうした禁止事項を法典化しているが、それは「ヘブライ人に隣人たちが食べているものを食べるのを禁ずることにより、彼らを隣り合って生活する諸民族から孤立させるため」ではない。

そうではなく、（豚のケースに限って見れば）シリアの全民族がこれを食べることを控えていたことは確かである。ただ（そしてここでロバートソン・スミスの素晴らしい発見のお出ましとなるわけだが）異教徒たちが通常手をつけることのなかった聖なる動物たちは、時として儀礼にしたがって食べられていた、つまりこうした動物たちは聖体拝領《コミュニオン》の食事の犠牲となっていたのである。きわめて広範に行き渡り、ほとんど普遍的であった、この聖体拝領の食事という発想はトーテミズムの産物であったが、これをローマのキリスト教は今日まで永続させてきたのである。立法者が断罪し、預言者がそれに劣らず厳しく断罪することになるのは、際立った特徴を持つこうした例外的食事なのである。ヘブライ人をそのような行為から遠ざけるためには、禁じられたものを食べることの禁止が絶対的かつ全面的で、恐ろしい脅迫を伴う必要がある。食における諸々の禁止事項に関するモーセ律法の特異点のひとつは、このようにして説明できるのである。

したがってこの食における諸々の禁止事項というのは、「トーテムを食すことの禁止から生じた」太古のふるまいの残存ということになる。「こうした風習の根底にあるのはトーテミズムであるが、現在われわれが犬を食べることに対して感じる嫌悪の根底にあるのも同じものである」。さらにレーナックは、本音を述べて同宗者たちに対し事の白黒をはっきりさせるためにこうつけ加える。

子ヤギを母ヤギの乳で煮てはならないとする掟は、むろん衛生上の偏見によるものでもなければセンチメンタルな思考によるものでもない。これはむしろ太古の昔に行き渡っていた迷信の儀式を禁じたものであるように思われる。この儀式の痕跡を、私はオルフェウス教の教団員の符丁のなかに見つけたと考えている(18)。

レーナックが「迷信」という語を発したのはこれが初めてであり、以降彼は事あるごとにこの語を用いるようになるが、この攻撃的な解釈は当時ほとんど誰の目にも留まらなかった。そして数ヶ月後、彼は攻撃を再開する。一九〇〇年一〇月二六日、「ユニヴェール・イスラエリット」誌に以下の短い手紙が掲載される。

編集長殿

この数頁の文章を貴誌の読者諸賢に委ねることをどうかお許しください。私はこれがポーランドやガリツィア、ルーマニアのあらゆる正統派ユダヤ教徒のあいだで翻訳され、大量に出回ってほしいと考えております。

私はこの文章に対して、いかなる神学者からの賛同も求めてはおりません。私が求めているのは、ただ善意の一般信徒の賛同だけです。

この手紙に続いて掲載されたのは、カシュルットの掟の遵守を広く論じたサロモン・レーナックの最初の論考であり、これは「神学者」、つまりサンヘドリン以来フランスのユダヤ教を担ってきたラビ団をあからさまに挑発するものであった。この論考に驚いた当該誌の責任者たちは以下の意見書を添える。

レーナック氏が本誌に掲載を要求している論考は、大多数の読者の感情を無神経に逆なですることであろう。しかしながら本誌は、高名な学者であるばかりでなく、自身が名を連ねている数々のユダヤ教慈善団体でこの上なく強く、またたぐい稀な熱意を込めて活動している人間をもてなすことを拒むようなことはしたくなかったのである。それでも「ユニヴェール」誌は、ここで述べられている考えにはまったく賛成しない[19]。

問題の論考は「ユダヤ教の内的解放」と題されており、無駄な残存物から解放され、刷新されたリベラルなユダヤ教のための要綱といった趣を呈している。これは同時代にドイツで勃興したユダヤ教改革に似通っているが、このドイツのユダヤ教改革はアメリカに飛び火し、一八八五年にアメリカ・ラビ会議により作成されたピッツバーグ綱領には次のような主張が見られる。「食や穢れ、衣装着用に関するモーセとラビの律法は、われわれの精神の価値観とは無縁の時代と環境から生まれた。〔…〕現代ではそうした律法を遵守しても、まったく精神を高めることの助けにはならない」[20]。この改革の諸原則は、時代遅れの正統派ユダヤ教に縛られた東欧のユダヤ大衆の見本となるべきものとみなされる。〔その一方で、〕サロモン・レーナックによる因習打破主義的な指摘は、バンジャマン・コンスタンのフランス流自由主義に影響を受けたジョゼフ・サルヴァドールやアドルフ・フランク、ジャムス・ダルメステテールらの改革主義と自由主義の系譜に連なるものである[21]。彼の指摘はまた、より科学的な装いを凝らしてはいるが、ツァルファティの反骨精神にも通じるものがある。

レーナックはフランス社会に加わったばかりである大量のユダヤ移民に対し、自らの態度を根本的に見直し、時代遅れの食習慣を放棄するよう明確に説き勧める。彼は開口一番に、マイノリティがキャリアを築くに際して（私企業で直面する「つかみどころのない不信感」や公務員の職の「断念」といった形で）彼らの肩に重くのしかかっている外的「障害」を内的「障害」から区別する。後者は彼らが、

> 儀式偏重主義というますます抑圧的になってくる重荷を自分の肩から振り落としていないという事実によって、自分からすすんでわが身に課しているものである。つまり〔内的障害という表現で〕私が言わんとしているのは、食に関する戒律とシャバットの厳格な遵守によって人間の理性的活動にもたらされるあらゆる制約のことである。〔…〕科学と良心の進歩が人間たちを互いに歩み寄らせている時代にあって、イスラエリットの儀式偏重主義は彼らを孤立させているのだ。それは彼らの周

囲に偏見や憎しみよりも深い溝を穿ち、ユダヤ人は諸国民のあいだで異邦人にとどまるという偽りの考えを裏付けてしまう。〔…〕彼らがヨーロッパ各国で従軍するようになって以来シャバットの食事を遵守せず、宗教に縛られることなく仲間が食べるものを食べることができるということは、すでに皆の了解済みである。〔…〕良心ではなく〔ユダヤ教の〕法が命じたり禁じたりしていることは、もはや時代遅れのもの、時の流れによって廃止されたものと考えるべきである。〔…〕同胞に内的解放を説き勧めること、つまり全体の利益を損なっている、儀礼に関わる戒律を放棄するよう説き勧めることは、すべての教養あるイスラエリットの務めである[22]。

見ての通り、サロモン・レーナックは食に関する戒律とシャバットの遵守に代表されると彼が考えている諸々の障害を、単刀直入に糾弾している。彼に言わせれば、こうした障害はユダヤ人がすすんで自らに課している「重荷」なのであり、この「重荷」こそが彼らを「異邦人」に仕立て上げる。それほどまでにこの「重荷」は「彼らの周囲に偏見や憎しみよりも深い溝を穿つ」のである。この論考が発表されたのはドレフュス事件の真っ只中である。荒れ狂う反ユダヤ主義者の群衆に加え、国家と公職から彼らを追放するために提起された法案により、ユダヤ人の市民権は再び容赦なく俎上に載せられていた[23]。ナショナリストの急進右派から発せられる憎しみは民衆諸層に広く浸透し、カトリック諸層も一緒になって叫びを上げながらユダヤ人を追い詰めてゆく。こうした「反ユダヤ主義の時代」のさなか、豚肉を食べないユダヤ人に対しては憎しみの叫びが発せられ[24]、彼らは国民を分け隔てる

「溝」を穿つ張本人として告発されるのである。前例のない華々しい経歴と要職とを自らにもたらしてきた知性の威光を笠に着て、レーナックは同化を、つまり「儀式偏重主義」の拒否を呼びかけ、ユダヤ教の実践を個人の良心《コンシアンス》＝信教の領域に限定しようとする。彼はスピノザの権威を引き合いに出し、理性の名においてあらゆる形態の古色蒼然とした伝統、共通の文化によって形成されたあらゆる集団的帰属の観念をしりぞける。東欧のユダヤ大衆は、解散して彼らの共同体の諸制度など必要としない内的解放の大きな運動に加わるよう促される。

これに対し、ユダヤ教徒のうちでももっとも柔軟な方面からただちに反応が寄せられる。早くも一一月には、「アルシーヴ・イスラエリット」誌が辛辣このうえない返答を発表するのである。その筆致は以下に見られる通り、レーナックのような高名な人物に対するものとしては異例の攻撃性を帯びている。

> レーナック氏の「ユダヤ教の内的解放」に関する論考を仮にドリュモン〔エドゥアール・ドリュモン（一八四四―一九一七）。主著『ユダヤ人のフランス』（一八八六年）や一八九二年に自ら創刊し主筆を務めた日刊紙「リーブル・パロール」などで知られるジャーナリスト。一九・二〇世紀フランスにおける反ユダヤ主義の中心的人物〕が読んでいたなら、怒り狂って不実な競合を〔…〕糾弾したにちがいない。じっさいあのドリュモンでさえ、どんなに猛り狂っているときでもこのような「撲殺」を夢見ることはなかったであろう。〔…〕何たることか！　たしかにシャバットでは昔ながらの掟にうんざりさせられることもある。だが「ねえ、シャバットなんてもういらないよね」とは！　何たることか！　イスラエリットの食に関する規律は、「ハム屋」の

ような実入りのよい職業に就く人々にとっては過酷なものである。イスラエルを素晴らしく活気みなぎるものにしていると他の人々が考えているこの「規制」など、忘れられた古い迷信と同じように消し去ってしまおう、というのである。〔…〕レーナック氏がガリツィアやルーマニア、トルコのイスラエリットが孤立していることを気にかけ、キリスト教徒が盛大に飲み食いしている食卓にわれわれの同胞が招かれないことを悔やんでいることはよくわかる。それが善意から出たものであることは明らかである。しかし果たして氏は、思いきってカシュルットという障害を厄介払いしてしまえば、われわれの同宗者たちが「立食ハムランチ」に欠かさず招かれるようになると本気で信じているのだろうか。〔…〕フランスにおいてでさえ、信仰をまるごと投げ捨ててしまったような連中とは誰も食事をしようとは思わないものである。(25)

このような辛辣な皮肉をぶちまけた返答は不当なものである。この弾劾文の作者の考えによれば、レーナックが提案する改革はユダヤ教の終焉に直結する。ドリュモンのような輩が要求しているのもユダヤ教自体の消滅ではなく、単にフランス社会からユダヤ人が消滅してくれることであり、ドリュモンとしてはユダヤ人に自分の宗教を忠実に実践し続けてほしいと思っている……ただしパレスチナの地で！　サロモン・レーナックが素描する見通しはあらゆる点でドリュモンの見通しとは異なっている。両者のあいだには競合などまったく存在しない。一方が同化を説くのに対し、他方はユダヤ人は決してフランス人にはなれないとの考えから同化を根本的に認めていないからである。極論すればドリュモンにとっては、ユダヤ人が彼らを同胞市民から引き離す儀礼に忠実でいてくれるほうがありがたい。そうすれば彼らがフランス国民に溶け込んでしまう心配もないからである。レーナックは理性の名において、彼らに儀礼をないがしろにするよう勧める。「ユニヴェール・イスラエリット」誌が強調するように、「われわれの同僚の一人がレーナック氏はカシュルットを攻撃することでドリュモン氏と同じことをしたと主張した際、ドリュモン氏が抗議したことは驚くに当たらない。氏にとっては反対に、宗教がわれわれとわれわれの同胞たる市民とのあいだに障壁を築いてくれるほうがありがたいのだ。「リーブル・パロール」紙の正統派ユダヤ教こそ警戒すべし！[26]」ドリュモンとレーナックはともにカシェールの食肉を揶揄しているが、両者の見解は根本的に異なっている。つまりレーナックはカシェールの食肉に純然たる迷信しか認めないのに対し、ドリュモンのほうでは、ユダヤ教徒が血とのあらゆる接触を断固として拒んでいるにもかかわらず、彼らが行っているとされる儀礼殺人をも同時に告発するのである。アンリ・プラーグはドリュモンに対して次のように啖呵を切っている。

それから人間の血を口にしているというこのような気狂いじみた非難をあなたが投げつけるのは、あなたがゲットーのユダヤ人と呼んでいる人々に対してですが、彼らこそまさに、ユダヤ人のなかでももっとも頑なに血を禁忌する法を遵守している、つまりカシェールの肉しか摂らない人々なのです[27]！

レーナックが〔これまでユダヤ人に対してなされてきた〕儀礼殺人の告発に反論する博識な論文を発表していたことを知っていれば、〔「ユニヴェール・イスラエリット」誌による〕ドリュモンとレーナックの比較は論争的性格の強いものであることがより鮮明になるであろう。その論文のなかでレーナックは、「いかなる生《い》き物《もの》の血《ち》も、決《けっ》して食《た》べてはならない。すべての生《い》き物《もの》の命《いのち》は、その血《ち》だからである。それを食《た》べる者《もの》は断《た》たれる」というレビ記の一節〔一七章一四節〕を引用して、「ユダヤ教徒が血を毛嫌いしていること(28)」を強調していた。同じ頃、兄のジョゼフ・レーナックも、一六七〇年に儀礼殺人を犯したとして誤って告発され、火刑台に連行されてもなおカシェールでないワインを飲むことを拒否したラファエル・レヴィに関する研究書を上梓している。ドリュモンはといえば、ラファエル・レヴィの有罪判決を支持し、「リーブル・パロール」紙上でレヴィを揶揄しているのである(29)。

自らに対する反論のなかでフランス反ユダヤ主義の師と一緒くたにされ憤慨したサロモン・レーナックは、これに抗議する文章をしたためる。レーナックはそこでも自説を曲げることはなく、「科学的に見て、食に関する諸々の禁忌とシャバットにおける禁忌は道徳とも衛生ともまったく無関係であり、こうした禁忌は、鳩を食べたがらないロシアの農民の迷信や、縁起を気にして金曜日と毎月一三日には旅立ったり稼業に着手したりしようとしない山賊の迷信と似たりよったりの、元来取るに足らぬ迷信であった(30)」ことを証明してみせると豪語している。こうして長い論争の火蓋が切られる。矢面に立ったのは「アルシーヴ・イスラエリット」誌主筆アンリ・プラーグであり、彼はレーナックの考えとそのトーテミズム論に激しく抗議する。プラーグはこうした理論を不明瞭で脆弱なものとして非難したうえで、特に次のように書いている。

レーナック氏は、われわれの考えでは、東欧のユダヤ教徒住民の心に宿っている信仰の火を消そうというような悪しき行いを遂行しているばかりではなく、この信仰の性質について誤解しているのである。この信仰はレーナック氏が考えているほど盲目ではなく、論理的思考能力を備え、研究によって解明されている、思慮深く自覚を持った信仰なのである[31]。

レーナックに反してプラーグは、儀礼は迷信にではなく、良心と理性を働かせようと決意した人々の良心と理性に属しているのだと主張する。彼の論理においては、逆説的ではあるが習慣や制約によって押し付けられた儀礼ではなく、信者が積極的に受け入れた儀礼が正当化されている。

時を同じくして「ユニヴェール・イスラエリット」誌が論争に加わる。「レーナック氏はユダヤ教の廃止を求めておられる。〔…〕氏は、シャバットや食に関する戒律を遵守しなかったからといって道徳的観念は何ら影響を被ることはないとお考えのようだが、それは間違いである[32]」。〔「ユニヴェール・イスラエリット」誌によれば〕食に関する戒律の衛生上の根拠は、レーナックが主張しているほど簡単には否定され得ない。

一堂に会した権威ある学者たちが、食物に関わるわれわれの宗教上の戒律は誤った着想と勘違いした事実に立脚していることを証明したあかつきには、われわれはそれを認め、ラビたちにこうした戒律を、それが完全に廃れてしまう前にさっさと廃止してしまうよう忠告しなければならないだろう。〔…〕そういうわけで衛生学者の言葉に耳を傾けなければならない[33]。

レーナックも一歩も譲ろうとはしない。彼は「ユニヴェール・イスラエリット」誌への返答のなかで、「ふた通りの禁忌の抑圧的性格とその帰結としての孤立」をあくまで糾弾している。「私が求めているのは自分が解放されることではなく（そんなことはもう達成済みのことである）、貧しく信心深い同宗者たちを解放してやることなのだ。〔…〕何せ彼らはハムを食べることは隣人の妻を寝取るのと同じくらい罪深いことだと本気で信じ込んで生まれ、死んでいくのだから[34]」。度しがたいまでに自らの宗教の迷信に囚われた、「貧しく信心深い」ユダヤ移民をいささか見下しながら、レーナックは同時期にドイツで行き渡っていた偏見を自分のものにしている。ひどく気分を害した「ユニヴェール・イスラエリット」誌は答える。

レーナック氏はハムは健康に良く、経済的であると考えている。氏の考えでは、富裕層は食に関する戒律から解放されているのに貧しい群衆がそれに従うのは、後者がハムを食べることは隣人の妻を寝取るのと同じくらい罪深いことだと本気で信じ込んで生まれ、死んでいく無知蒙昧の徒であるからということになる[35]。

同誌はこのようなレーナックの尊大な態度を非難し、ユダヤ大衆の深い学識と、裕福なユダヤ人に引けを取らない彼らの道徳感覚を強調している。しかしカシュルットの遵守によって惹起される「孤立」の問題を論じるに際しては、次のようにレーナックの主張を認めている。

ユダヤ教徒が宗教上のすべての掟に忠実でいようとすれば、遺憾ながら同胞市民から離れざるを得ない場合がある。宴会に参加することは、一定の状況下では道徳的な義務となる。〔…〕敬虔なユダヤ教徒はほとんどすべての公職を拒まなければならないということになる。信仰心がユダヤ教徒にとって真の障害となるのはこのときである。そして、なぜモーセの掟をないがしろにするのは裕福で教養あるユダヤ教徒なのかということは、これで説明がつく[36]。

「ユニヴェール・イスラエリット」誌はためらいながらも、特に宴会が共和的生活の核心に位置づけられている社会においては、「分離」は害をもたらし得るものであり、宴会への参加は時としてどうしても避けられない「道徳的義務」であるということを認めている。正統派ユダヤ教の一部が初めて、市民の義務の名において、食卓を共にする必要性、食に関する戒律に目をつむり国民同士の飲み食いに参加する必要性を認めたのである。この時代のユダヤ教徒の下院議員、上院議員、知事、判事らに差し出された食事の献立については、まったくといってよいほど資料が残ってない。こうしたエリートや公務員が辺鄙な地方や片田舎で数々の選挙戦を戦っている最中、一体何を飲み食いしていたのかということは、どのような古文書を見てもわからずじまいであるが、このような場所にあっては同じ食卓で共に飲み食いすることが、共有された社交性の象徴であり続けたのである。知事や副知事の食事内容もまたいかなる文書にも記載されていないが、彼らは農事品評会の開会式を行うこともあれば、共和国のさまざまな機関で地方の有力者らをもてなすこともあったのである。大学やコレージュ・ド・フランス、学士院の同僚たちがレストランでどのような食事をしていたのかということもまったくわかっていない。それでもロスチャイルド家やカモンド家が開いていた豪華な夜食会では、おそらく誰もカシュルットのことなど気にも留めなかったということは、のちに戦死する若きニッシム・ド・カモンドが、第一次世界大戦中に塹壕のなかで空腹に苛まれながらも、自身の生活を次のように描写していることからもうかがえる。

> 先日のこと、食糧が塹壕に届かなかったので、僕たちはみんなで豚を一頭つぶした。僕はまるでそれがイノシシであるかのように銃剣を使って切り分けた…… こんなことは言いたくないが、それはとても楽しかったし、あんなにおいしい背肉を食べたことは今までなかった。それはもう絶品だった。[37]

ジョゼフ・レーナックもひとたび政界で揺るぎない地位を確立してしまえば、「同胞市民の集まりに加わらずにいる」ことはできない。彼が議員を務める下院議会やディーニュ〔南仏アルプ＝ド＝オート＝プロヴァンス県の県

〔庁所在地〕県庁経理課、さらに彼が主筆を務める「レピュブリック・フランセーズ」紙の経理課にとって、〔ユダヤ教の〕食に関する制約などあずかり知らぬことなのである。この点でレオン・ブルムの例は示唆的である。一八九一年四月、パリ高等師範学校の生徒であるブルムは学校にカシェールの弁当を持参している。これは同校の経理部長が細々《こまごま》と記している通りである。

> イスラエリットに関する規定　イスラエリットには復活祭の二二、二三、二九、三〇日には夜八時から深夜一二時まで外出許可。しかしそれ以外の日は食事をとりに自宅に戻ることは禁止。ブルムは無酵母パンと〔ユダヤ教の〕儀式にしたがって屠られた肉を持参した[38]。

その後、一九二九年四月のナルボンヌでの選挙戦のさなか、ブルムは何ら悪びれることもなく豚肉製品を口にしている。日が暮れてからも次から次へと選挙対策会議を取り仕切っていると、夜が更けてしまう。彼が妻に書き送った手紙によれば、「僕たちはまだ晩ご飯を食べていませんでした。深夜一時ごろになってようやく玉子と豚肉製品にありつくことができましたが、それは町の反動主義者御用達のカフェだったので、僕らはひどいひんしゅくを買いました[39]」。

「ユニヴェール・イスラエリット」紙は、公共生活につきものの種々の制約を知りながらも、食に関する戒律を時代遅れの「迷信」とみなすことを拒んでいる。こうした立場から、同紙は、「共和国狂〔のユダヤ人〕」の誕生を可能にした社会では到底考えられないようなことを言い出す。つまり「敬虔なユダヤ教徒であれば、たいていの公職は拒むべきであろう」というのである。これではユダヤ教徒はあまりに多くの職につけなくなってしまう、というのはフランスでは強い国家〔「強い国家（État fort）」と「弱い国家（État faible）」は、ともにマックス・ウェーバーの考察に基づき著者が提唱している国家類型。「強い国家」とは、高度に制度化され、国家公務員を能力主義的基準で採用し、権利に即して働きかけるとともに、大規模な財源および徴税機関を有する国家であり、かつ高度に分化し、支配階級や政党、派閥、宗教などに対し自律した国家のこと。このように中央集権化された自律的国家は己れの権威を国民に認めさせ、市民と直接的な関係を築くとともに、市民の政治的社会化をそれが普遍主義を志向するよう監督する。これに対し「弱い国家」は制度化も分化もされておらず、支配階級あるいは特定の政党や宗教に密接に結びついた国家のことを指す。前者の代表例がフランス、後者の典型がアメリカやイギリスとされる〕が、小学校から大学、病院から美術館、郵便局から裁判所、警察にいたるまでの巨大な公職を基盤として力を振るっているからである。

「ユニヴェール・イスラエリット」紙のこのひどく矛盾した記事は、フランスのユダヤ人が抱えるジレンマを雄弁に物語っている。イギリスやイタリア、ドイツ、さらにアメリカでは、この問題がここまで深刻化することはない。というのもこれらの国ではユダヤ人は国家の中枢に立ち入ることができないため、もしくはこれらの国では国家は弱く、ほとんど制度化されていないため、こうした国家とユダヤ人が関係を持つことはほとんどないからである。そこではユダヤ人もそれ以外の市民も国家にかかずらうことなく、自分たちの職業上の幸福を、彼らの集団的アイデンティティが容易に生き延びることができる市民社会のなかに見出すことを好むのである。サロモン・レーナックによって引き起こされた論争はフランスにおいてしか意味をなさない。ユダヤ教改革により一部の儀礼を放棄していた同時期のドイツにそのかすかな反響が認められはするものの、ドイツではユダヤ人はキリスト教国家からほぼ完全に排除されていたから、フランスのユダヤ人と同じ義務は負っていなかったのである。ドイツのユダヤ教改革は他の動機に従っている。それはたとえば個人レヴェルで構想された教養《ビルドゥング》であり、これにより個々の人間が教育によって自己の人格実現を追求するのである。これは国家を取り囲むようにして編成された共和主義的公共空間への統合計画とはまったく無縁である。正統派・伝統主義のユダヤ教と公的生活にどっぷりと浸かったユダヤ・エリートとのあいだにこのような乖離が生じるのは、おそらくフランスだけである。

件の論争は際限なく続けられる。「ユニヴェール・イスラエリット」誌もしくは「アルシーヴ・イスラエリット」誌の最新号にはきまってレーナックの手紙が掲載され、これに両誌が翌週号で返答するのである。このように両誌は方向性の相違にもかかわらず、足並みを揃えてレーナックに対峙する。そのレーナックは一九〇一年、「またしても反ユダヤ主義者扱いされるのを承知のうえで」こう宣言する。「儀礼に関わる戒律に当てはまることは十戒にも当てはまるのであって、この十戒もすでに社会科学のふるいにかけられたわけだが、これからもかけられ続けることになるだろう。ユダヤ教の解放が幼稚な釈義などに阻まれることがないのは、ガリレオ以来、地球の自転がそんなものに阻まれなかったのと同じことだ(40)」。誌面での応酬は戦間期まで続けられる。どのような反論を受けようがレーナックは一貫して、東欧から逃れてきたユダヤ人の「粗野でうぶな魂」を解放し、「彼らを縛る鎖をふるい落とし」、中世に端を発するこのような「迷信」や「幻影」をすべて放棄させるべしとの主張を繰り返す。

この論争のもうひとつの論点が、シャバットの問題である。レーナックによれば、シャバットは十戒以前の「原始社会」にさかのぼる風習であり、これは元来「凶日」とされた日を忘れるために、皆で安息日の尊重に従うという風習であったという。そして彼はこう問いかける。

大多数の同郷人、同胞たる市民と一緒に休息してはならないということがあろうか。……それに〔第三共和政フランスという〕非宗教的な国家自体が、まったく宗教的な意味づけをすることなく、日曜日を休日に定めなかっただろうか。どうしてユダヤ教は非宗教的国家よりも疑り深い態度を見せるのか。〔…〕儀式偏重主義はつまずきの石になりかねない重荷である。これこそわれわれの同胞の身から剝ぎ取ってやるべき黄色いガウンなのだ(41)！

ユダヤ教徒の新聞雑誌は数年来、このように共和国の法律に合わせて一部のユダヤ教徒が日曜日に対して認めたがっていた特権に激しく抗議していた。「アルシーヴ・イスラエリット」誌は「アメリカ流のユダヤ教」を思わせるこのような「譲歩」に反対し(42)、「ユニヴェール・イスラエリット」誌もその数年後、「シャバットはユダヤ教そのものであり、ユダヤ人の宗教の核心に位置する(43)」との理由から、日曜日を週休日として制定しようという下院のあらゆる法案を拒絶している。サロモン・レーナックはというと、彼は何でも方便といわんばかりに、食に関する戒律とシャバットの遵守を中世ユダヤ人が着用させられていた黄色い衣服〔一二一五年に開かれた第四回ラテラノ公会議での決議により、ユダヤ人はその着衣によりキリスト教徒を中心とする他民族から区別されることとなった。この決定を受け、フランスではユダヤ人に黄色い輪型マークの着用が義務づけられた（この点はサロモン・レーナックの弟テオドールも言及していた。Cf. Théodore Reinach, *Histoire des Israélites depuis l'époque de leur dispersion jusqu'à nos jours*, Paris, Hachette et Cie. [1884], p. 143-144）。しかしこれに先立つ一二世紀から西洋ではすでに裏切りや異端などを象徴する忌むべき色とされていた黄色は、キリスト教想像界ではまずユダを、ついでシナゴーグを表す色となっていたのであり、中世キリスト教図像ではユダヤ人はしばしば黄色い衣装を着用した姿で描かれている〕に比較するという、この上なく不適切な論法で論敵を挑発するのである！　「ユニヴェール・イスラエリット」誌はこのような不遜極まりない見解に抗議し、ユダヤ教の実践は知的啓蒙と両立可能であると主張したうえで、食に関する戒律とシャバットの遵守は聖書に由来することを数多の引用により明らかにしている。同誌はさらにこうつけ加えている。

非宗教的国家は日曜日を採用しなかった。フランス革命の際にこれを廃止し、その後はただこれを維持しただけである。そして市民の総体を代表する非宗教的国家が、そうすることでわが身に降りかかる危険など顧みることなくしでかしてしまうことを、ごく微弱な宗教的少数派ははるかに真剣に懸念し得るのである。宗教的少数派は多数派に吸収されてしまうきっかけとなるようなことは、すべてこれを避けることができる場合は避けるべきなのだ。[44]

このフランス流イスラエリットの名だたる代表者レーナックと律法に執着するユダヤ教信奉者のあいだには、いかなる共通の言語も見出せないであろう。ドレフュス事件のさなか、〔ユダヤ人に対して〕発せられる憎しみの叫びにもかかわらず、レーナックはわが道から逸脱させられることを拒み、同宗者たちに時代遅れの信仰を捨てるよう勧めながら、普遍主義的共和主義の夢を追い続けようとする。彼は、キリスト教の主日＝日曜日をその宗教的起源を無視して採用した共和主義国家の非宗教主義的論理に賛同する。願わくば、共和国の熱狂的信奉者たるユダヤ人もこれに同調し、あらゆる種類の「分離」

を放棄せんことを、というわけである。何をもってしてもこのフランス・ユダヤ教を引き裂く論争に終止符を打つことはできないのだが、その背景には、フランス・ユダヤ教の周辺部ではレーナックの実証主義や彼が提唱するリベラルなユダヤ教に飽き足りない無神論者のユダヤ人たちが、声高に彼らの考えを発信しているという事情もあった。〔カトリックの〕急進的な非宗教論者《ライカール》たちが示威行為を繰り返しながら聖金曜日の昼食会を開いてあらゆる種類の肉を食べる[45]のと同様、サロモン・レーナックよりもさらに過激に、宗教の観念そのものを放棄してしまう一部のユダヤ人は、挑発の意味を込め、まさにこの一九〇〇年の終わりに「キプール宴会」を企画するのである。「ユニヴェール・イスラエリット」誌は「このコル・ニドレ〔ヨム・キプールにシナゴーグで行われる夕べの祈り（マアリーヴ）の冒頭で行われる祈禱〕の饗宴」、この「ヨム・キプールのご馳走」、「ティシュレー月一〇日〔ヨム・キプール〕に飽食」し、「アダール月一三日〔アダール月一四日のプーリム祭の前日には、エステル記四章一六節に基づき断食が行われる〕に浮かれ騒ぐ」ばかりでなく、「土曜日に働く」ことを欠かさないユダヤ教徒たち、「某Vや某Xのサロンでハムを食べることを喧伝」し、「宗教の意味を履き違えた熱狂家たち」を厳しく非難する。[46]「アルシーヴ・イスラエリット」誌も同様に、ヨム・キプールの日に「不敬虔な祝宴を開いて、みの〔牛の第一胃〕料理がふるまわれる会食」のあいだ、「神を冒瀆するご馳走」に舌鼓を打ち続けるアメリカの「イスラエリット・アナーキスト」を攻撃する。[47]フランスにおいてサロモン・レーナックやユダヤ教改革の支持者らよりもはるかに大胆に、信仰心を跡形も残さず捨て去ってしまうことで自らのユダヤ性を主張するアナーキスト・ユダヤ人自由思想家の代表格がアルフレッド・ナケである。彼は一九〇三年一〇月一日、「ヨム・キプールのイスラエリット大断食に抗議する宴会」の席上で行った挨拶のなかで、こう宣言している。

信仰を持ち、掟を実践するユダヤ教徒には断食を含む祭礼があるということは、われわれにはどうでもよいことであります。われわれにとっての最重要課題は、進歩の宿敵であるとわれわれが考えている偏見と迷信を打破することなのです。〔…〕ユダヤ教の信仰はキリスト教教育と並んで、知性を失わせ、思考の発達を妨げる障害となっています。したがってキリスト教だけではなく、ユダヤ教も切り崩していかねばなりません。〔…〕それゆえドリュモンとその盲目的追随者たちをつねに監視していかなければならないとすれば、それはなにもユダヤ教徒を守るためだけではないのです。それはフランス革命の諸原則を守るためでもあるのです。〔…〕神秘主義と教義から解放されたユダヤ人は、自分がたまたまそのもとに生まれついたにすぎない宗教に対して立ち上がらねばなりません。〔…〕われわれが追求するのは、フランスの脱キリスト教化だけではなく、フランスの脱ユダヤ教化でもあるのです。〔…〕われわれは同胞を誤謬から解き放ちたいと望む解放された人間であり、宗教や国民《ネイション》の障壁を撤廃することに尽力する人間であります(48)。

急進的反体制派のナケと名声の絶頂にあるイスラエリットのレーナックは、同じ語彙を用いて、儀礼を忠実に守るユダヤ教徒の誤謬と迷信を暴き出し、内なる「障壁」を撤廃せんとしている。両者はその根本的な相違にもかかわらず、ともに食に関する戒律については揶揄以外のものは持ち合わせておらず、自身はそこから解放されていることを誇りにしている。しかし一方が宗教精神を根本的に批判するのに対し、他方は時代にそぐわない儀礼の残存を告発するにとどめている。それでもアルフレッド・ナケの挑発と圧勝を収める勢いで広がりを見せる非宗教化運動に直面して、論争者たちを少しばかり歩み寄らせるひとつの目に見える進展を確認することができる。「ユニヴェール・イスラエリット」誌は一九〇二年になって以下のことを認めている。

経営者にしてみれば、シャバットの安息に違反する者全員がそっくり断罪されるのは、少々度が過ぎると映るのではないか……では公務員はどうすればよいのか。〔…〕掟を実践する信者は誰も公務員になれないであろう。〔…〕主要な試験や選抜試験は、教授資格試験《アグレガシオン》のように年に一度だけ、それもたいていは土曜日に行われている。したがってユダヤ教徒は誰も教授資格を得られないであろう。ユダヤ教徒は誰もカシェールのレストランがすべての町にないような国に派遣されることには同意しないであろう。

最後になるが、ユダヤ教徒が職務上、上司や同僚の家に食事に招待されるということが頻繁にある。そんなときユダヤ教徒にとって、次のように答えざるを得ないことほど嫌なことがあろうか――「あなたのことは本当に尊敬しています。慕っているのです。しかしあなたの食卓は穢れていますから、私の宗教が定めるところにしたがい、ご自宅にお邪魔するわけにはまいりません」。キリスト教徒の気持ちになってみれば、このような返事には何かしら感情を害するものがあることに気づくであろう。われわれと他のフランス人の共存関係は、古代ヘブライ人と異教徒の共存関係、さらに言えば、中世ユダヤ教徒とキリスト教徒の共存関係と同じものではなくなっている。つまりわれわれは今や、他のフランス人と同じ市民なのである。[49]

この文章は、フランス革命の普遍主義的論調を突如身につけた、あるい身につけたに等しい正統派ユダヤ教の機関誌の、驚くべきぶれを物語っている。「ユニヴェール・イスラエリット」誌は、フランス流国家は〔ユダヤ人に対して〕シャバットの遵守もカシュルットの維持も無視するよう、妥協や歩み寄りを強要することができると認めてしまっているのである。数日後、同誌はさらにこうつけ加えている。

タルムードは、全市民が宗教の差別なく公職に就くことができるような国家が成立することを予見できなかった。〔…〕礼儀上やむを得ないつき合いに関しては、これを公務員の義務とみなしてよいのではないか。これは公の地位に就いていない者の場合でも同様である。したがってわれわれの同宗者が職場の懇親会に参加するのを認めてもよいのではないだろうか。ただし、このように寛容な態度は、ユダヤ教徒のみからなる慈善団体や親睦会の会食には当然ながらあてはまらない。ラビがラビであるからという理由で招かれたはよいが、出された食事が儀礼に即していないので何も食べることができないといったイスラエリットの宴会を目にすることがあるけれども、これほど無礼で意気消沈させられることもないものである。[50]

ユダヤ教徒の公務員には同僚との宴会に参加することが認められ、ユダヤ教徒全体についても、職業上の宴会に加わるのに妨げとなるものは何もないとされているが、こうした宴会で出される料理はどれもみなカシェールではなく、豚肉製品やその他の猟肉《ジビエ》がメニューに含まれていることは明白である。正統派ユダヤ教の機関誌が、食に関する儀礼など社交上の礼儀の名において軽視してかまわないとユダヤ教徒に申し渡しているのである。このような統合形式が国家ユダヤ人の誕生を促すわけだが、この国家ユダヤ人というのは、改宗せずたいていはユダヤ人女性を娶るという、近代への参入形式の例外主義を示す公僕世代のユダヤ人のことをいう。それでも宴会や社交レセプションを通して国民の政治生活に深くまじらいながらも、国家ユダヤ人たちが食に関する戒律を遵守していたということはまずあり得ないのであって、それは大貴族を豪勢な邸宅でもてなすユダヤ人銀行家の場合と同様である(51)。「ユニヴェール・イスラエリット」誌は、シャバットを職業上の生活と両立可能にするため、これを「どんな季節でも〔…〕、金曜日の午後六時から土曜日の午後六時まで祝う(52)」よう提案している。このような革命的ともいえる変更点について、同誌は慎重を期してラビたちに意見を求めている。即座に寄せられた回答はどれも厳しい意見ばかりで、由緒ある機関誌は集中砲火を浴びせられる格好となった。エピナルの大ラビ、モイーズ・シュールは、このような提案は「危険である」としたうえで、「われわれはユダヤ教という大構築物を瓦解させてしまいかねない(53)」とつけ加えている。それでも論争は続き、「ユニヴェール・イスラエリット」誌のほうでは、「シャバットと食物に関する戒律については、これが職業上やむを得ないつき合いとぶつかった場合には目をつぶってもらうことができる。シュール氏は、タルムードによれば聖書の掟を守らなくてもよいのは個人が危機に瀕した場合だけであると反論する。だがこの個人の危機という概念は拡大解釈できるし、タルムードがユダヤ教徒と非ユダヤ教徒のあいだの良好な調和関係と呼んでいるものを考慮することもできる[54]」との姿勢を崩さない。公共空間への統合には、このように儀礼を犠牲にした一致が求められるのである。

聖書に基づく儀礼を再び問題視したり、レーナックがしたように、そこに迷信や現代では廃れてしまったトーテムの要素を見出したりすることなく、また強い国家に直面すると同時に市民で構成された普遍主義的公共空間に直面したフランス・ユダヤ人を悩ます諸々の問題への答えをタルムードのなかに探し求めながら、〔「ユニヴェール・イスラエリット」誌に代表される〕一部の正統派ユダヤ教徒は社交性と職務の名において、食に関する戒律に背くよう勧めるのである。このような例外的状況を除けば、律法はユダヤ教の礎《いしずえ》であり続けるのであり、この礎は行為者の信条だけに還元できるものではない。こうした意味で、〔「ユニヴェール・イスラエリット」誌が提示した〕このような妥協案は、たとえそれが思いもよらぬもの、けしからぬものに思われようとも、やはりサロモン・レーナックの妥協案とは明らかに性格を異にするものである。

サロモン・レーナックと弟のテオドールは、ドイツのユダヤ教が実施した改革を模範とすることを目指して一九〇〇年に設立されたユニオン・リベラル・イスラエリットの支柱となる。一九〇〇年といえば、サロモン・レーナックと二大ユダヤ教機関誌のあいだの長い論争が始まる年である。「アルシーヴ・イスラエリット」誌よりも伝統を重視する「ユニヴェール・イスラエリット」誌の、荒々しく敵意に満ちた反応は予測できるものであった。ところがレーナックとの容赦ない論争にもかかわらず、当初そうした反応はまったく見られなかったのである。なるほど、典礼の一部を変更して祈禱文を短縮するという意向に対して丁重に遺憾の念を表明したり、土曜の聖務に替えて「シャバットに致命傷を与えるであろう」日曜の聖務を制定したいという考えに危惧を抱いたり、ヘブライ語の使用を最小限にとどめるという提案に反対したりということはあったものの、然るべき事務所を開設したいというユニオン・リベラル・イスラエリットの要望は、難なく聞き入れられたのである。「この要望はわれわれには正当なものに思われる。パリ長老会議が必要な認可を与えないということはないであろう[55]」。こうした善意にもかかわらず本質的な障害となっている点は、やはり食に関する戒律である。「ユニヴェール・イスラエリット」誌が考えるところによれば、「シナゴーグに通うことは強く推奨されるが、これは厳格に義務づけられているわけではない。これに対し食べてはならないもの《テレファー》を食べること、土曜日および〔ユダヤ教の〕祝日に働くことは厳しく禁じられている。〔…〕〔ユニオン・リベラル・イスラエリットの〕要綱は食に関する戒律とシャバットの食事に触れているものと考えられていたが、〔…〕どうやらユニオンは、宗教の外的表れとしての側面を除けば、食事方法はもっぱら個人の問題と考えているようである[56]」。「ユニヴェール・イスラエリット」誌は一九〇〇年一一月には早くも、サロモン・レーナックの論考に対する厳しい非難を、ユニオン・リベラル創設の正当性に関する議論に結びつける[57]。事態は悪化の一途を辿ることになる。ユニオン・リベラル・イスラエリットにとって初の祭儀の場であるコペルニク通りのシナゴーグが一九〇七年に竣工した際[58]、「ユニヴェール・イスラエリット」誌は「このエレガントな宗教」に面と向かって嚙みつくのである。

ついに落成というわけだ！　ユニオン・リベラルが来週の日曜日に落成する。〔…〕ユニオン・リベラル聖堂の献堂式への招待状はヘブライ語で書かれてはいない、ああ、そんなことが！……だが安心しようではないか。大勢の人々が、それも大勢の選り抜きの人々が列席することになろうから。そこで落ち合う約束をしていたご婦人連も姿を見せるであろうが、こうしたご婦人連はミンヤーンの数には入らない、そこではもうミンヤーンの規則など存在しないのだから。それでもご婦人連は殿方と触れ合うことになろうし、それはさぞかし楽しいことであろう。当のご婦人連は着帽したままで、帽子を脱ぐのは男性陣ということになろう。劇場の支配人たちが実現できなかった改革を、あべこべにではあるがユニオン・リベラルがやってのけるというわけである。〔…〕祭儀や信仰実践はユニオン・リベラルのもてはやすところではなく、「個人の良心＝信教《コンシアンス》」に丸投げされている。〔…〕このサロン向けの宗教を支えるのは、エレガントなパリのお歴々である。〔…〕ユニオン・リベラルは二、三の病の産物である。まずユダヤ教の本質を構成するものに関する無知、ついでユダヤ的感情の減退、さらにはユダヤ意識の減滅、〔…〕イエス・キリストに恍惚となる新教徒の個人主義者たちなど、われわれに何の関係があろう。最初の集いは来週の日曜日に予定されている。そこでは無限との合一がなされることであろう[59]。

このように辛辣な揶揄は、〔「ユニヴェール」誌が〕当初示していた好意的な態度を知る者には意外に映る。サロモン・レーナックが称揚する「個人の良心＝信教《コンシアンス》」に重点を置いた「エレガントな宗教」の信奉者たちとの連絡路は絶たれてしまったようである。一九一四年になってもなお、「ユニヴェール・イスラエリット」誌は次のように気炎を揚げている。

かの気まぐれな〔ユダヤ教〕改革者、非聖職者のオルリー・テルケム〔ツァルファティ〕も、シャバットの権威を失墜させ、割礼や食に関する戒律を放棄した挙句、異宗婚を容認するユニオン・リベラルのような共同体ではさぞかしくつろげたことであろう。〔…〕いわば宗教そのものには無関係なこの改革は、自由になりたくて、同化したくて仕方ない裕福なユダヤ人によって担われている。[60]

「ユニヴェール・イスラエリット」誌よりもリベラルなはずの「アルシーヴ・イスラエリット」誌も、「ユニヴェール」誌上では一九〇七年になってようやく現れるにすぎない言葉遣いで、早くも一九〇〇年八月の時点でこのユニオン結成を糾弾している。「アルシーヴ」誌によれば、ユニオンが掲げるユダヤ教は「アルシーヴ」誌と「同じ心配を共有」してはいるものの、やはりこれは「社交人士のためのユダヤ教」なのである。

流行というものが、芸術においても家具調度においても婦人服においても、いたるところで勝ち誇っている以上、それがシナゴーグだけからは締め出されるということがあろうか。神秘主義や自由思想を巧妙に操る耽美主義者《エステット》たちの曖昧模糊とした精妙なる教義に魅了された一部の人々――とりわけ女性たち――は、われわれの古いシナゴーグの偏狭な形式主義には息が詰まると主張している。〔…〕こうした人々は、自分たちの信仰心のささやき、言いよどみ、ため息からなり、あらゆる締めつけや儀礼上の強制から解放された宗教を夢見ている。要するに妖精の羽音のようなものを夢見ているわけである。〔…〕以上のことから、われわれはユニオン・リベラルの試みを糾弾する。彼らが挙げるドイツやイギリス、アメリカの例は、われわれには納得しかねる。というのも、異宗婚がもっとも猛威を振るっているのはこうした国々の改革されたユダヤ教徒共同体においてであり、破廉恥を一手に請け負っているのも、こうした共同体なのだから。〔…〕ベルリンでは、かの名高きヘンリエッテ・ヘルツがこうした改革者たちの助言者《エジェリー》であった……のちにベルリンではユダヤ文明・ユダヤ学のための協会が設立された。そういうわけで新学派の信奉者たちの大半はすぐさま新教《プロテスタンティスム》の集団に加わり、派手な破廉恥行為によってをこれを膨れあがらせたのである。〔…〕こうしたわけで、われわれはユニオン・リベラルの発起人たちに大声で危険を知らせているのだ(61)。

これは確定判決である。それでも「アルシーヴ」誌を長年にわたり定期購読してきたある夫人は、編集長宛の手紙のなかでユニオン・リベラルを擁護して、次の点を強調している。「私たちが子供たちに教えてゆくべきことは、もう〔ユダヤ教〕文化の実践ではないのです。こうした実践によって子供たちはクラスメイトから引き離されてしまうのです。今日では子供たちはフランス人の生活を送っているのであって、ユダヤ教徒の生活を送っているのではありません。彼らはリセや小学校に通っています。こうして徐々に、かつ必然的なことに、煩わしく疎ましい宗教実践は廃れていったのです」。この「たいへん気高い考えに貫かれた」手紙に心を動かされたアンリ・プラーグは、このような改革は、「ユダヤ教に固有の容貌を与えている儀式と信仰実践からなる、尊く神聖な体系を抹殺」してしまうことになると反論したうえで、こう続けている。「フランス革命はわれわれを解放し、われわれを市民にした。しかしわれわれがカトリックやプロテスタントと平等の存在になったからといって、われわれの伝統を踏みにじるようなことをしてよいものか。カトリックやプロテスタントの大部分は彼らの伝統を大事に守っているというのに」[62]。このように、文化的実践が市民にもたらす「分離」の問題はつねに再浮上してくる。〔「ユニヴェール」および「アルシーヴ」両誌の態度を総合すると、フランス・ユダヤ共同体は〕フランス流国家における公務員の義務を考慮した数々の妥協案には応じる姿勢を見せながらも、また食に関する戒律が引き起こすこうした分離は市民間の礼儀の名において解消し得ることを口先では認めておきながらも、律法そのもの、つまりカシュルットとシャバットの遵守を見直すこともなければ、コペルニク通りのシナゴーグでは難なく認められていた、未割礼でカトリック生まれの若者によるユダヤ教信仰宣言を容認することもないのである[63]。

サロモン・レーナックはサロモン・レーナックで、食に関する戒律についての自身の解釈を曲げることはない。一九〇〇年からこの問題に関する彼の発言の痕跡が確認できた最後の年である一九二八年まで、その姿勢は微塵も変化しない。これはまた、彼が弟と先導し続けているユニオン・リベラルの姿勢でもある。一九一九年になってもなお、彼は「ユニヴェール・イスラエリット」誌に「子ヤギを煮てはならない」と題された論考を寄稿しており、そのなかで彼は、自身が一九〇〇年に「ユダヤ研究誌」に発表した論考のなかで用いていた用語をそっくりそのまま用いて、「マイモニデスは、ユダヤ法が命じる諸々の禁止の根源には、迷信を実践することへの嫌悪があることを完全に見抜いていた」(64)と冷やかし気味に結論している。三〇年ほどのち、死去する直前になってもレーナックは次のように書いている。

私はユダヤ教徒=ユダヤ人《ジュイフ》である。なぜなら私はユダヤ人に生まれたからである。もしユダヤ人に生まれていなかったなら、ユダヤ教を選びはしなかったであろうが、それでも私は〔ジョゼフ・〕サルヴァドールやジャムス・ダルメステテールの哲学的ユダヤ教に傾倒した自由思想家になっていたであろう。〔…〕預言主義《プロフェティスム》〔「イスラエルの預言者たちが宣言し、いわゆる預言書、および聖書のなかでも同一の精神に着想を得た部分のなかで表明された教義の総体」を指す（ジャムス・ダルメステテール『イスラエルの預言者たち』、パリ、カルマン・レヴィ社、一八九二年、序文、I頁）〕の中心的教義を固持するには、（私の先祖である）これら善良な人々が祭儀を守り続ける必要があった。したがってわれわれはこれらの儀式やタブーに対してある程度尊敬の念を抱いてもよいのだが、それでもこうしたものが二〇世紀になってもなお、しぶとく生き残っていることを残念がることもできるのである。もっとも、こうしたものもいずれは天寿をまっとうするのであってみれば、その死期を早めてやるのは意地の悪いことであるばかりか、そもそも無駄なことであろう。〔…〕ユダヤ人として、私はパレスチナの知的かつ物質的未来に関心を抱いているが、これはローマのカトリック信者が最初の殉教者たちと最初の教皇たちの生きたローマに興味を抱くのとおなじことである。〔…〕しかし仮に私がカトリックに生まれていたとしてもコンタ・ヴネサン〔現在のヴォークリューズ県に相当。一二七四年から一七九一年までアヴィニョンとともに教皇領〕を含む諸々の教会国家の再建を促進しようとはしなかったであろうのと同じように、私はシオニズムの政治的幻想や、危険を孕んでいないとは言えないユダヤ国家の夢を共有することはないのである[65]。

長きにわたりシオニズムに敵対し、このような外的「障壁」の存在を認めない立場を取ってきたフランス・ユダヤ人の大半の信念を、サロモン・レーナックも兄のジョゼフ・レーナック同様共有しているのである。こうしたフランス・ユダヤ人の姿勢は、「アルシーヴ」誌が一八九九年八月に次のように断言していることから見ても明らかである。「純粋なカトリック国家や純粋なプロテスタント国家、純粋なイスラーム国家同様、純粋なユダヤ国家などあり得ない。〔…〕近代社会が目指しているのは、すべての障壁を低くしてゆくこと、いかなる障壁も高くし直したりしないことなのだから[66]」。しかし内的障壁〔食に関する戒律やシャバット等のユダヤ教の儀礼〕に関しては、レーナック兄弟と「アルシーヴ」、「ユニヴェール」両誌に代表されるフランス・ユダヤ共同体の考え方は依然として食い違ったままである。一九二四年以降、長老会議とユニオン・リベラルの関係は、後者がシャバットを土曜日に行い、ユダヤ教への改宗時には割礼を求めるようになったこともあり改善されるものの、「ユニヴェール・イスラエリット」誌は一九二八年に行った最後の抗議のなかで、「サロモン・レーナック氏が、われわれの祭儀をタブーと同一視しながら、その消滅が不可避であると明言している」ことに驚きを見せたうえで、次のように述べている。「いくら預言主義から深い影響を受けていようとも、この時代になっていまだに預言を行おうとするのはいつでもきまって間違いというものである。レーナック氏が執拗につきまとっている交際圏とは別の交際圏の人々とつき合わせてもらっている身としては、われわれの同宗者たちは筆者の高名な文通相手〔レーナックのこと〕が語っているこうした祭儀やタブーに対し、二〇年前よりも強い愛着を持っていることが確認できたと信じている」[67]。サロモン・レーナックが死去した際、レーナック兄弟がその創刊を手助けし、その知的計画に賛同した「ユダヤ研究誌」は、この大学者の死を悼み、故人が行った諸々の解釈を称賛している。

> 他民族においてもそれらに相当するものが見られるユダヤ教の掟および教義全体を超自然的次元の啓示として片付けてしまえるような性分ではなかった故人は、その全生涯にわたって、イスラエリットの歴史において彼らを他民族から区別するものではなく、他民族に関連づけるものについて研究することに努めた。〔…〕〔故人が提示した解釈により、〕モーセの掟のうちのいくつかのもの、なかでも食に関する掟と清浄・不浄に関する掟は、立法者のうちに衛生上の気配りを見出そうとする場合よりも容易に説明できるものになったのである[68]。

愛国心が強く、祖国の法を尊重してはいるが伝統を重んじる多くの熱心なユダヤ教徒たちは、このような〔ユダヤ教の伝統〕放棄につねに気分を害してきた。一九三二年、大ラビ・ダヴィド・アグノーはこの問題に関して、ユダヤ教徒は「キリスト教徒との宴会に出席するよう求められる日が来れば、先祖代々糧としてきた遺産を放棄しなければならないというのか[69]」と否定的な見解を示している。「ユニヴェール・イスラエリット」誌も依然として反対意見を表明し続けており、一九三七年になってもなお、以下のような強い断言が一面を飾っている。

> ユダヤ教徒の集団にとって、それが彼らを識別するもっとも明白な特徴となるまでに必要不可欠な宗教上の実践があるとすれば、それはむろん食に関する実践である。〔…〕信仰心を持ったユダヤ教徒が食に関する戒律を遵守するのは実用的な理由によるのではなく、神がそれを彼らに命じたからであり、伝統がそれを彼らに教えるからである[70]。

以前挙げられていた衛生上の気配りはあっさりと姿を消してしまった。けっきょくのところ重要なのは、こうした祭儀をユダヤ教徒が意識的に、かつ責任を持って存続させてゆくことなのであり、なかでももっとも優先すべきなのが、食に関する戒律というわけである。こうした祭儀は時代にそぐわぬ太古のふるまいに属すタブーであり、共通の市民の資格をおびやかす障害であると考えるべきであろうか。それでもフランス流国家における社会的絆や政治・行政面での職務執行を容易にするために、もっぱらその効力のみを和らげることなど想像し得るであろうか。食に関する戒律という象徴的な境界線が唐突に廃れてしまったり、その存在を専断的な措置により突如として再び俎上に載せるなどということが想像できるであろうか。

第5章　スイスの青天の霹靂

——儀礼的屠殺禁止の問題——

この一九世紀末ヨーロッパでは、民主的懇親性があらゆる形態の内的境界線に対して次第に寛容さを失ってゆき、同化の原理が時代遅れとされた文化的ふるまいを一掃しながら幅を利かせるとともに、世俗化が科学的真理の名において宗教信仰を退ける。こうしたなか、ユダヤ問題が以前と変わらぬ姿で再浮上してくる。ユダヤ人は概して近代の先端を行き、普遍主義的価値観に共鳴して事あるごとにライシテのために戦うのだが、それでも彼らはドイツでもフランスでも固有の社交性を維持し、これが多くの幻想をかき立て、反ユダヤ主義に基づく大規模な拒絶を具現化するのである。宗教上の実践は衰退し、族外婚は増加するけれども、一部の儀礼は驚きや苛立ち、ときにはひんしゅくを巻き起こす。まっ先に槍玉に挙げられるのが儀礼的屠殺である。これはたとえば割礼とは異なり、都市空間のなかで人目に触れるものである。というのも儀礼的屠殺はこの時期以降、屠殺場で行われるようになるからである[1]。容認しがたいと判断されたこの〔太古のふるまいの〕残存は、それが含んでいると思われる残忍さにより恐怖心をかき立てる。儀礼殺人の告発が再び姿を現すこの時代にあって、動物の喉をすばやくかき切るという屠殺方法は、一部の者にはユダヤ教徒によるキリスト教徒の子供の生贄《いけにえ》を連想させる。ユダヤ教徒はその生贄の血を集めて過越祭の折に作る種なしパンに入れると信じられていたのである。そういうわけで、この時代に流通していたポストカードではハンガリーのティサエスラール〔一八八二年、過越祭の始まりを三日後に控えた四月一日、同地でキリスト教徒の一四歳の少女が失跡。故意に誘導された少年の証言により、屠殺師（ショヘット）を含む一五名のユダヤ人に儀礼殺人の容疑がかけられるも翌年八月に全員無罪判決〕で少女が三人の肉屋の男に囲まれているし、プロイセンのコーニッツでの儀礼殺人〔一九〇〇年三月に西プロイセン、コーニッツで起こった未解決殺人事件。一九歳の大学生エルンスト・ヴィンターの切断された遺体が発見されるが、犯行の夜、同地をユダヤ人の大集団が訪れており、彼らは翌日出発していた。事件は国内に激しい反ユダヤ主義を巻き起こした〕を描いた版画に付された説明文では、「大学生ヴィンターはカシェールの肉屋の包丁で屠られた[2]」とされている。このように一部の儀礼殺人事件の裁判が行われていた時期、儀礼的屠殺との関連づけがなされていたわけである。こうした関連づけは馬鹿げたものである。というのも儀礼的屠殺の役割は、儀礼殺人とはまったく反対に、このような方法によりカシェールにされた食肉で作られた食物に、まったく血が含まれないようにすることなのだから。理屈など知ったことか！というわけである。

反ユダヤ主義はこうした矛盾にかまけることはない。一九世紀中葉には早くもスイスの複数の州で反ユダヤ主義が支配的となり、アルゴヴィ州とサン＝ガル州では、動物愛護協会扇動のもと、数年にわたって繰り広げられた局地的騒乱の末、一八六七年、儀礼的屠殺禁止法が可決される。その理由は、動物に容認しがたい苦痛を強要することによって公共の秩序を乱すから、というものであった。それでも非ユダヤ教徒の有識者が下した、儀礼的屠殺に好意的な結論を拠り所としてラビやユダヤ教徒社会が行った抗議運動が功を奏し、この禁止令はサン＝ガル州では数ヶ月後に解除される。一八七四年、スイスのユダヤ教徒はようやく公民的・政治的平等を手にする。それでも儀礼的屠殺への敵意が消えることはない。〔一八七四年スイス憲法〕第五〇条では「信仰の自由な実践は公序良俗と両立する限りにおいて保障される」と明記されているが、その解釈はまったく主観的なものであることが明らかになる。よりあからさまな反ユダヤ主義団体に支持された、いくつかの動物愛護に好意的な社会は、再びユダヤ教の食に関する儀礼に戦いを挑む。一八九一年、アルゴヴィ州は「シェヒター〔ユダヤ教の儀礼的屠殺〕は宗教儀式ではない以上、第五〇条の保護を享受することはできない」との決議文を採択する。シェヒター廃止論者たちは全国規模の禁止を勝ち取ることを決意し、国民投票に打って出る。国民投票の実施には五万票が必要とされているが、廃止論者たちは八万二〇〇〇票を得るにいたった。それでも連邦参事会は敵意を隠そうとせず、六一対四九票でマイナス投票を勧告する。「アルシーヴ・イスラエリット」誌は「ウィリアム・テルの祖国はその寛容さの伝説的名声を否認することを望まなかった[3]」と評して、あまりに早々と喜びに浸ってしまう。このような脅威に直面し、動揺したスイス・ユダヤ教徒社会は、この驚くべき国民投票が実施される一八九三年八月二〇日は大いなる悲しみの日であると宣言する。宗教的権威者であるラビたちは、公の断食と特別の祈りにより神の加護を祈願するよう信者たちに勧める。スイスの〔ドイツ人〕ラビ、マイヤー・カイザーリングは、頻繁に引用されることになるシェヒター擁護の著作を出版するが、このなかで著者がフランス革命期のパラドクスを再見しながら強調するには、カトリックが、「ユダヤ教徒はわれわれと一緒に食べないのであれば、われわれと同じ市民になることはできない」と主張するのに対し、平等のために戦う自由主義者は、「ユダヤ教徒がわれわれと同じ市民である限り、彼らはいい加減われわれと一緒に食べなければならない」と述べるのである[4]。

連邦大統領経験者が委員長を務め、全州議会議長経験者を筆頭に多くの教員、弁護士など、すべてユダヤ教徒ではない人々により構成されたシェヒターの自由な実践のための宣伝活動中央委員会は、以下の呼びかけを発表、広報する。

われわれは屠殺規則を連邦憲法に加えることを欲しない。われわれには食肉用家畜の屠殺方法に関する規定のなかに国家統治の本質的原則の一端があるようには思われないのである。われわれは宗教戦争など望まない。〔…〕われわれは人種戦争など望まない。われわれは、悲しくも近隣諸国で繰り広げられているのを目にする、反ユダヤ主義の恥ずべき病が自国に姿を現すのを見ることなど望まない。少数派に保障を与えないような社会はきまって生育力をもたないものである。〔…〕スイス民族は己れの立法者たちよりも賢明ではないということを示してはならない。(5)

しかしながら、儀礼的屠殺すなわちシェヒターは、禁止賛成一九万一五二七票、反対一二万七一〇一票により、全ヨーパッパでもっとも民主的構造を持つ国において民意（とはいえ投票したのは有権者全体の四五％にとどまったのだが）により禁止されてしまう。これによりこの措置は憲法に記載され、スイス憲法はその第二五条により、「あらかじめ気絶させることなく食肉用動物を放血致死させることは厳禁されている。この規定はあらゆる屠殺方法、あらゆる種類の家畜、あらゆる動物に適用される」(6)と定める唯一の憲法となるのである。アメリカの「ジューイッシュ・メッセンジャー」紙はこの「賛成」派の勝利を「反ユダヤ主義の波」によるもの解釈し、「アメリカン・ヘブリュー」誌も「禁止令への賛成票はとりわけドイツ語圏の州で優位を占めたが、これらの州ではルター派住民が激しい反ユダヤ主義的感情を隠そうとしない」ことを強調している。これらルター派住民とは異なり、アングロサクソンの記者によれば、「カトリック神父の多くが信者たちにこの国民投票はユダヤ教徒に対する宗教的な性質の攻撃であることを知らせていたため、カトリック信者はシェヒター禁止に断固たる態度で反対票を投じたのであり、このことは彼らの功績に数えられてしかるべきである」[7]。「アルシーヴ・イスラエリット」誌も強調しているように、「プロテスタントの州ではシェヒター反対派が過半数を占めたが〔…〕フランス語圏スイスは信教の自由の原則に忠実であり続けたのであり、カトリックはプロテスタントよりもこの原則へのいっそうの配慮を示した」のである[8]。

以上のように、この儀礼的屠殺廃止は前例のないことに、憲法の次元にまで達し、途切れることのない反ユダヤ主義的拒絶の根深さをあらわにする。フランス革命に倣って起こされた短期間のスイス革命も、一八四八年の自由主義的憲法も、ユダヤ教徒に諸権利の平等を与えることはない。「スイス人の自由は間違いなくフランス流の自由とは異なる」[9]のである。シェヒターは、スイス人の国民的性格とは無縁の東洋的ならわしの表現とみなされる。公然たる反ユダヤ主義の攻撃文書が出回り、シェヒターが物語っているとされるユダヤ教徒の反道徳性が糾弾される。こうした意味で、国民投票は偏見の根深さを明らかにしている[10]。ベルンの新聞「ブント（*Der Bund*）」紙は、悪びれる様子もなく次のように告白している。

われわれの新聞は反ユダヤ主義的傾向をもっている。〔…〕シェヒターがじっさい動物に対してほかの屠殺方法より残酷か残酷でないかということは、われわれにはどうでもよいことである。

〔…〕そのようなことは多数派とは異なる価値観を持つ少数派への容認しがたい譲歩となろう。もし砂漠から来た民族が文明化した国で野蛮な風習を実践するのであれば、その民族はそれを放棄するか、そうした風習がまだ続けられている場所に移り住むかすべきなのだ。(11)

シャルル・レヴィンスキーは小説『メルニッツ』のなかで、国民投票時のアルゴヴィ州で開かれた外国人嫌悪の集会を生き生きと描き出している。

「親愛なる同志の皆さん」と言って演説者は話し始める。「数週間後には、われわれスイス人は、その主題がまさにわれわれの国家の核心に触れる嘆願について決定を下すべく、投票所に赴くことになります。これは単に放血致死について賛否を表明するということにはとどまりません。そんなことは問題のうわべに過ぎないのです。今週の日曜日、われわれは皆、それよりもはるかに本質的な問題に回答するよう要請されています。わが国のような、法が万人のために定められている国家に、はたしてたったひとつの小集団のために特別な権利が存在し得るでしょうか？」

「否」と会場全体が叫んだ。

「ただし伝統に払うべき敬意を除いて、つまりその伝統がわれわれの伝統ではない場合でも……」

「われわれはつねにキリスト教の国にいるのです！」と声が挙がった……。

演説者はユダヤ人が諸権利の平等を手にしたことを喜びながらも、こうつけ加える。

「とはいえユダヤ人のほうでもそのお返しに、新たに手にしたこの平等を認め、悪徳弁護士のようにふるまったりせず、情勢から自分たちだけのために利益を引き出そうなどとはしないよう、われわれは彼らに要求できるようでなくてはいけません」

「でもそれこそあの連中がやってることじゃないですか」と先ほどと同じ声がやり返した。

「中世じみた信仰にしがみつくのは」と演説者は言い放つ。「無教養の階層に行き渡った、証明されてもいない残虐行為への信仰を後押しすることにつながりかねません。これはまだ記憶に新しいティサエスラール儀礼殺人事件の裁判が示した通りであります」。

参加者たちはすでに評決を下していたのであり、それを恍惚とした叫び声で一斉にわめき散らしていた。そして歌い始めた。〔…〕「ヘルヴェティアに繁栄あれ」と怒鳴っていた。〔…〕彼らはビールジョッキで拍子をとってテーブルを打ち鳴らし、行進したくてたまらなくなってきたが、どこに向かうかなどということはどうでもよいことだった。〔…〕もう演壇には誰もいなかった。彼らには初めからわかっていたのである。ユダヤ人は卑怯者で、強敵に出会うと一目散に逃げ出していくということが[12]。

ユダヤ教の否認においては、逆説的ながら主権者たる民衆の力のほうが比べものにならないほどいっそう徹底していることが明らかになる。逆に連邦参事会のほうでは、このような反ユダヤ主義的側面の際立ったシェヒター廃止措置に対して敵意を隠そうとはしなかったのであり、このような態度はユダヤ教徒と、彼らが自分たちを保護してくれるとして伝統的に信頼を寄せてきた国家のあいだの垂直的契約の価値（ただしこれは脆いものではあるのだが）を裏付けている。このスイスの青天の霹靂は以降、同国のユダヤ教徒から地元のあらゆるカシェール食品を奪うがゆえに、彼らはそれを外国、とりわけフランスから輸入しなければならなくなる。フランス本土でも、この新法が準備される過程は注意深く見守られていた。フランス・ユダヤ教徒の新聞雑誌を見ると、このスイスの事案に関して数え切れないほどの記事が掲載されている。「アルシーヴ・イスラエリット」誌は、早くも一八六七年三月、「失血死は、知られているなかではもっとも残酷ではない死のひとつである」とするリヨン帝国獣医学校のショーヴォー教授による報告書の全文を掲載する。報告書には、アルゴヴィ州が態度を改めることを期待する旨の、リヨンの大ラビ、〔ジャック・〕ヴァンベールのコメントが添えられている。[13]
フランス社会でも、エドゥアール・ドリュモンの『ユダヤ人のフランス』（一八八六）刊行によりかきたてられた著しい反ユダヤ主義の高まりを経験しているだけに、いっそうフランス・ユダヤ教徒の不安は募る。一九世紀末のフランスはこの新たな反ユダヤ主義の発明により混乱に陥り、（「アルシーヴ・イスラエリット」誌が呼ぶところの）「プチ・ドリュモン」が次々に湧いてきては、ユダヤ教徒が自分たちの祭儀に従って動物を屠り、食すのを阻止してやるのだと気炎を揚げる。まさに『ユダヤ人のフランス』刊行の年、「この亜流ドリュモン」ファーブル・デ・ゼサールは、「『カバラの神秘文字』で書かれた表札を掲げた肉屋で仕入れた肉を食べるユダヤ人たち」を断罪している。デ・ゼサールはユダヤ教徒にフランス人の身分を認めていないのである。「このユダヤ教徒たちは兵士としての義務を立派に果たすうえ、祖国が彼らにその血を要求するとき、彼らはそれを出し惜しみしたりはしない。だが彼らは生まれつき欠陥をもっている。それは、デ・ゼサール氏とカーン風臓物料理〔牛の胃のりんご酒煮込み〕を食べたがらないということである。お分かりのこととは思うが、臓物料理ひとつろくに味わうことができないユダヤ教徒に、自らの祖国に誠実に仕えることなどできるはずがないのだ[14]」!

「異端審問を復活させるしかないということだ[15]」と「ユニヴェール・イスラエリット」誌は皮肉っている。「フィガロ」紙がスイスの決定を是認するのを受け、「アルシーヴ」誌は、「宗教儀式の廃止を要求したり、信教の自由を侵害したりする前に、「フィガロ」紙には狩猟反対運動でもしてほしいものだ。狩猟の血なまぐさい楽しみは、動物たちの苦痛で成り立っているのだから。しかし「フィガロ」紙はそんなことはしないだろうし、それはもっともなことだ[16]」と息巻いている。フランス・ユダヤ教徒の新聞雑誌は毎週逐一、スイスにおけるこの問題の進展を読者に報告する。同じ一八八六年、コルマールの大ラビ、イジドール・ヴェイユはこう宣言している。

いくら彼らが手の内を隠して物憂げな様子をしてみせても無駄なのであって、彼らがシェヒターに反対して起こしているけたたましい騒擾は、偽装した反ユダヤ主義にほかならない。〔…〕スイス政府の諸々の評議会に席を占める重要人物たち、裁判官や教授、スイスの自由の地で今こうして手にしている自由に執着するすべての人々は、どう見ても宗教迫害としか言いようのない措置が永続することなど、決して許しはしないであろう[17]。

フランス・ユダヤ教徒もスイスの状況は自分たちに大いに関わる話であるとの態度を示すが、これは一八九一年、パリ市議会もまた、ユダヤ教の屠殺制度を禁止するよう促されているだけになおさらのことであった[18]。「アルシーヴ」誌にとっては、この問題が「あいにくスイスで提起されてしまったのは、諸々の動物愛護協会の場違いで反ユダヤ主義的な熱意によるものである」ことに異論の余地はなく、「ユダヤ社会の敵対者たちは連邦当局に対し、機に乗じてユダヤ人銀行家の金を手にしたとの非難を浴びせるまで態度をエスカレートさせている」。リュショネ連邦参事が議会演説で述べているように、

> 生きたまま真っ二つに切り裂かれるカエル、生きたまま熱湯に放り込まれるザリガニ、シャモア〔高山に生息する野生ヤギ〕狩りやノロ〔ユーラシア大陸産の小型シカ〕狩り、田舎での豚の殺戮といったわれわれの嗜好が、同じくらい執拗に攻撃されることはありません。攻撃されることのないこうした残虐行為に比べれば、ユダヤ教徒の屠殺方法などかわいいものです。ユダヤ教徒たちに対して、われわれが下した決定は正当なものであるなどとどうして言えましょう。〔…〕一部の人間たちの熱意の裏にあるもの、それはユダヤ民族に対する憎しみの感情なのです。〔…〕われわれはロシアその他の国々を真似ようとは思いません[19]。

スイスでもフランスでもユダヤ資金が支配者として君臨しているとされていたが、実を言えばスイスの国民投票の結果は、想定されていたこのような権力を完全に否定するものであった。「アルシーヴ」誌が強調しているように、一八九三年八月二〇日、フランス下院選挙でドリュモンの支持者たちは正真正銘の敗北を喫するが、これは「賢明な思考、深い寛容精神〔…〕階級間の憎しみおよび宗教上の諍いへの非難の華々しい勝利であった。〔…〕反ユダヤ主義の傲慢な首領たちにとっては、何たる敗北であろうか。〔…〕これに対しスイスでは、七万二〇〇〇票差の過半数の有権者が一致して不寛容の立場を支持し、この国の栄冠たる信教の自由の偉大なる原則を踏みにじったのである。〔…〕文明は痛ましい翳りを見せ、ヨーロッパ最古の共和国の憲法は、動物の屠殺を標的とする、なんとも滑稽な条項で興を添えてもらったのである。何たる愚弄、何たる恥であろうか！」[20]

このように、フランスはスイスを襲った地震のような大混乱から免れているように見える。それでもフランス・ユダヤ人の境遇は、やがてドレフュス事件によってこれに劣らず根本的に問い直されることになるのだが、このドレフュス事件が起こる一年前の時点でも、「アルシーヴ」誌には、その主筆の論調から判断するに、じきに彼らを襲うことになる大異変など思いもよらぬことなのである。ドレフュス事件により問題となるのは、儀礼的屠殺ではなく彼らの市民権そのものであり、スイスの反ユダヤ主義の群衆よりもはるかに凶暴な反ユダヤ主義の群衆が、数年にわたってこれを批判することになる。しかしながら、さしあたってはこのドレフュス事件が反ユダヤ主義の高まりを一手に引き受け、儀礼的屠殺の問題はフランスで刊行される反ユダヤ主義の攻撃文書《パンフレット》にはほとんど現れない。まったくでたらめな大罪をユダヤ人に着せるあのドリュモンでさえ、『ユダヤ人のフランス』のなかではこの点に触れていないし、〔彼が編集長を務める〕「リーブル・パロール」紙もこの問題については申しわけ程度にしか論じておらず、それよりもユダヤ人の政治的・経済的権力やら彼らの身体的欠陥やらを攻撃することに躍起になっているのである。ナショナリストの急進右派も、このようにもっぱら宗教的なトピックには見向きもしない。「アルシーヴ・イスラエリット」誌が指摘するように、スイスでは「われわれ〔ユダヤ教徒〕から政治・経済上の所有権を取り上げようとするような」反ユダヤ主義はあまり見られず、かわりに別の反ユダヤ主義が姿を表しており、これは「われわれの宗教を恨み、われわれが持っているもののなかでももっとも貴重なもの、すなわちわれわれのもっとも古く、もっとも尊んでいる祭儀のひとつの実践を、われわれの手から奪おうとする」反ユダヤ主義なのである[21]。

それでも自国の反ユダヤ主義の高まりに直面したフランス・ユダヤ教徒の新聞雑誌は、「好んでスイス連邦共和国の人々の国民性とされてきた、あの素朴な寛容に接したことがない〔フランスの〕イスラエリットたちに対して」スイスの投票結果がもたらすことになる深刻な影響について、「シェヒター禁止は反ユダヤ主義的不寛容のあらわれである。〔…〕これは先祖から受け継がれてきた偏見といにしえの反感の遺産である[22]」として、数年にわたって読者に警鐘を鳴らし続ける。この世紀転換期、儀礼的屠殺に対するこうした不寛容は、ドイツからロシアにいたるヨーロッパ全土に波及する勢いを見せる。ドリュモンに感化された新聞雑誌の錯乱に立ち向かうフランス・ユダヤ教徒社会は、ドイツやロシアの同宗者になんとかして手を差し伸べようとする。ちょうどドレフュス大尉が逮捕された年、バイエルン王国やベルリン、モスクワではさまざまな動物愛護協会が儀礼的屠殺の禁止を目指す運動を起こし、これがのちにイギリスやポーランドをはじめとする数多のヨーロッパ諸国で反響を呼ぶことになる。バイエルン王国では一八九二年、内務大臣がシェヒターは違法であると宣言する。彼に言わせれば、「いくらシェヒターが昔から定められているとはいえ、儀礼化された慣習を容認することはできないであろう。〔…〕内務大臣はユダヤ教徒の屠殺に便宜を図ることはできない。そのようなことをすれば、住民の大部分は孤立した少数派への許しがたい依怙贔屓ととるであろう[23]」。「アルシーヴ・イスラエリット」誌は「ヨーロッパに吹きすさぶ反シェヒターという不寛容の風」に驚きを見せ、「諸々の動物愛護協会は示し合わせて、彼らが胸に温めている、牧歌的感性に基づく十八番の話題をしつこく持ち出してくる[24]」のだと述べている。同誌は読者に「お詫びを申し上げ」ながらも、やはりこのきわめて重要な問題を執拗に取り上げる。このようにして「相手の挑戦に応じ」、「ロシア〔の同胞〕にのしかかっている脅威に対して世論を動員」しようというわけである。同誌によれば、「ナポレオンは大陸封鎖を夢見ていた。諸々の動物愛護協会のなかに分散した反ユダヤ主義者たちは、中世を彷彿とさせる、火刑の時代にふさわしい別の封鎖を夢見ている[25]」。

フランス・ユダヤ教徒の指導者たちは、彼らの声が聞き入れられるよう試みる。一八九四年六月に行われた動物愛護協会のベルン大会で、フランス代表は「フランス大ラビ猊下と合意のうえで、宗教上の諸々の意見を傷つけることがないよう配慮して[26]」発言する。ラビ・ブロックはといえば、パリ動物愛護協会の書記に次のように訴えている、イスラエリットの祭儀に基づく屠殺法に関する二冊の冊子を同封いたします。〔…〕細部まで説明の行き届いたこの著作をご高覧いただければ、ベルン大会に貴会を代表してご出席される貴会会長モルシエ氏も、ユダヤ教徒の屠殺制度には他の屠殺制度と比べても、特に欠陥などないということに納得してくださることでしょう。ありとあらゆる手で思いのままにユダヤ教徒を迫害する反ユダヤ主義者たちが、動物愛護協会の会員の方々を味方につけようとしているのです。これまで動物のことを哀れんできた人々が、己れの同胞の破滅を画策するならず者たちと多少なりとも結託するなどということはあり得ないことです。〔…〕今日は社会主義の立場をとっていても、明日には不可避的に無政府主義《アナーキー》に陥らざるを得ない党派のせいで本来の道を踏み外してしまうには、あなたがたの使命はあまりに美しいのです(27)。

同じく一八九四年、スイスの国民投票の直後に、イジドール・レーブは『ユダヤ教徒に関する考察』を出版する〔創刊から「ユダヤ研究誌」編集長を務めたイジドール・レーブ（一八三九－一八九二）の『ユダヤ教徒に関する考察』（*Reflexions sur les Juifs*, Paris, A. Durlacher, 1894）は、同年の「ユダヤ研究誌」に掲載された論考（注28参照）で死後出版〕。このなかでレーブは公共空間と私的空間を明確に区別し、ユダヤ教徒は「キリスト教徒と一緒に食べなく」ともキリスト教徒と同じ市民でいられるということを、以下の通り明確に力強く正当化している。

宗教が違うからといって、それが国民の統一性やその良き統治の妨げになることはない。〔…〕イスラエリットの宗教実践やその祭礼、食物、結婚に関する掟に触れる必要などまったくない。こうしたことは、公共生活にはいかなる影響も及ぼすことのない内輪の細則である。ユダヤ教徒はキリスト教徒とは食事をしない。この習慣は、言うまでもなくキリスト教徒を敬遠するような感情とは無縁のものであり、もっぱら食物の調理、そして特に食用動物の屠殺に関わるユダヤ教徒の宗教上の掟に依拠している。これらの掟には悪意などまったくないのである。〔…〕こうした掟が十全に尊重されている場では、ユダヤ教徒にとってキリスト教徒が自分たちの食卓についているのを見るのはいつでもうれしいことであるし、逆にキリスト教徒が彼らに、ユダヤ教の祭儀に従って調理し、彼らが良心の咎めなしに食べられる食物を提供してくれるのであれば、彼らは喜んでキリスト教徒の食卓につくのである。したがってユダヤ教の食に関する戒律には、どこを探してもキリスト教徒に対する偏見などありはしないのだ(28)。

イジドール・レーブがこのような姿勢を明確にした書物を出版することにより、「ユダヤ研究誌」は市民のふるまいのうち、「内輪」の範疇に属するものと公共空間に関するものとを明確に区別し、毅然たる態度でシエヒター擁護の立場を打ち出すのである〔前章で取り上げられたサロモン・レーナックの一連の論考とともに「ユダヤ研究誌」がリベラルな立場をとるようになるのはレーブの死後〕。フランスではこうした食に関する戒律が公権力により再度問題にされるようなことはない。それはこのように強力な非宗教化の途上にある社会においては、食に関する戒律はもっぱら行為者の良心＝信教《コンシアンス》の問題とされているためであり、行為者は自らの良心に照らし合わせて、キリスト教徒の同胞市民とは「食事をしない」なり、逆に自らに許容されている料理をこれらの人々と分かちあうことで、伝統的になされてきた離反行動のそしりをかわすなりするのである。

　さらに「相手の挑戦に応じ」、フランス国内でしているのと同じようにして反ユダヤ主義と戦うため、複数のユダヤ教機構が、サンクトペテルブルクの病院に勤務するロシア人医師、ドクター・イサーク・デンボの支援に乗り出す。一八九四年に刊行された『他の屠殺方法に比較された頸部切開』〔Dr. med. J. A. Dembo, *Das Schächten im Vergleich mit anderen Schlachtmethoden vom Standpunkte der Humanität und Hygiene*, beleuchtet. Leipzig. H. Roskoschny. 1894〕のなかで、デンボは頸部切開は他の屠殺方法に比べ、群を抜いて人間的なものであると断言している。この著作は今日でも必読書とされており、デンボ医師はこの断固たる行動によって、シェヒター禁止がロシアに波及するのを防ぐことに成功したのである。彼はあえてユダヤ教の典礼や伝統に固有の側面を度外視し、衛生および動物が強いられる最小限の痛みに関わる、本質的に専門的な論拠を拠り所とする。フランスでもデンボ医師の影響は決定的なものであることが明らかになる。ディウラフォワ教授により作成され、『医学アカデミー会報』に掲載された報告書のなかで、医学アカデミーはデンボ医師の結論を支持するのである(29)。動物愛護協会のベルン大会が、あからさまに反ユダヤ主義的な多くのスイス代表からの圧力にもかかわらず、過半数を大幅に上回る投票結果により、この屠殺問題については管轄権なしと宣言したのも、デンボ医師の著作とパリの医学アカデミーがそれに示した賛同によるところが大きい。この「シェヒターの擁護者」、デンボ医師に敬意を表してサンクトペテルブルクで開かれた大宴会には、ロシアでも最高権威のラビがこぞって出席し、乾杯の音頭をとったオラス・ド・ギンズブルグ男爵は、デンボ医師を祝福し、新皇帝ニコライ二世に祝杯をあげる。デンボ医師の研究業績の重要性を理解しているアリアンス・イスラエリット・ユニヴェルセルの中央委員会は一八九七年、彼の努力を支えるための基金設立を目的とした募金を行い、マルセイユ、リヨン、リュネヴィル、エピナルに加え、ブリュッセル、チューリッヒ、ドレスデン、ブダペストの長老会議から相当額の寄付金を集めることに成功する。パリ長老会議も「デンボ氏に対し、氏が全身全霊を傾注して実施してくださったおかげで功を奏したシェヒター擁護運動について感謝の念」を表明するとともに、その厳しい台所事情にもかかわらず一〇〇〇フランをアリアンスに寄付している[30]。つまりフランス・ユダヤ教の諸機構も、問題の重要性を認識していることをはっきりと示しているのである。スイスに加えオーストリアでも適用されたこの政策は、伝統的ユダヤ教徒社会を危機に陥れる。オーストリアでは、ドリュモンのライバルにしてヒトラーが敬服する反ユダヤ主義者のウィーン市長、カール・ルエーガーが短期間ではあれ、一九〇五年に儀礼的屠殺禁止法を課したが、これは知事により撤廃されている。

さしあたってシェヒター禁止のための大規模な運動が高まりを見せるのは（とはいえ実際に禁止されることは稀ではあったが）ドイツである。ナポレオンの勝利によりドイツに持ち込まれたフランス流解放とサンヘドリンの諸規定は、ドイツ・ユダヤ教の構造を一変させる[31]。突如として公共空間がユダヤ教徒に開放されるのである。とはいえ一八世紀中庸以降、コーヒーの摂取はヤーコプ・エムデンのようなラビたちからは容認されていた。エムデンは同宗者たちの怒りのまなざしなどどこ吹く風と言わんばかりに、カシェールでない公共のカフェで注文したコーヒーをおいしそうにすすっていたのであり、のちになるとカシュルットのことなど気にも留めないかわりに公共の社交性には好都合なこうした場所で、コーヒーを飲むよう〔ユダヤ教徒たちに〕勧めていたのである[32]。この時代以降、ラーヘル・ファルンハーゲンのサロンに代表される、ユダヤ人のサロンが登場してくるのであるが、こうしたサロンに貴族たちが押しかけるようになり、これがサロンの威信をさらに高める結果となる。当然のことながら、こうしたサロンでは誰もカシュルットの遵守などに頓着することはないのであって、幼少時からメンデルスゾーンのことをよく知っているはずのラーヘルも、ユダヤ教徒と非ユダヤ教徒を隔てる戒律や慣習をあっさりと投げ出してしまうのである。こうして彼女のサロンは当時の著名人が交流する、「社会的に見て異種混成の」、「開かれた」場となるわけだが、同じく彼らが足繁く通ったレーヴァルト家のサロンでは、もやは食に関する戒律が遵守されることはなかった[33]。ラーヘルと長いつき合いがあった詩人アヒム・フォン・アルニムが純粋に国粋主義的感情から着想した「キリスト教徒ドイツ人食卓会〔Christlich-deutsche Tischgesellschaft〕」には、クラウゼヴィッツ、サヴィニー、フィヒテ、ブレンターノらが会員として名を連ねたが、ユダヤ人、女性、そして……フランス人は彼らの酒盛りから公式に排除されている[34]。これはハンナ・アーレントが強調していることだが、同じ頃、グラッテナウアーは『ユダヤ人に抗して』と題された攻撃文書を出版し、このなかで「自分たちの文化を証明するために〔…〕シャバットの日にこれ見よがしに豚の脂身にがっつく[35]」同化ユダヤ人たちを攻撃している。食卓の分有の問題は、またしても同化に関する議論の核心にあることが見て取れる。

ナポレオンの敗北、保守主義への回帰、国民有機体論的見解の勝利とともに、ユダヤ人は公共空間からあらたに締め出されてしまう。ラーヘルは嘆き、改宗し、非ユダヤ人男性と結婚し、キリスト教社会に溶け込むという永遠に満たされることのない希望を抱きつつ、おそらくは以前にも増してカシュルットの戒律を放棄する。あらゆる形態のライシテに敵意を持ち、キリスト教をアイデンティティとする社会にあって、フランス流の政治的統合の道はドイツ・ユダヤ教徒には長いあいだ閉ざされたままであり、彼らは公共空間からもキリスト教徒のみに許された国家の公職からも排除されている。彼らのうちの多くがキリスト教に改宗するが、このような選択肢はフランスのユダヤ教徒においてはより容易に回避できるものなのである。[36] シャバットの夜や過越祭《ペサハ》において用いられる、代々受け継がれてきたキドゥッシュの伝統的グラスの継承が途絶えてしまうといった事例に見られるように、ドイツ・ユダヤ教徒における世代間の結びつきはこれ以降弱まってゆく。[37] 人里離れた奥地まで行くと、さまよえるユダヤ教徒たちがカシュルットを遵守できるよう、彼ら専用の鍋が置かれているということもあるが、村で生活している場合、彼らは非ユダヤ教徒が搾ったワインを非ユダヤ教徒に混じって、グラスをあらかじめ洗うことすらせず飲むことに何のためらいも見せない。[38] 加えてカシェールの肉屋では「閑古鳥が鳴き」、商品の肉を捨て値で売りさばくことを余儀なくされるありさまである。[39] 都市部に目を移せば、一部の女性に限っては二〇世紀まで食に関する戒律を忠実に守り通すものの、大半の女性は家庭でカシュルットの戒律を決然と放棄する。[40] 同様に一八三〇年代のベルリンでは、半数以上のユダヤ教徒が、かつてメンデルスゾーンも遵守していた食に関する戒律に背を向けるのである。[41]

ユダヤ教改革も食に関する戒律の残存にはしばしば批判的な目を向けている。アブラハム・ガイガーは一八四五年三月、友人レオポルト・ツンツに宛てた書簡のなかで、割礼に対して自身が抱いている疑念を伝えながら、これを「野蛮な」行為、「〔割礼を受ける〕子供の父親を震え上がらせ、母親には強いショックを与える血なまぐさい儀式」としたうえで、さらに次のようにツンツを嘲笑うようなことまで言ってのける。

私は、あなたが突然、自宅での食事を完全にカシェールにしたということを小耳に挟みました。〔…〕こうした食事規定は、まったく合理性を欠いているばかりか、社会関係の発展の妨げにもなっています。これは当たりまえのことですが、すべての人間間における兄弟愛の感覚は、分離の意志のぶり返しに勝るものでなければいけません。分離の意志には人の温もりというものが欠落していますし、同時にその価値もはなはだ疑わしいものなのです。(42)

リベラルなユダヤ教の思想家であるガイガーにとって、「死んだものは死んだまま」なのである。こうして啓蒙思想に特徴的な普遍主義の話法を自分のものとしながら、ガイガーはこうした「儀式」に根拠を見つけてやるのは難しいと考え、カシェールの料理が美味しいことは認めても、これらの戒律は今や規範となるための正当性を欠いており、「すべての人間間における兄弟愛」を未然に頓挫させるとともに、「人の温もりというものが欠落」した「分離の意志」を人為的に押しつけるのだと考える。[43] ダーヴィト・アインホルンのような他のユダヤ教改革の主だった理論家たちも、食に関する戒律に関しては一部のみを維持すればよいと考えている。ザームエル・ホルトハイムにいたっては、食に関する規制や割礼を含む諸々の儀礼は、すべて「消滅した」とみなすのである。こうした戒律は彼に言わせれば、理性に立脚した近代にあってはあらゆる正当性を失ったばかりか、あらゆるユダヤ神学的正当性も欠いており、これ以降「幼稚なシンボル[44]」でしかなくなる、というのである。

したがってドイツ・ユダヤ教徒はフランス・ユダヤ教徒同様、一般的に食事に関する戒律を等閑視するのだが、〔ユダヤ教徒間の〕社交性の強い絆は維持し続け、これにより自宅に、つまりその食卓に非ユダヤ教徒を寄せつけないようにするのである。[45] しかしフランス・ユダヤ教徒に続いて、彼らもまた「相手の挑戦に応じ」、ドイツ社会での彼らの地位を問題視する反ユダヤ主義運動のすべてに抗して、シェヒターを擁護しようとする。フランスやスイスで見られたのと同じように、彼らも科学的論拠に基づいて反論しようと努めるのである。こうしてベルリンに結集した対反ユダヤ主義イスラエリット防衛委員会は、ドイツ、フランス、オランダ、イギリス、さらにはあのスイスの動物生理学、獣医学における権威（全員非ユダヤ教徒である）の所見を集成した分厚い書籍を刊行する。[46] このような特殊な状況下でユダヤ教徒の政治生活が誕生するわけだが、これは一八九三年にユダヤ教徒ドイツ国民中央協会が発足する以前のことである。こうして一八八〇年代の終わりにユダヤ教徒の指導者たちは、初めてカシュルット擁護の国民運動を開始するのである。この運動はユダヤ教徒の政治活動を強化し、ユダヤ教徒専用の公共空間の創出に貢献する。[47] 大発行部数を誇る新聞雑誌への寄稿、手紙や小冊子、アンケートの送付、シェヒター反対者の住所を公表して個人攻撃を行うなど、プロパガンダという現代的な方法を駆使して大々的な動員がなされる。これをきっかけとしてドイツでも、アリアンス・イスラエリット・ユニヴェルセルをモデルとした、公民権の平等を要求する組織が創設されるのである。

内輪でも顧みられなくなってゆくいっぽうの、ひとつの宗教実践を擁護するためにドイツ・ユダヤ教徒社会が見せる懸命の努力にもかかわらず、早くも一八八〇年代には儀礼的屠殺を禁止するための複数の提案がなされる。これらの提案はハインリヒ・フォン・トライチュケが主導する過激な反ユダヤ主義運動の一環をなしているが、これに対して立ち上がったのが反同化主義者のハインリヒ・グレーツである。グレーツは『ユダヤ教とセム族気質に関する英国夫人の書簡〔[Heinrich Graetz], *Briefwechsel einer englischen Dame über Judenthum und Semitismus*. Stuttgart, Levy & Müller〕』（一八八三年）のなかで、食事に関する戒律を含むユダヤ教の諸々の儀礼と血の摂取の拒否を擁護するのである。これらはグレーツによれば、あらゆる形態の「野蛮」な生活を未然に防ぎ、「分離の壁」を維持することでユダヤ教を存続させてゆくことを可能にするのである[48]。しかしながらシェヒターを批判する保守主義者の一部は、当のユダヤ教徒自身が自分からこれを放棄してしまっているという事実、またこのシェヒターにより彼らは非ユダヤ教徒と一緒に食事をとることができず、結果としてほかの同胞市民から孤立しているという事実をよりどころとしているのである[49]。議員オットー・ベッケルは、シェヒターは「東洋人」に特有の作法であって、ドイツ人の習俗には無縁であるとして、帝国議会にこれを禁ずることを要求する。ザクセン王国では一九〇二年に儀礼的屠殺が禁止され、この法律は一九一〇年一一月まで効力を持ち続けることになる。この一環として、ドレスデンとライプツィヒの二都市ではそれぞれ禁止令が敷かれる。ミュンヘンなどほかの都市は自治権力を発揮して、儀礼的屠殺禁止法の適用を大幅に強化したり、この種の食肉に重税を課すなどする。地方自治体は〔ドイツ帝国の〕それぞれの構成国よりもさらに不寛容なのである。(50) ハンブルクやプロイセン王国、ブラウンシュヴァイク公国でも反シェヒターの騒擾が拡大してゆく。一八九〇年代の諸々の反ユダヤ主義運動の躍進に続いて、プロイセン王国では一八九三年、バイエルン王国では一八九四年、シュヴァルツブルク＝ゾンダースハウゼン侯国では一八九七年、ブラウンシュヴァイク公国では一八九八年、バーデン大公国では一八九九年、そして国民レベルでは帝国議会で一八九七年一月、二月、四月および一八九九年、という具合に反シェヒター法案がいたるところで提起されるのである。こうした法案は、これを反ユダヤ主義的とみなして断罪する社会主義者やカトリック政党である中央党の反対によりすべて却下されている。(51) カール・リープクネヒトの父で、ドイツ帝国議会議員の社会主義者、ヴィルヘルム・リープクネヒトも、宗教の自由に対する文化闘争まがいの新たな攻撃を危惧するすべての人々同様、これらの法案に抗して戦う。彼は反ユダヤ主義の議員たちに呼びかけながら、次のように宣言している。

　あなたがたは、「われわれは反ユダヤ主義的な議論をふっかけるつもりなどなかった」などと好きなように言い訳できるでしょうが、あなたがたがこの動議を提出したのは、純粋な動物愛によるものでもなければ単に動物虐待を防ぐためでもなく、何よりもまずわれわれの同胞市民たるユダヤ人を痛めつけるためであることは、私の目にも、この議会の議員全員の目にも明らかなことです。〔…〕こんなことをするには遅すぎたのです。あなたがたの時代はもう終わったのです。そしてドイツ帝国議会にこのような動議が提出されてしまったことは、きわめて遺憾なことであります。(52)

一九世紀から二〇世紀への転換点でカシュルットは大半のドイツ・ユダヤ教徒の家庭で放棄され、彼らがカシェールの食肉を買い求めることはなくなり、肉類と乳製品を一緒に摂取したり、シャバットの日でも迷わず調理したりするようになる。(53) しかしながらワイマール共和国では、食に関する戒律を実践しているユダヤ教徒もこの時代になると二〇%にも満たないにもかかわらず、儀礼的屠殺の問題は皆の強い関心を引くトピックとなる。(54) 反シェヒター運動は、さしたる熱狂を巻き起こすことはないものの一九二〇年代にはドレスデンとマクデブルクで再開され、ほどなくして多くの市町村で高まりを見せる。そして一九二五年以降、ナチス勢力がこれらの市町村を支配下に収めるにいたって認知される。ナチス勢力はユダヤ教徒によるドイツ社会の堕落を告発し、ドイツに移り住んでからも自分たちの宗教儀礼を頑なに守り続ける東方ユダヤ《オストユーデン》移民を標的とする、激しい外国人嫌悪の感情につけこむのである。一九三〇年代の大恐慌はそれに付随する一連の欲求不満や悲劇的事件と相まって、スケープゴートに飢えた偏見や反ユダヤ主義の陰謀を拡大させることにより、ナチス勢力に願ってもない環境を提供する。そしてこのスケープゴートの役割を、ユダヤ教徒は非の打ち所なく演じてみせる。

つまりシェヒターの運命は尽きたのである。ナチは早くも一九二六年にはバイエルンでこれを禁止させることに成功し、一九三一年のブラウンシュヴァイク自由州、一九三二年のザクセン州とバーデンがこれに続く。諸々のユダヤ教組織の努力にもかかわらず、ナチ政府はヒトラー自身が一九三三年四月二一日に署名した、この屠殺方法を禁止する法律を公布するが、これは一九四六年に連合軍によって廃止されるまで存続することになる。ドイツ・ユダヤ教徒はこうして激しい反ユダヤ主義運動に直面し、暴走する新聞雑誌に煽られた最悪の暴力行為が繰り広げられる。「シュテュルマー」紙〔一九二三年から一九四五年にかけて刊行された、ユリウス・シュトライヒャーによる反ユダヤ主義の週刊新聞〕は一九三八年、『いかにしてユダヤ人は動物を虐待するか』と題された小冊子を刊行する。

> ユダヤ人が入ってくる。悪魔のような容貌である。手には刃渡りの長い鋭利な刃物が握られている。これからかわいそうな牛をゆっくり時間をかけて殺してやるのだと思うと、うれしくてたまらなくなる。〔…〕その動物は崩れ落ち、ユダヤ人は喜びを爆発させる。〔…〕

この光景を目撃しているとされる人物は考える。

> ユダヤ人は人殺しの民族なのだ。この連中は動物も人間も同じように残酷に殺す。〔…〕彼らは悪魔なのだ。[55]

シェヒター禁止法は一九三八年一〇月、ムッソリーニのイタリアへと波及する。これはちょうどドイツとイタリアが協力体制を強化している時期である〔著者によれば、これは反ユダヤ主義に関しての指摘である〕。同法はさらに一九三九年七月にはスロヴァキア、同年一〇月にはポーランドのドイツ占領地、翌一九四〇年九月一八日にはフランスのドイツ占領地域[56]、同年八月にはドイツが占領するアルザス、そして翌一九四一年四月にはオランダとルーマニアという具合に、ドイツ軍に征服された国々で即座に適用される。ヒトラーのイデオロギーの影響下にある他の国々でも戦間期にシェヒターが禁止されるが、このなかには一九二九年六月に禁止に踏み切ったノルウェーが含まれており、これに際してもユダヤ教徒は数日間にわたって喪に服している。ポーランドでも一九三六年、国会で複数の議員がこの屠殺形式を採用する者を処罰することを提案する[57]。一九三八年七月には、スウェーデンとハンガリーでも時を同じくして儀礼的屠殺が禁止される。見ての通り、ナチズムの到来とともに、この時代を特徴づける外国人嫌悪の著しい高まりが、ヨーロッパ全土に波及したこの屠殺形式禁止という形をとってしだいに顕在化してくるのである。こうした動きに対し同じ頃、アングロサクソンの民主主義に加えベルギーおよびフィンランドは、逆にヒトラー帝国に対抗してシェヒターを保護している[58]。それでも華々しい勝利を収めるのは、あからさまに反ユダヤ主義的な衛生学であり、これが瞬く間にヨーロッパ全土を席巻するのである。

結論

想像上の内的境界線の上で

今日でもここかしこで存続している儀礼的屠殺禁止は、この屠殺方法がヨーロッパ全土で法の保護を奪われることを予告しているのであろうか。とはいえ人権と基本的自由の保護のための条約では、「すべての者は、思想、良心および宗教の自由についての権利を有する。この権利には〔…〕単独でまたは他の者と共同しておよび公にまたは私的に、礼拝、教導、行事および儀式によってその宗教または信念を表明する自由を含む」（第九条）とされていることに加え、儀礼的屠殺は欧州人権裁判所により正当な祭儀として認められているのである。[1] 二〇一一年四月に欧州議会の環境・公衆衛生・食品安全委員会が採択した、儀礼に即して処理された食肉のラベル表示を推奨する措置は、果たして実際に発効して各国に課されるであろうか。[2] そのようなラベル表示は、衛生学上の諸考察や動物が強いられる容認しがたいとみなされた苦痛の拒絶により、さらには不透明すぎる流通経路を持つ食肉市場の合法的明確化（というのはけっきょくのところ消費者は、自分が消費する食肉の特殊な出所が知らされない以上、選択権を奪われているのだから〔この点に関しては、二七二頁(7)の訳注を参照〕）により正当化されようがされまいが、カシェールの食肉の価格を極端につり上げることにつながり、それを危機におとしいれかねないばかりか、ことによれば自らの価値観と儀礼に忠実な一部の市民に不利益をもたらし、カシェールの食肉自体を消滅させかねない――この儀礼にはすべての学術調査が示している通り、野蛮なところなど微塵もなく、人間の尊厳も動物の尊厳も毀損することはないというのに。

先に見たように、フランス革命時にはユダヤ教徒のみならず「マホメット教徒」に対しても、時代遅れと映るふるまいを彼らに捨てさせることになるのを覚悟のうえで、同じ食卓をともにするよう促し、彼らを新たな市民として受け入れることが焦点となっていた。第三共和政からヴィシー政権時代にいたるまで、とりわけスイスの事例に触発されて時おり再燃する論争を除けば、〔フランスでは〕食に関する儀礼はめったに排斥されることはなく、その正当性について自問するのは、誰にも増して同化の途上にあるユダヤ人社会自身であった。ヴィシー時代の中断期間を経て、ユダヤ人の生活は元通り再開され、彼らの国民への統合は、平和を取り戻し、未来を見つめたフランスにおいて続行される。経済成長期には、争いは文化的でも宗教的でもなく、経済的な様相を呈するからである。フランス革命期とは異なり、国民のコンセンサスも確立したかに見え、一九八一年以来、価値観や言語の多様性の認知を促進するための実に幅広い公共政策が推し進められる昨今、共通の食卓からの排斥〔ここで念頭に置かれているのは、多文化主義的措置と矛盾するかたちで学食で豚肉を用いた料理を提供することにより、イスラーム教徒やユダヤ教徒の生徒が排除される問題（一九七頁参照）など。ただし現在では多くの学校で献立はヴェジタリアン向けの料理を加えるなどして多様化され、この問題は改善されてきているという〕は、こうした流れとは裏腹に、排除を意味するのではないか。[3] カシェールやハラルの食肉拒絶のシンボルとしての豚の回帰は、〔フランス社会のように〕一方で戦闘的なシティズンシップによって、他方で、特定の団体等への集団的忠誠はどのような形態のものであれ、また社会的組織の真に多元主義的な構造はどのようなものであれ、ともに一貫して拒絶する普遍主義的公共空間によって特徴づけられた社会にあっては、そしてまた〔フランス国民のように〕いっそうの平和を取り戻した国民にあっては、確実に特殊な意味を帯びている。いっそうの平和を取り戻した国民というのは、互いに憎しみ合う同胞たちが、手にしていた武器を事実上下ろし、敵対するイデオロギーはかすんでゆき、過去そのものがきわめて活発な記憶に関する政策〔ここで念頭に置かれているのは、第二次世界大戦時のユダヤ人迫害の記憶に関する政策。学校における、強制収容所に送られた児童の記念プレート設置、ユダヤ人犠牲者あるいは彼らを守った「正義の人」に捧げられた祈念碑建立、ドランシーやノエなどの収容所に関連する追悼行事など〕にもかかわらず、ついに「過ぎ去る」にいたる国民《ネイション》という意味である。ようやく自由主義へと開かれたこの「想像のフランス」[4]は、〔豚肉問題により〕またしても癇癪を起こすのである。往時の「フランス人同士の戦争」は過去のものとなり、あとに残ったのはただ他者の拒絶だけ、国民に深く同化し、自らの公民としての義務をまっとうしているにもかかわらず、手の施しようもなく他《た》なる者であるとみなされたすべての市民の排除だけということなのだろうか。豚肉問題は、それがいかに滑稽なものであれ、突如として形成された全員一致や以前とは異なった形態の不寛容を通して、すべての象徴的な内的境界線をおびやかしているのであろうか。フランス市民の幸福は、つねに同じ思考様式、同じ信仰様式、同じ行動様式を前提とするのであろうか。

ユダヤ教の存続そのものは、その価値観が少しでも普遍的道徳と相容れない場合はその保護を前提とし、さらに行為者の自由選択に加え、憲法および世界人権宣言により明示された基本的自由による保護を前提としている。それでもユダヤ教の存続は、その教えに従う者の考えるところでは、形而上学的次元の「内的境界線」を維持することを含意するのである。ジョエル・バルールが述べているように、「食の時間における肉類の配分〔カシュルットの厳密な遵守は乳製品と肉類の混合を禁じるため、一度の食事は乳製品を用いたものか肉類を用いたもののいずれかになる。また肉類の摂取と乳製品の摂取のあいだには一定の時間をあけなければならない。したがって肉類は時間的に厳密に「配分」されるわけである〕は、日常生活およびライフサイクルの展開のなかで反復されてきた断絶を描き出す。それは、日々引き直され、日々再編され、日々再発見される境界線を補強するのである」[5]。さらにこうつけ加えられるであろう、もし「われわれと彼らのあいだに、砂や石の上にではなく精神のなかにだけ引かれた一本の線、一本の境界線が存在しているのであれば、つまり

〔もし〕、たとえそれが想像上のものであるとしても彼らはわれわれ同様それが存在していることを知っている以上、やはり現実的なものであるひとつの境界が存在している」(6)のであれば、市民を分かつこの内的境界線は、やはり法的整備を必要とするのである、と。たとえそうした法的整備が徹底的な抽象的普遍主義の信奉者や、彼らとはうってかわり民族を基盤とした国民《ネイション》に断固として執着する者すべての不興を買うことになろうとも。

この問題に正面から取り組む前に、回り道をして、とはいえこれは避けては通れない道なのだが、ほかの国々の例に目を向けてみる必要がある。現代では内的障壁は、かつてオーストリア＝ハンガリー二重帝国(7)やロシアで見られたように、権威主義的ではあるが啓蒙思想に感化された諸帝国の環境下でより容易に生き延びている。こうした国々では内的障壁と同時に、支配力を持った伝統主義的共同体の構造が存続しており、これが今度は「ナイフ戦争」のような、食に関する戒律をはじめとする伝統の、高度な象徴としての重要性を示唆する争いを誘発するのである(8)。内的障壁は〔アメリカ国民のような〕民主主義的な「諸民族からなる国民」のさなかにあってはよりいっそう伸長するが、これはこうした国民が〔複数の共同体への〕多元的忠誠や分裂した市民性を許容し、文化的多元主義を尊重するとともに、多様な信仰様式および行動様式を、それが共通の公共空間と両立可能な限りにおいて尊重するためである。トクヴィルが行った〔フランスとアメリカの〕比較は、無論それ自体では何の解決策にもならないが、そのことはこの『アメリカにおけるデモクラシーについて』の著者もすでに認識していたふしがあり、彼は念を押して別の回り道、すなわちイギリスとの比較も行っていた。それでもやはりトクヴィルによる仏米比較は考察の糸口を示してくれるように思われ、同時に無益で危険な苛立ちを回避させてくれるものである。

イギリスのように慣習と価値観に最大限の多様性を認めることに慣れた社会では、純然たる正統派ユダヤ教に即した生活が長いあいだユダヤ教徒共通の規範となっていた。一九世紀前半のイギリスでは、大半のユダヤ教徒は正統派ユダヤ教に与していたが、この集団組織は英国国教会にその信者が認めていたのと同じような役割をユダヤ教徒に対して担っていた。[9] 当時カシュルットの遵守は各家庭に浸透しており、大半のユダヤ教徒は戸外で食事をする際、豚肉、その他の肉類および貝類を避けていたが、このような区別をしたからといってイギリス社会の風習への彼らの深い同化が疑問視されるようなことはなかった。[10] 一八六八年には、儀礼的屠殺問題を管理する権限を大ラビ・ネイサン・マーカス・アドラーただ一人に委ねる司法判断が下されるが、[11] これはイギリス流の論理に固有の中央集権化に基づくものであり、これにより独自の屠殺制度を運用することを望んでいた移民ユダヤ教徒の反対は無視されるかたちとなった。[12]「イースト・エンドだけでこの都市全体の九〇％のカシェール食品を消費」しているといわれるロンドンで「ナイフ戦争」は熾烈を極めるのだが、これは大ラビ・アドラーの正統性を承認することを拒む移民ユダヤ教徒と、正統派ユダヤ教徒でありながらもイギリス社会によりいっそう同化したユダヤ教徒との対立であった。[13] そのさなか、後者の代弁者のひとりは次のように呼びかけている。

われわれは誠心誠意イギリス政府に感謝する習慣を身につけなければなりません。われらが女王陛下と王室の方々皆の長寿を毎日お祈りすることは、われわれの神聖な義務です。私にはユダヤ教徒であることとイギリス人であることのあいだには、何ら違いがあるようには思えないのです。逆に毎日礼拝を欠かさず、食に関する戒律も遵守しているユダヤ教徒であれば、伝統に即して「王国の繁栄を祈る」ことが大切なことくらい心得ているはずです。〔…〕あなたがたの神と女王に忠実でありなさい(14)。

こうしたユダヤ教徒内部での対立にもかかわらず、イギリスではユダヤ教徒を国民のなかに受け入れることは、彼らの「小社会」の終焉を意味するものではないといえる。というのは、彼らは多元主義的な内的論理に基づく国民のなかで、彼ら独自の社会性の絆を合法的に維持することができるからである。したがって、「全一九世紀と、二〇世紀もほぼすべての期間にわたって、イギリスの中流階級に属すユダヤ教徒は、パリやベルリン、ウィーン、ニューヨークのユダヤ教徒よりもシャバットや祭礼、食に関する戒律を遵守する傾向が強かった(15)」。「社交辞令」として同僚の食卓に招かれた際のフランス・ユダヤ教徒の高級官僚やアドルフ・クレミウのような政治家とは異なり、クレミウの盟友でもあったモーゼス・モンテフィオーレ卿〔一八四〇年にダマスカスで「儀礼殺人」事件が起こった際、無実のユダヤ人を救うためクレミウと共闘〕は公式のものを含めたあらゆる食事会において、自分のカシェールの牛肉だけを食べ、シャバットや宗教上の重要な祭礼の期間は、公務に携わることを拒否した(16)。今日でも、イギリスでは多くの学校の献立から豚肉を排除してしまうといった、食の正当な多元主義からはかけ離れたことが行われている[17]。さらに一九八六年、一部で儀礼的屠殺に対して反対意見が表明された際には、政府がこの問題を取り上げるのを拒否しても感情的な反応が沸き起こることはなかった。宗教や文化面でのこのような寛容性の証拠となるのが、イギリス国内の都市に次々と設定されてゆくエルーヴである。当局がしるしばかりの謝礼と引き換えにイギリスの伝統に即した範囲で承認するこうした象徴的境界線は、何らかの目に見えない糸ないしは河川や鉄道の路線や高速道路によって示され、信仰を実践するユダヤ教徒がそのなかでは私的住居が公共空間へと拡張されていると想像することが許される空間の存在を保証するのである。エルーヴは、子供や身体の不自由な人が移動するのに加え、何にもまして女性がシャバットに参加するのを容易にする。というのは、通常シャバットには住居の外で物を手に持つことが厳禁されているが、エルーヴのおかげで女性は屋外で食物を運ぶことが許されるからである。このような象徴的境界線により、食に関する戒律遵守を後押しする非空間的領土が設定されるわけである[18]。マンチェスターやロンドンに見られるように、近頃複数のエルーヴが姿を現した。ロンドンでは数多の裁判の末、バーネットのエルーヴが二〇〇二年にようやく認可された。これは一七キロメートルに及ぶもので、八四本の支柱からなり、ゴルダーズ・グリーン、ヘンドン、ハムステッド・ガーデン・サバーブ地区、そしてフィンチリーの一部を含んでいる。このような形態の空想的ゲットーに反対したのは、とりわけ世俗化したユダヤ人たちであり、彼らはこれをベルゲン・ベルゼンの強制収容所や北アイルランドの閉ざされた地区〔一九六九年以降建設された「ピース・ウォール」や「ピース・ライン」と呼ばれる、カトリック住民居住区とプロテスタント住民居住区を隔てる壁〕にたとえた[19]。二つ目のエルーヴは二〇〇五年、ロンドンのエッジウェア地区に姿を現し、さらに同時期、複数のエルーヴがボアハムウッドなど、ロンドン周辺に設定された。弱い国家〔一三四頁参照〕のリベラルな社会における公共空間は、あらゆる種類の領土的多文化主義を促進するが、こうした領土的多文化主義は時として過度に強い拘束力を持つ〔ここで念頭に置かれているのは、極度に民族化された地域構成。市町村議会が特定の民族のみによって構成され、彼らの価値観や利益に基づく議会決定が同地区に居住する市民全員に課されるなどの問題が生じる〕。エルーヴはこのような方式とは異なる。というのはこれはもっぱら象徴的なものであり、非ユダヤ教徒はこれを無視することができるからである。それでもエルーヴの存在は食に関する儀礼の遵守を促進し、この存在のおかげで食に関する儀礼は共同体主義の諸理論とはまったく異なり、私的なものにとどまるわけである。

イギリス社会同様アメリカにおいても、この宗教色の強い社会が持つ根本的な文化的多元主義が、食に関する宗教実践を維持するのに最適の環境を提供しており、これによりユダヤ教徒の食に関する宗教実践は啓蒙の近代への参入と両立可能になったのである。アメリカのユダヤ教徒社会ではきわめて多様なふるまいが見られるが、これはユダヤ教が改革派からハシディズムにいたるまで多数の潮流に完全に分裂し、限りなくリベラルな諸流派が、この地にもたらされたこの上なく厳格な正統派と混在していることによる。入植期にはカシュルットの遵守は全ユダヤ教徒の義務であり、カシェールでない食物を出す者は破門の脅威にさらされていた[20]。経済自由主義の時代である一九世紀には管理体制が問題視され、肉屋は自由にふるまい、ユダヤ移民はカシュルットに背を向けた[21]。一八八三年にシンシナティでユダヤ教改革派がヘブライ・ユニオン・カレッジ第一期生のために企画した宴会では貝類、カシェールでない肉、乳製品を用いたデザートがふるまわれ、スキャンダルを巻き起こしたが、この宴会に対してなされた抗議は、カシュルットがアメリカにおいても「ユダヤ教生活の震央に(22)」とどまっていたこと、そしてこれを最低限遵守しようとする習慣が広く行き渡っていたことを物語っている。一九〇二年にカシェール食材の価格が高騰した際、ロウアー・イースト・サイドの女性たちがニューヨークの市街地で起こしたデモには二万人が参加したが、これに続いて一九〇九年に衣服工場の女性工員によるストライキを率いた女傑クララ・レムリックもまた、第一次世界大戦中、カシェール食材の価格高騰に対する抗議運動を組織した(23)。しかし今日では、自宅でカシュルットを厳密に遵守するアメリカ・ユダヤ教徒は全体の四分の一以下といわれている(24)。ユダヤ教徒の多くは「境界線を越え」、「家庭ではカシェールの食事をし、戸外ではカシェールでない食物を食べる」というように、「その都度選択するというやり方でカシュルットを遵守している(25)」。同様に、ユダヤ資本で建設された多くの病院でもカシュルットは遵守されていないし、ニューヨークでも一九八〇年代にカシェールの食肉業者とレストランは急激に衰退した(26)。脱構築派ユダヤ教の理論家、モルデカイ・カプランはカシュルットの「根拠のない」諸規則を「過大評価」することを拒み(27)、数年後これを有言実行せんとしてカシェールでない食物を我慢して食べるという試練に立ち向かった(28)。しかしながら、現代アメリカではカシェール食が一般化・大衆化され、ニューヨークではカシュルットの規則を厳守していないもののユダヤ料理と称して販売される料理（「ゼイバーズにおまかせ」〔ゼイバーズは、ウクライナからのユダヤ移民ルイ・ゼイバーが一九三四年、ニューヨークのアッパー・ウエスト・サイドで創業した、飲食スペースを備えた人気大型惣菜・食料品店。販売されるユダヤ風料理はカシェールではないものの、現在でも多くのユダヤ人住民が頻繁に利用している。「ゼイバーズにおまかせ（*Zabar's does the job*）」は、シナゴーグに通うユダヤ人ニューヨーカーの減少を報じる「ニューヨーク・オブザーバー」紙の大見出しからの引用で、本書でも参照されている以下の文献に基づく。Jenna Weissman Joselit, « Jewish in Dishes : Kashrut in the New World » in Robert M. Seltzer, Norman J. Cohen (dir.), *The Americanization of the Jews*, New York, New York University Press, 1995, p. 247.）が人口に膾炙している事実[29]は、「もはやカシュルットの遵守は、包括的社会に入ってゆく際に少なくとも料理の面では障壁とはならない[30]」ことを意味している。モルデカイ・カプランによれば、このように「食に関する戒律がユダヤ教徒の孤立を助長することはもはやなくなったのであり、かつては正当化されていたこうした孤立は、今日ではもはやいかなる意味も持たない[31]」のである。レストランや宴会で非ユダヤ教徒と同じ食卓を囲むのはもう難題ではなくなった。フィラデルフィアのパレードも、今となっては過ぎ去った遠い昔のことにしか思われない。このようにカシュルットは大衆化して日常生活の一部となり、シェヒターも同様に受け入れられ[32]、これを遵守したからといって誰も気分を害すようなことはない。豚肉の摂取は完全にアイデンティティの決定的争点ではなくなったのである。ホワイトハウスからしてすでにユダヤ教徒の招待客にカシェールの料理を勧めるということをしており、勧められた方でもとりたてて感慨にふけることもなく、皆これを受け入れて食べている。こうした状況下、正統派ユダヤ教の生活はずいぶん容易になり、ほかのさまざまな宗教と肩を並べるまでになった。アメリカの大小すべての都市におけるエルーヴの設定は、イギリスにおいてと同様、かつより体系的に、この想像による多元主義を強化する。アメリカにおいても、ボストンからダラス、ニューヨークからサンフランシスコ、シカゴからチャールストンあるいはサンタフェまで遍在する無数のエルーヴが物語っているのは、想像上の非多文化主義的空間の存在であるが、これは共同体主義の野心とは無縁の、「砂にも石にも」刻まれていない境界線であり、当局に承認され、かつこの空間の登場により格段に容易に保存されるようになった食に関する儀礼同様、ありふれたものとなった空間である[33]。このアメリカ的文脈においてエルーヴが特に表しているのはもっぱらユダヤ的な想像上の空間であるが、このような空間は一軒の「家」[34]であり、その住人たちはそこで社交《ソシアビリテ》関係を結び、同じ食物を分かち合うのである。

これに対し、フランス社会の例外主義の特質をなしているのが、理性の名において構想された普遍主義的革命という手段の発明である。安らぎを見出して生まれ変わり、過去の分裂を忘れた社会、理性だけをひたすら崇拝し、その理性において全市民が合一する社会という夢は、このフランス的手段を近代という天啓へと導き、ユダヤ教徒のすみやかな解放と彼らの公共空間への参入を促進する。革命による非キリスト教化に伴いユダヤ教の儀礼も拒絶され、全市民が解放の理想に向かって邁進するなか、シャバットや食に関する戒律、割礼、ユダヤ教徒墓地やエルーヴといった、市民間に隔たりを画しかねないあらゆる障壁が地方のあちこちで再度問題視される。絶対共和国は、万人に開かれた教育制度を通して全市民に拡張された能力主義に基づく〔社会のなかでの〕移動のプロセスを完成しながら、教会と剣を交え、公共空間を急速に非宗教化するのであるが、その絶対共和国も、ドレフュス事件および反ユダヤ主義的急進右翼の台頭という緊迫した状況のもと、ユダヤ教徒固有の儀礼の残存という問題に直面する。それでも絶対共和国はこうした問題を、諸々のイデオロギーの立場を超えて、より開かれ、より融通がきき、かつじっさい多くの妥協を許容するライシテの原則を適用することで解決するすべを心得ていたのである。

ユダヤ教徒社会のほうでは、大した衝突もなくこの国の法に順応し、同胞たる市民の食卓に加わってみせる。彼らはためらうことなく共和国の宴会に参加して盛大に飲み食いするばかりではなく、シャバットの遵守と日曜日の完全な正当性を両立させることに尽力し、ユダヤ教徒墓地の場所について粘り強く交渉するとともに、エルーヴがほぼ完全に消滅することを受け入れようと努めるのである。じっさいユダヤ教徒の大半は長老会議を模範としてこれに従い、ユダヤ教改革が掲げる原則の多くに賛同し、大半のイスラーム教徒同様[35]、社会的絆を唯一可能にしてくれる公民としての「礼儀」を尊重するのである。今日の共和国は第三共和政下の流儀を踏襲し、さまざまな妥協案に静かに気立てよく耳を傾けるという姿勢を見せている。この共和国は気後れすることもなくサンヘドリン二〇〇周年記念のような例外的な祝賀行事に際してエリゼ宮でユダヤ教徒の来賓をカシェールの食物でもてなしたり、儀礼的屠殺のために特例を設けたり[36]、学校にセルフサービスを設置して献立を多様化したり、墓地内の「区画」を容認したりする。また公立学校で宗教上の祝日に一部の生徒が欠席するのを大目に見るとともに、公職に関しては宗教的な理由による休暇を年に三日認める一方、国務院は一九九五年四月一四日付の「クーン君」事件判決により、ユダヤ教徒の規則的出席の問題を整理している。この共和国が皆に受け入れられた論理に基づいて処罰するのは、ただ分裂をもたらしかねないこれ見よがしのふるまいだけである。

昨今ではこうした差異の尊重を合法化する案も現れてきている。たとえば二〇〇三年、スタジ委員会〔二〇〇三年七月三日、当時の共和国大統領ジャック・シラクが設立した「共和国におけるライシテの原則適用」に関する検討委員会〕はつぎのような提案をしている。

食に関する宗教の要求を考慮すること。〔学校や刑務所、病院、企業などの〕団体用レストラン業の枠組みでは、金曜日のメニューに豚肉の代替品と魚が加えられるべきである。しかしながら宗教の要求の考慮は、ケベック人のいう「穏当な妥協」の原則に従い、業務の円滑な運行と両立されねばならない。〔…〕学校は、キプールの日とイード・アル＝アドハーの日は全校レベルで休校になる。新たに加わったこの二日分の祝日は〔夏休みを二日削ることにより〕補うことになる。企業の世界ではキプール、イード・アル＝アドハー、ギリシア正教または東方キリスト教徒のクリスマスは祝日と定めることになる。これらの祝日は被雇用者が望めば別の祝日に振り替えることができる。以上の提言は労使代表との協議の末に、また中小企業の特殊事情を考慮に入れたうえで確定されることになる。[37]

これらの案はすぐに忘れられてしまったが、その後似たような案が共和国大統領候補、エヴァ・ジョリの発言に現れている。彼女は「各宗教が公共空間で対等な扱いを受ける[38]」よう、ヨム・キプールとイード・アル＝アドハーを公式の祝日に加えることを提案した。この案はほとんど皆から拒絶されたうえ、このような提案をしたがためにエヴァ・ジョリ自身も「外国人」扱いされ、世論から断罪される始末であったが、ほどなくすると当の案は支持を得るようになる。二〇一二年六月、人事部長協会は、聖霊降臨祭《ペンテコステ》、キリスト昇天祭および八月一五日の聖母被昇天祭を平日化し、被雇用者は希望すれば、業務に差し障りがない限りにおいてこれらの日に休暇を取得し、祝日として祝うことができるよう改めることを推奨するが、この提案は何ら反響を呼ばなかったのである。アイデンティティに関わる苛立ち、あらゆる種類の多元主義の拒絶は日々現れてくるが、その良い例が学校である。学校は保護されるべきなのであって、たとえば学食にヴェジタリアンのメニュを加えてやるだけで多くの対立が和らげられるはずである。(39) 開かれたライシテの理論家、ジャン・ボベロはライシテを尊重することのような多元主義の数少ない擁護者であるが、彼は次のように主張している。「ますます差別的になってゆくライシテに注意しよう。このようなライシテは（ライシテとはまったく別物である）世俗化《セキュラリザシオン》を口実にして、カトリシズムには甘く、ユダヤ教徒とイスラーム教徒には厳しく接している」(40)。ボベロが推奨するような穏当な妥協は、想像のフランスを多元主義の様態において強化し、そこではじっさい各人が、普遍主義的公共空間を尊重する限りにおいて自分の場所を見つけるはずである。

それでも、鳴り物入りでの豚の回帰、カシェールおよびハラルの食肉に関する論争、日刊紙上での反ユダヤ主義と人種主義のぶり返し、外国人嫌悪の爆発、郷土の誘惑、そして何にもまして連帯の風化を促す国家の衰退および共和主義の諸原理の破綻といったものが、この不安定な大建築物を揺るがし、個人の選択を抑圧する共同体への引きこもりへと駆り立て、市民全体へと開かれた、分かち合うべき共通の食卓の観念を危機に陥れる。今やすべてが再びひとつに結びついて恐怖と遺恨をかき立てるかのようである。一部の者が排除の価値観を推奨すれば、それに応じるようにしてアイデンティティを主張するふるまいや、あらゆるかたちで公共空間から退却するような態度が再び現れてくる。これらはどれも共和国の夢に致命傷を与えかねない——実際にははるか以前から不可欠な妥協へと開かれている共和国の夢に。

訳者解題

食卓のざわめき——ピエール・ビルンボームからプルーストへ

この奇妙なタイトルを冠した本は、啓蒙の世紀から現代までのフランスにおける豚食の政治史・文化史を通して、近代以降のフランス・ユダヤ人の歴史を読み解くとともに、それを鏡としてフランス共和国の特質を浮き彫りにしようという、ユニークかつ野心的なエッセイである。出発点となっているのは、二〇一二年のフランス大統領選キャンペーン中に浮上してきた、ハラルおよびカシェール（二頁訳注参照）の食肉排除の言説、加えてその数年前から極右団体やカトリック的メンタリティを基盤としたライシテを標榜する左翼活動家らがパリをはじめとする国内各地で繰り返し開催していた、反ムスリム・反ユダヤ的性格を帯びた豚肉食事会という時事問題である。グローバリゼーションや移民におびやかされたフランス国民のアイデンティティの象徴として、にわかに政治的言説および公共空間に浮上してきたこの豚の像は、上下左右の区別なく国民のナショナリズム的感情を結晶化させる強力な象徴《エンブレム》へと変容する。このような現象はしかし、フランス・ユダヤ人の歴史から見た場合、何ら新しいものではない。「良き市民であるためには、同じ食卓で同じ料理を食べなければならないのか」という問いは、大革命前夜から今日にいたるまで、フランス国民へのユダヤ人統合・同化が論点となるたびに発せられてきたのである。著者ピエール・ビルンボームは歴史家の観点から、現代フランス社会に突如として「回帰」してきた「豚肉問題」を、この「共通の食卓の分有」に関する問いをめぐってフランスのユダヤ共同体と共和国のあいだで繰り広げられてきた、時として緊張に満ちた長い対話と交渉の物語の枠組みで考察するのである。

各章のあらまし

序論では、二〇〇二年から二〇一二年にかけてフランスで発生した豚肉をめぐる一連の悶着から出発し、一九世紀に出版された料理本、郷土料理目録から文学作品にいたるまでの幅広い資料の検証をもとに、豚食がフランス国民の食生活に深く根づいていたことを指摘する。続いて一九世紀から二〇世紀にかけて催された無数の職業上の宴会、歴代大統領らの公式晩餐会の献立表をつぶさに検分しながら、ここでも豚肉が必要不可欠な食材として揺るぎない地位を確立していたことを確認する。このことは、すでにフランス革命時に市民権を獲得していたユダヤ人が、公的領域のただ中で排除ないしは無視されてきたことを意味する。ヘブライ語聖書の記述に基づき、日々の食事という社会生活の根本において他民族とのあいだに「内的境界線」を引くことを命ずるカシュルットの掟が一方にあり、公共空間において衣食・言語等のふるまいの面であらゆる特殊個別性を排し、全国民の均質性、画一性を強要するフランス共和国のカトリック＝普遍主義（形容詞 catholique は「普遍的 universel」を意味するギリシア語 καθολικός に由来する）が他方にある。両者のあいだにはいかなる妥協が可能であったのか。そこに板挟みになったフランスのユダヤ共同体はどのようにして自らの宗教と、あるいは自らの共和国と折り合いをつけてきたのか。ユダヤ共同体の内部ではどのような議論、対立があったのか。英米、ドイツ、スイス等、他の西洋諸国のケースと比較した場合、フランスの特殊性はどこに存するのか。

こうした問いに答えるために著者が最初に取り上げるのは、宗教全般を敵視する普遍主義者ヴォルテールによるユダヤ教戒律批判であり、ここに今日にいたるまでの食を通した排斥の論理の萌芽が見て取れるという。フランス革命直前までの時期に焦点を当てた第1章では、このヴォルテールのテクストを起点としてユダヤ教の食に関する戒律をめぐって一八世紀に展開された論争がまとめられている。両極にあるのは「われわれと一緒に飲み食いしない限り、あなたがたは市民となることはできない」という断言と、「われわれはあなたがたと（もしくは彼らはわれわれと）一緒に飲み食いするわけにはいかないが、それでも市民になることはできる」という反論である。ヴォルテールの流れを汲む前者の立場を代表するのが、プロイセンの聖書学者ミヒャエリス、啓蒙主義者ではあるがユダヤ教の食の戒律は退けるマルゼルブであり、後者の急先鋒が、ドイツ・ユダヤ啓蒙の指導者モーゼス・メンデルスゾーンとその友人ドームである。当時の偏見を引きずりながらも、ユダヤ人を「改良」、「再生」することで彼らの宗教共同体（「小社会」）への帰属を否定することなく、彼らを市民の仲間（「大社会」）に加えることは可能であるという、アングロサクソン流の文化的多元主義を唱えるドームに根本的には賛同しながらも、メンデルスゾーンは「小社会」の概念を否定し、個人としてのユダヤ教徒解放に重点を置く。この二人の他に、ヴォルテールに対する反論のなかで、特定の民族への帰属は普遍的「人類」への帰属を妨げはしないと主張するものの、食の問題は迂回するマラーノ系哲学者イザーク・ド・ピント、同じくヴォルテールに対し、ユダヤ教徒が遵守する食の戒律は衛生上の配慮に立脚するとしてこれを擁護するゲネ神父、メンデルスゾーンとドームに共鳴し、彼らの議論をフランスに移植するミラボーに焦点が当てられる。

第2章で扱われるフランス革命から第一帝政にかけてのユダヤ人解放の時代になっても、この対立構造自体に大きな変化はない。一時はヴォルテール、マルゼルブの延長線上で食の戒律のような「くだらない細則」を放棄させることにより、ユダヤ人を「再生」させる必要性を説いていたグレゴワールに加え、クレルモン＝トネールも、一七八九年一二月二三日の憲法制定国民議会でユダヤ人解放が議論された際、食事法の相違は市民たることの障害にはなり得ないと主張する。これに対し、ナンシーの司教ラ・ファールやコルマール選出のジャコバン派議員ルーベル、あるいはカトリック反革命家のボナルド、プージョルらにとって、キリスト教徒が作った豚肉・猟肉料理あるいはワインを突き返すことは、周囲の国民から孤立し、国民のなかに別の国民を形成することを意味する。ユダヤ教徒のほうでは、一八九〇年に市民権を得る以前からすでにフランス社会に深く同化していたスペイン・ポルトガル系の信徒が食の戒律に関してはきわめて柔軟に対応していたのに対し、彼らより遅れて市民権を取得することになるアルザス・ロレーヌのユダヤ教徒の代弁者、セルフ・ベール、ズィンツハイム、さらにメンデルスゾーンの流れを汲むベール・イザーク・ベール、ポーランド出身のウルヴィッツも、グレゴワールとクレルモン＝トネール同様、キリスト教徒と同じものを飲み食いすることは市民権の条件にはなり得ないと主張する。けっきょく一八九一年九月二七日のデクレによる「解放」を経て、ナポレオンにより招集されたユダヤ人名士会議および大サンヘドリンでは、食に関する問題が議題にのぼることはなく、カシュルット（二九頁訳注参照）を含む儀礼を維持する権利は確約される。

第3章はユダヤ人の市民権取得以降の、恐怖政治期から一八四八年の二月革命までを扱う。宗教を目の敵にするジャコバン主義の台頭により、シャバット（三〇頁訳注参照）やロシュ・ハ＝シャナー、ヨム・キプール（いずれも八九頁訳注参照）などの祭儀とともに、食に関する儀礼も処罰の対象となり、コミューンによってはユダヤ教の儀礼的屠殺も禁止されるにいたる。全国民の合一を志向する革命、そしてその理念たる兄弟愛《フラテルニテ》は、もっぱら一つの食卓を囲み同じ食べ物を分かち合うという象徴的行為を通してのみ成就するとされ、大規模な宴会や会食がいたるところで繰り広げられるが、こうした世俗的聖体拝領《コミュニオン》とでも呼ぶべき儀式に際し、とりわけ市民たちを兄弟愛のなかで結びつける聖体のごとき役割を担っていたのが、詳しい献立表は残されていないものの、加工製品を含む豚肉であったと推測される。革命により生まれたフランス流の普遍主義的公共空間のただ中に放り込まれたユダヤ人は、食に関する戒律もシャバットも放棄するよう促される。こうした状況下、キリスト教徒との共通の食卓の分有をめぐってフランスのユダヤ共同体内部で持ち上がった、数学者オルリー・テルケムら改革派とクレアンジュら正統派の論戦が取り上げられる。

このカシュルットを中心とする戒律維持をめぐる改革派と正統派の対立は、政教分離法が成立する第三共和政期に入り頂点に達する。第4章ではヴォルテール流啓蒙の体現者、サロモン・レーナックとフランス・ユダヤ共同体の機関誌「ユニヴェール・イスラエリット」および「アルシーヴ・イスラエリット」の二〇年にわたる論争を再現する。ドイツのユダヤ教改革を念頭に置きつつ、タイラー、ロバートソン・スミス、フレイザーらアングロサクソン系人類学の成果を吸収したレーナックは、ユダヤ教の食に関する禁忌を、カトリシズムの聖体拝領同様、トーテミズムの残存（survivance）とみなし、これを廃止することでユダヤ人の「内的解放」を実現するとともに、彼らの共和国への統合・同化を完成することを目指す。他方、ドレフュス事件から生まれた政治的シオニズムのような「外的障壁」構築の動きも軽蔑とともに退け、儀礼から解放されたユダヤ新教の母体たるユニオン・リベラル・イスラエリットと「ユダヤ研究誌」を拠点として、強力な正統派批判を主導する。こうしてユダヤ教を個人の良心＝信教（conscience）の次元に還元しようとするスピノジスト、レーナックに対し、両誌は、ユダヤ教の核をなすのはカシュルットとシャバットを中心とする儀礼の実践であり、これは「迷信」などとは無縁の、理性的かつ道徳的に根拠づけられた営みであるとの反論を繰り返す。この対立構造に加え、レーナックら改革派よりも性急に、完全なる同化、すなわちユダヤ性の抹消を目論むユダヤ無神論者による「キプール宴会」などの挑発的な試みも現れてくる。こうした「身内」から噴き出してきた複数の改革の波に加え、政教分離に伴うフランス社会の急速な脱宗教化の流れに直面した正統派の「ユニヴェール」誌は、タルムードに立脚しながらも、公民としての生活のなかで、必要とあらばカシュルットの原則を弾力的に解釈して、異教徒と同じ食卓につくことを容認するにいたる。このように、互いに敵対し合う改革派、無神論者、正統派が提示する妥協案は、ニュアンスの違いこそあれ、共通の食卓につく必要性を認める点において一致している。こうした妥協案を強いることの「共通の食卓」なる問題が生じてくるのは、著者によれば、もっぱらフランスだけである。というのはフランスでは他の西洋諸国とは異なり、特定の政党や宗教、支配階級から独立した「強い国家」の中枢に、ユダヤ人が他の市民同様、能力に応じて参入できる仕組みになっているからである。

第5章では、フランスの調理場と食卓を後にし、欧州近隣諸国の屠殺場に視点を移す。主な考察の対象となるのは、スイスとドイツである。動物愛護の仮面を被った反ユダヤ主義を背景として、一八九三年八月二〇日に実施された国民投票によりスイス憲法に記載された儀礼的屠殺（シェヒター）禁止は、ひとつの転換点として捉えられる。フランスではユダヤ教諸機構が即座に警戒体制をとるものの、ドリュモン率いる反ユダヤ主義勢力は、総じて儀礼的屠殺のような宗教的論点には興味を示さず、もっぱら政治経済ないしは人種にかかわる攻撃に注力する傾向を見せる。ドイツでは、とりわけナポレオンの敗北以降、ユダヤ教徒は改宗しない限り国家の公職から締め出されていたこともあり、ラーヘル・ファルンハーゲンやアブラハム・ガイガーの例に見られるように、食に関する戒律は風化の一途を辿っていたが、それでもユダヤ人間の共通の食卓は維持されていた。さらにドイツ・ユダヤ学を代表する歴史家ハインリヒ・グレーツも加わったシェヒター擁護運動が組織されるものの、スイスの決定に呼応するかのようにして一九世紀末にドイツ帝国の複数の構成国でシェヒター禁止法案が提起されたのち、一九二〇年代になると次々に禁止法が成立する。この動きは三〇年代後半から第二次世界大戦期にかけてムッソリーニのイタリア、ナチス・ドイツの影響下あるいは占領下にある国々と地域に拡大してゆく。スイスの国民投票を嚆矢とするユダヤ教の儀礼的屠殺禁止は、それが決まって口実とする動物愛護とは無縁の、反ユダヤ主義・外国人排斥の一形態であったことが明らかになる。

結論では、自由主義へと開かれた戦後フランスに「回帰」してきた豚肉問題に立ち返り、今日の共和国において実践的なユダヤ教徒市民が食を通して他の市民とのあいだに維持し続けている「内的境界線」のあり方を、英米のユダヤ人社会における食実践と比較しながら考察する。イギリスでは、同化した正統派ユダヤ教徒とハシディズムを信奉する移民ユダヤ教徒のあいだで屠殺方法をめぐる衝突が見られはするものの、エルーヴと呼ばれる虚構的領域の承認・拡大が示すように、相対的に見てユダヤ教徒は文化的多元主義に立脚した寛容な社会のなかで、食に関する戒律をフランスよりも厳密かつ容易に実践している。同様の原則に立脚したアメリカ社会においては、カシュルットの強制力は減退したものの、シェヒターを含む食実践は、「ユダヤ料理」の大衆化やエルーヴの偏在が示唆するように、ここでも国民のアイデンティティの争点になることはない。これに対し、大革命の理念たる普遍主義の上に打ち立てられた近代フランスでは、ユダヤ教徒と共和国双方の歩み寄り、すなわち事実上の多元主義的解決策により、差異と同一性の対立が乗り越えられてきた。こうした柔軟な「妥協」を許容する、開かれたライシテの原則を、豚肉問題が表面化させたナショナリズムおよび共同体主義の高まりは危機に陥れかねないとの警鐘を鳴らし、本書は締めくくられる。

ピエール・ビルンボーム——オメクスからソルボンヌへ

全体を通して、食に関する戒律に象徴される宗教文化と国家との関係については、明らかに英米の「弱い国家」の自由主義への共感が勝っているように見える。それでも本来、著者はフランス流の共和政国家、「強い国家」の擁護者である。この矛盾に関して著者は率直に言う。「私は互いに矛盾する肯定、つまり強い国家への愛着と集団的アイデンティティの保護者たる弱い国家の多元主義的性格の評価とのあいだで板挟みになっているのです」。フランス共和国に対するこのような見方の根底にあるものを理解するには、著者の経歴、生い立ちに目を向ける必要があるだろう。すでに二冊の邦訳があるピエール・ビルンボームは、現在パリ第一・パンテオン＝ソルボンヌ大学名誉教授であり、傘寿を迎えた現在でも、精力的に社会学とフランス史にまたがるエッセイを刊行し続けている。パリ政治学院で学んだのち、レーモン・アロン指導のもと、一九六六年にアメリカの権力構造に関する博士論文により第三期博士号を取得、ボルドー大学を経て一九七五年に国家博士号を取得し、パリ第一大学教授に就任、国家とエリートを専門とする気鋭の比較政治社会学者として二〇冊あまりの専門書を上梓するも、しだいに自身の生まれに立ち返るようにしてフランス・ユダヤ人の歴史へと研究の重心を移してゆき、ドリュモン流反ユダヤ主義、ユダヤ人高級官僚（著者の用語では「国家ユダヤ人」、「共和国狂」）、ドレフュス事件、ナポレオンの対ユダヤ人政策、一七世紀ロレーヌ地方における「儀式殺人」神話復活、グレゴワール神父のユダヤ人再生論等に関する重要な著作を次々に発表してゆく。その主要業績は、二〇一五年に吉田書店から再訂訳版が刊行された、ベルトラン・バディとの共著『国家の歴史社会学』（原著は一九七九年刊）に付された中野裕二氏による訳者あとがきに詳しく紹介されているので（1）、ここで詳しく触れることはしないが、この再訂訳版刊行後にフランスで相次いで発表された二冊の自伝的（あるいは「エゴ＝イストワール」的）著作（2）では、波乱に満ちた自身の子供時代がその家族史と併せて歴史家の視点から回顧されており、本書の理解にも役立つと思われるから、その内容を、訳者が著者とのやりとりで得た回答を織り交ぜながら、簡単に紹介しておく。

ピエール・ビルンボーム、このドイツの地名に由来するアシュケナージ特有の姓とイエス・キリストの使徒の、このうえなくフランス的な響きをもった名からなる名前がすでに、祖国での迫害を逃れフランスに移住してきた東欧ユダヤ人が、自身のユダヤ的価値観を保ちつつ共和国へ寄せる強い愛着と忠誠心、いわゆるフランコ・ジュダイスムを体現している。それでもビルンボーム家がフランスへ移住してきたのは両親の代になってからでしかない。父ジャコブは一九〇一年五月二六日、ワルシャワのゲットーに生まれた。彼の七人の兄弟姉妹のうち三兄弟に関しては、一人は徒歩でパレスチナに渡り、一人はニューヨークに亡命、残る一人はパリでジャコブに合流することになる。より悲惨なのが残りの四姉妹が辿る運命であって、上の三人はワルシャワにとどまったがために、それぞれの家族もろともホロコーストの犠牲となり、残る末娘はフランスに逃れるも、ドイツ占領地域ではなかったシャトールーで行われた一斉検挙で娘とともに身柄を拘束された末、三人の姉同様、強制収容所へと消えることになる。このときすでに彼らの母親は、夫を亡くしていたこともあり、パレスチナに移住していたという。ビルンボーム家が被ったこのような破壊と離散も、同時代のドイツや中東欧のユダヤ人家族の辿った運命としてはさして珍しいものではない。

では母方はどうか。ルート・ビルンボーム（旧姓クプフェルマン）は、一九一二年一二月二一日、ドイツ文化の中枢であったドレスデンのユダヤ人家庭に生まれた。一家はドイツ社会に深く同化しており、同世代のハンナ・アーレントらと同じくドイツ文化とドイツ語崇拝のなかで育ったルートも、亡くなるまでゲーテやハイネの詩を好んで暗誦していたという。このように自らをドイツ人とみなしていたルートだが、死の直前に著者に図らずも告白したところによれば、オーストリア＝ハンガリー二重帝国内のルーマニア領出身の父と、ロシア（現ベラルーシ）のミンスク出身の母の娘である彼女も、両親同様、はなからルーマニア国籍しか持っていなかったのであり、これが結婚を機にポーランド国籍になったのだという。つまりドイツに生まれたものの、生涯を通してドイツ人であったことなど片時もなかったのである。ビルンボーム家同様、ナチス・ドイツ下、彼女の母方の叔父叔母のうち、二人は強制収容所で命を落とし、別の二人はアメリカへ亡命することになる。また、彼女自身の妹も一九三九年にアメリカへ脱出し、かろうじて難を逃れるのである。

母ルートは早くして両親を病気で失い孤児となったものの、ドレスデンで過ごした子供時代については幸福な思い出しか持っていなかったようである。これに対し、父ジャコブはワルシャワのことについては決して口を開こうとしなかったという。じっさいジャコブは第一次世界大戦後、成年に達する前にワルシャワを去り、ヨーロッパ近代を象徴する都市ベルリンへと向かう。著者も、父親から始まる、この近代性あるいは啓蒙へのユダヤ人参入の流れのなかに自身を位置づけている。このような近代化は、本書で扱われているメンデルスゾーンの例が示すように、ユダヤ民族への帰属を否定するものではなかったが、けっきょくのところ宗教に関しては、夫妻は重要な年中行事は遵守するものの、彼らの信仰実践はそれ以上のものではなかったようである。では、一三歳でバル・ミツヴァ（ユダヤ教の成人式）を済ませ、パリのナザレト・シナゴーグにてごく簡素で型通りの宗教教育を受けたという著者自身についてはどうであろうか。この点に関して、とりわけ本書でも触れられている世代間のカシュルット実践の隔たりに関して、著者は以下のように説明してくれた。幼少期に農村部で過ごした疎開時代（二一二頁参照）には、地元の「農夫たちと同じように毎日豚を食べていた」（本書で触れられている農業大国フランスの豚食文化も、自身の体験を通して知り抜いていたわけである）けれども、

儀礼と世代間の継承を大切にするユダヤ人女性と結婚している現在では、夫婦ともども、決して豚肉を食べることはありません。それでもアメリカのユダヤ人と同じように、カシェールではない小エビや牡蠣は食べています。私の子供たちはみんなバル・ミツヴァを済ませ、ヘブライ語をどうにか、あるいはすらすらと読むことができますし、ユダヤ教の祭儀にも参加します。これに対し、私の両親はカシュルットを遵守したことはありませんでした。ただ、ヨム・キプールと過越祭《ペサハ》だけは尊重していて、まだ幼かった私はそんな折にヘブライ語でお祈りを朗唱したものです。現在でもわれわれ夫婦は折にふれてシナゴーグに足を運びますが、それはつねにある集団の

なかにいることを明確にするためであって、そこには信仰心はまったくありません。外国にいるときでもシャバットになれば、夫婦連れ立ってシナゴーグへ行くようにしています。こんなわけで、じっさい〔両親と比べて、ユダヤ教・ユダヤ文化への〕より強固な愛着が現れているわけです。このような愛着には、全的で完全な市民の地位と両立しうる私的空間への帰属を再確認する意味があるように思われます。私の両親はユダヤ史にじかに属していましたから、このような儀礼など必要なかったわけです。

「ユダヤ史（histoire juive）にじかに属して」いたというのは、信仰実践や信仰そのものが失われたあとでも、先祖から受け継がれてきた文化としてのユダヤ性は、彼らのなかで自明のものであり続けていたということであろうか。あるいは彼らのユダヤ人としてのアイデンティティは周囲からの敵意、迫害により否応なしに確保されていた、と解すべきであろうか[3]。じっさい両親はヒトラー首相就任直後の一九三三年二月二六日にドレスデンで結婚するも、同年一一月三日にはドイツを脱出し、ベルギーを通過してパリへ逃れている。大恐慌に伴う失業率の上昇に見舞われるとともに、第一次大戦期のコンセンサスも終わりを迎え、ナショナリズムや外国人嫌悪がぶり返し、共産主義と極右の両極に分裂したフランスで、偽りの身分証しか持ち合わせていない二人は、今日のヨーロッパ社会で見られる移民たちのように、非常に貧しく、また屈辱に満ちた生活を余儀なくされる。パリの中心部に位置するマレ地区、より正確に言えば、テュレンヌ通りからアルシーヴ通りにかけて広がるプレッツルと呼ばれるユダヤ人地区の片隅（ヴォルタ通り）にかろうじて居を構えた夫妻は、片言のフランス語しか話せず、財産も身寄りも公の身分もないといった過酷な条件下、激動の一九三〇年代のフランス史から隔絶したこのユダヤ移民社会に引きこもり、職を転々としながら糊口をしのぐのである。

こうしたパリでの生活も、第二次世界大戦勃発により唐突に終わりを迎える。一九三九年九月には二歳にも満たない娘イヴォンヌ（著者の姉）を抱きかかえ、列車でパリを離れ、スペイン国境に近いビアリッツに避難したあと、フランス降伏、ドイツによる占領開始に伴い、検挙の網の目をくぐって一九四〇年六月二八日、自由地区のルルドへ到着。この言わずと知れたカトリックの一大巡礼地の修道院に付属した病院で、著者ピエール・ビルンボームは七月一九日に生を受ける。このような状況下でも両親は息子のユダヤ人としてのアイデンティティにこだわり、苦心の末、生後八ヶ月が経過した一九四一年三月、トゥールーズから割礼師《モヘール》を呼び寄せ、遅まきの割礼を受けさせる。が、それも束の間、ユダヤ人一斉検挙を逃れるため、両親は二人の子供を、孤児院をはじめとする複数のカトリック系施設、地元住民の家で匿ってもらったのち、ルルドにほど近いピレネー山脈の農村、オメクスのカトリックの農民夫婦に託すのである。こうして一九四二年からオメクスでの二年におよぶ、長く過酷な潜伏生活が始まる。ここでの食事は豚をベースとした簡素なもので、年に一度は親戚の家に集まり、中庭でおののく豚を皆で取り押さえてつぶすことが慣習になっていたという。それでも著者が強調するのは、この時期、ゲシュタポや親独義勇隊《ミリス》によって追い詰められたユダヤ人への救いの手は、国家ではなく市民社会から差し伸べられたという事実である。共和国の「黒い軽騎兵」（シャルル・ペギー）たる学校教師を含む国家公務員は、総体的に見ればむしろ「ユダヤ人狩り」に進んで加担したばかりではなく、戦後何の責任も問われることなく国家の中枢にとどまり続け、着実に昇進していったのに対し、下層市民、とりわけ農村部の貧しいキリスト教徒農民・労働者は、フランスのプロテスタントおよびカトリック教会がヴィシー政権による反ユダヤ的措置の非人間性を明確に非難したこともあり、地域差こそあれ、司祭らとともに被迫害者を保護する側に回ったのである。こうした傾向は、著者と同じようにフランス内外の農村で「匿われた子供」としてショアーを生き延びた歴史家、ソール・フリートレンダー（一九三二年生まれ）やゼーヴ・シュテルンヘル（一九三五年生まれ）の例を見ても明らかである。

フランソワ・ミッテランやジャック・シラクなど、歴代大統領の見解を引き合いに出して、普遍主義を放棄したヴィシーの「フランス国家（l'État français）」は（「フランス流」の「強い」）国家ではなかったのだと言ってしまえばそれまでであるが、じっさい著者はそうした結論に行き着いている。本書でも、ヴィシー政権下でのシェヒター禁止は本質的状態の「中断期間」にすぎないとされ、もっぱらナチス・ドイツの責任に帰され、あらかじめ考察の対象から除外されている。それでもやはり先述の逆説的な歴史的事実は、国家とユダヤ人の「垂直的契約」（イェルシャルミ）[4]の伝統を信じて疑わず、長きにわたって国家・公僕研究の第一人者であり続けてきた著者の経歴と明らかに矛盾している。一九四五年のフランス解放後、パリに戻り、第三共和政が確立した、能力主義に基づく平等な教育制度の恩恵を受けて（フランス語を学んだのも小学校である！）[5]、貧しい東欧ユダヤ移民の息子から弱冠三五歳にしてソルボンヌ大学教授にまでのぼりつめた点も当然考慮すべきであろうが、この矛盾を説明するために著者が挙げるのは、かつてドイツ占領下のフランスで偽名を冠し、身分を偽って暮らすことを余儀なくされた、「匿われた子供たち」に広く認められる、特定の「集団への再加入」の強い欲求である。自身の研究の際立った特徴をなす、国家への執着も、振り返ってみれば実はこうした役割を担っていたのではないか、と著者は自問している。

プルーストの食卓

訳者が初めて著者にお会いしたのは、ちょうどフランスでの本書刊行を直前に控えた二〇一三年春のパリであったと記憶している。訳者が専門としている小説家プルーストを出発点として、ドレフュス事件がフランスの社会や文学に及ぼした影響を振り返る集まりに参加していただくべく、打ち合わせのようなことをすることになったのである。国家や反ユダヤ主義などの重いテーマを研究されてきた方なので、それなりに身構えて面会に臨んだのだが、実際にお会いしてみると、笑みをたたえたやさしい目、澄み渡った、耳に心地よい音楽的な声が印象的な、たいへん物腰の柔らかい紳士で、また旺盛なサービス精神、驚くほどざっくばらんで、まったく対等に接してくれるその懐の深さに感銘を受けた。お話を伺っているうちに、恐るべき読書家であることがわかったが、文学作品に親しむ繊細かつ柔軟な感性と同時に、華麗なステップで相手を翻弄するボクサーのような、ある種の強い闘争性を秘めているという印象を受けた（じっさいそれは「打ち合わせ」というよりは、一方的に打ち込まれるスパーリングに近く、リュクサンブール公園向かいのカフェから出てきたときには、足元がおぼつかなかったことを覚えている)。こうした柔らかさと強さ、冷徹さと熱さの同居――社会学、歴史学、文学のあいだを、国境をもまたいで自由に行き来する方法上の柔軟さ、大量の文献を系統立てて処理し、論理的に構築していく構想力、あるいは市民としての権利を守るために「相手の挑戦に応じ」て反ユダヤ主義を迎え撃つユダヤ人たちへの深い共感を込めた筆致――は、本書の読者にも感じ取っていただけたのではないだろうか。

　そのようなわけで、訳者はプルーストを読み込んでいくうちにビルンボーム教授と出会う僥倖に恵まれたわけだが、じっさい本書を訳しながら、原注でもちらりと言及されているプルーストの作品は、何度も訳者の脳裏をよぎった。反教権主義者ではあるがカトリックの父と、結婚後も改宗することはなかったドイツ・アルザス系ユダヤ人の母のあいだに生まれ、洗礼を受け、カトリックとして育てられたプルーストにとって、共通の食卓の問題は人ごとではなかったのである。たとえば、第5章で論じられているスイスの国民投票がフランスで話題を集めていた時期に書かれたフローベールの模作では、表向きは「リベラルな」当時のカトリックのフランス人から見たユダヤ人像がまとめられているが、そのなかでロシアやルーマニア、ポーランドからポグロムを逃れてパリに渡ってきたと思しきユダヤ人たちが自分たちの流儀を押し通すさまが揶揄される際、彼らが「特殊な宗教実践」、「わけのわからない語彙」――すなわちイディッシュ語――とともに、「彼らの人種の肉屋」(強調はプルースト)を捨てようとしない点が特に問題視されている[6]。このような食事上の特殊個別主義ないしは分離主義は、たとえばマクシム・デュカンの証言にも見える通り[7]、一九世紀前半の時点ですでに社会福祉の面で大きな障害となっていた。じっさいプルーストがここで描いていると思われる中東欧からの移民たちも、カシュルットの規則に従い、差し出された食べ物を突き返していたという。この時期には、のちにユダヤ史研究とドレフュス事件を経てシオニズムに接近してゆくユダヤ人アナーキスト作家、ベルナール・ラザールのようなフランス・ユダヤ人も、こうしたユダヤ移民に対して敵意を剝き出しにしていたが、ラザールには彼らが遵守する食の戒律への関心は見られない。プルーストにとって共通の食卓の問題は、このテクストが書かれた一八九三年の時点ですでに、市民たることの条件として捉えられていたのだろうか。それとも、これは単に「リベラルでなければならないから」そうしているにすぎない、非ユダヤ教徒のフランス人たちの腹に秘められた偏見、ないしは嫌悪の一例を取り出したにすぎないのだろうか。

この二年後の一八九五年一一月末頃に執筆されたとされる、シャルダンとレンブラントに関する遺稿に目をやると、「われわれは壁のうえに焔の線で書かれた神秘的な言葉を見て戦慄する」[8]という記述が見えるが、これはレンブラントの傑作『ベルシャツァルの饗宴』を指している。バビロニア王ベルシャツァルが一〇〇〇人の貴族を招いて催した大饗宴の最中、後宮の女たちを交えて、エルサレムの神殿から奪ってきた金銀の祭具で酒を飲んでいると、突如人の手の指が現れ、王宮の壁に謎の文字を書きつける。これを本書序論でも言及されている預言者ダニエルが解読して、王国の滅亡を告知したという、ダニエル書五章の記述に基づく作品である。プルーストはのちに『ソドムとゴモラ』のなかでも、別の文脈ではあれ、この場面に言及している[9]ことから、ユダヤ教と食卓の問題には比較的早い時期から晩年にいたるまで、つねに敏感であったことがうかがわれる。

とはいえ、母方の家族に関する証言や[10]『失われた時を求めて』（作者の分身たる主人公は、両親共々カトリックの設定）をはじめとする作品の描写から推測するに、家庭では豚肉も含め、食の禁忌事項は存在していなかったようである。『花咲く乙女たちのかげに』第二部の舞台となるノルマンディー地方の避暑地では、主人公とその祖母（プルーストの母をモデルとしている）は牡蠣を避けていることが示唆されるが、同じくカシェールではないエイと思しき魚をホテルのレストランで注文することには何のためらいも見せない[11]。また同篇第一部では、父親が友人の外交官を招待してパリの自宅で開く夕食会のため、料理女フランソワーズが主人公の母親の希望により、共和国大統領ルーベやポワンカレも堪能したとして本書序論でも言及されている、老舗オリダ屋のヨークハムを買いに行かせるエピソードがユーモラスに綴られている[12]。それでも主人公とその母、あるいは祖母がユダヤ教で禁止されている食物を口にする場面が明示的に描かれることはない。プルーストはノルマンディー滞在中、「シェルブールのお嬢さんの地獄焼き」という、オマール海老を使った郷土料理の名前を面白がったと伝えられているが、この一品がホテルのレストランの調理場で準備される様子を描いた『ゲルマントのほう』の一節では、複数の豚の丸焼きも同時に垣間見られはするものの、主人公が実際にこれらの料理を口に運ぶ様子は描かれない[13]。プルーストがオルレアンでの兵役時代の体験をもとに構想した、架空の駐屯地、ドンシエールでの若い将校たちとの連夜にわたる夕食会の場面では、牡蠣をはじめ、カニ、エビ、ムール貝など、非カシェール食材をふんだんに用いた、「洗練された料理の味」を媒介として、主人公と会食者たちのあいだに紡ぎ出される懇親性の高揚がしきりに強調されるが、肝心の味自体に関しては、視覚的な比喩や詩的イメージが連ねられるばかりで、直接的な描写は皆無である。[14]このような空白に何か特別の意味を読み取るべきであろうか。

本書第4章では、ドレフュス事件がレンヌ裁判、大統領による恩赦を経て政治社会の舞台から後退していく時期に始まった論争が紹介されているが、その直前の、ドレフュス事件がフランス社会にもたらした緊張が最高潮に達した一八九七年秋から九九年秋の時期に関しても、プルーストの作品は本書の議論を補強する興味深い例を提供してくれる。主に九五年秋から九九年秋にかけて執筆された未完の自伝的小説『ジャン・サントゥイユ』（タイトルは編者による。ここでも主人公一家はカトリック）では、調理から食事、消化にいたるまで、食のテーマは中心的な位置を占めているが、このことは九七年暮れ以降のドレフュス事件の劇的展開を再審派の青年のまなざしを通して描いた長い章にもあてはまる。そこでは飲食はドレフュス派知識人たちの紐帯を確固たるものにする、強力な媒体として捉えられている。[15]とりわけ九八年二月にセーヌ県重罪裁判所で行われたゾラ裁判に連日、コーヒーとサンドイッチ（残念ながら何が挟んであったのかまでは書かれていない）を持参して通いつめる主人公にとって、長い一日を終えたあと、カフェで仲間たちとビールジョッキを片手に過ごす果てしない議論の時間は、かつてのアテナイやヴェネツィア共和国の市民たちが味わったであろう友愛、兄弟愛を体現する、特権的な瞬間として現れる。事件が日々の糧たる「パン」（シャルル・ペギー）に等しいものになっていたこの時期、プルーストの分身たるジャン・サントゥイユも、毎朝、寝室でカフェオレに浸したクロワッサンをほおばりながら、熱に浮かされたようにしてドレフュス再審に向けた破棄院の調査報告が掲載された朝刊（九九年四月）を貪る。事件が「実体化」あるいは「現存」した新聞を読む行為は、ロマン・ロランがのちに振り返って評すことになるように、国民を意見の対立にかかわらず一体化させる、強力な「聖体拝領《コミュニオン》」の儀式となる。そして読むことは食べることと不可分であることを証明するかのように、ちょうど同じ頃、正確には一八九九年四月二四日、プルーストは自宅で夕食会を開き、詩人ロベール・ド・モンテスキウに加え、二人のドレフュス派作家、アナトール・フランスとアンナ・ド・ノアイユの詩の朗読会を主催するのである。このような文化的な集いも当然、政治的文脈を逃れることはできない。貴族の招待客に混じってエドモン・ド・ロスチャイルド、ストロース夫人、フールド夫人、シャルル・エフリュッシなどのユダヤ人が参加していたことから、[16]会食者たちはドリュモンが主宰する日刊紙『リーブル・パロール』から容赦ない反ユダヤ主義的中傷を浴びせられるのである。[17]

　思えば、ドレフュス事件が論じられる際に決まって持ち出される、「ある家族での食事」と題されたカラン・ダッシュの風刺画[18]も、一八九八年二月のゾラ裁判期間中に朝刊に掲載されたものだが、そこでは食事中に会食者たちが禁句とされた事件のことに触れてしまったがために、テーブルがひっくり返るような大乱闘に発展するさまが描かれており、食卓はいわば共和国の似姿として捉えられていた。プルーストがらみで思い出されるのは、一八九五年一月五日、まさにドレフュスの位階剥奪式が行われた日に外科医シモン・デュプレー夫妻が自宅に医学アカデミーの同僚たちを集めて開いた晩餐会である。食事中、当時リセの学生でアナーキズムに傾倒していた息子モーリスが、迂闊にもドレフュス無罪の可能性を口にして大ひんしゅくを巻き起こしたというが、そこにプルーストの両親が同席しており、このうち母親から食事のあと、息子マルセルも同じ確信を持っていると伝えられ、このことがモーリス・デュプレーとプルースト母子およびその周辺との絆を強めるきっかけになったという。[19]じっさい本書でも繰り返し強調されているように、食卓は本来、対決や決別の場ではなく、絆が結ばれる場、和睦を記念する場である。[20]もちろん歩み寄りの試みが無残な失敗に終わった例もある。「あの恐ろしい内戦の時代[21]」が幕を開けようとする一八九七年秋にポール・ブールジェとゾラが行った夕食会がきっかけとなり、同年一二月七日に始められた「バルザック晩餐会」には、この両作家に加え、アルフォンス・ドーデと息子レオン、アナトール・フランス、モーリス・バレス、ジュール・ルメートルが参加したが、ドレフュス事件をめぐる意見の対立により、その後彼らがそろって食卓を囲むことはなかった。[22]一方、嵐が過ぎ去ってまもない一九〇一年六月一九日に、プルーストが、「高名なイスラエリット銀行家の娘」を含む、「政治的意見を異にする六〇名ほど」の会食者を自宅に招いて催した晩餐会は、カラン・ダッシュの風刺画のように「あらゆる皿が飛び交い、砕け散る」事態も想定しえた「危険な実験」であったが、アナトール・フランス、アンナ・ド・ノアイユ夫妻らドレフュス派とレオン・ドーデら反ドレフュス派からなる「アトレウスの末裔たち」を、アクロバティックな歓待術を駆使して和やかな雰囲気のもと同席させることに成功した点で、長らく招待客の記憶に残る出来事となった。[23]残念ながら、本書でもたびたび嘆かれているのと同様、ここでも献立に関する証言はまったく残されていない。

最後に『失われた時を求めて』のなかから、本書の読者にとって興味深いと思われる場面をいくつかかいつまんで紹介しておきたい。まずは作品冒頭近くで語られる、紅茶に浸したプティット・マドレーヌの風味による記憶の蘇りのエピソードから。[24] この焼き菓子が入念に描写される際、帆立貝の貝殻で象られた形態に特別の注意が払われている。帆立貝はむろん非カシェールの食材であるが、加えてこの貝はフランス語で「聖ヤコブ貝（coquille Saint-Jacques）」と呼ばれ、サンティアゴ・デ・コンポステーラ巡礼のシンボルとなっている。さらに「マドレーヌ」の呼称もイエスの復活に立ち会ったマグダラのマリア（マリー・マドレーヌ）を喚起することから、すでに『失われた時を求めて』全体の真の起点をなすこの世俗的ミサ、この内在化された普遍主義的聖餐式で用いられる聖体自体が、ユダヤ教徒の舌を潜在的に排除する、豚肉の等価物として現れる。とはいえ、ユダヤ人読者がそのような理由からこの名高い一節に難癖をつけた形跡はないのだが。

それでもプルーストが描く食が、概してこれ見よがしなキリスト教色を多分に帯びている点は否定しがたい事実である。主人公が復活祭の休暇を過ごす大叔母宅の食卓を彩る、四季折々の食材を取り入れた献立は、「一三世紀に各地の大聖堂の正面扉口に彫られた四つ葉レリーフ」[25] に重ね合わせられ、幼い主人公が台所で目撃する鶏の屠殺は、「聖体器」の隠喩や「流れる血を容器に受ける」料理女の描写から明らかなように、暗黙裡にキリストの受難に重ね合わせられている。[26] このエピソードはすでに『ジャン・サントゥイユ』のなかで素描されているが、そこでは、日々食卓で味わう舌の快楽は

「羊や若鶏や牛」たちの犠牲の上に成り立っているという事実が教養小説的な枠組みのなかで提示され、美食は幸福な人間社会の維持のために必要な、「数世紀来ただの一度も罰せられることなく毎日犯されてきた無数の犯罪」のひとつに数えられている。[27] 豚が言い落とされている点とカトリック的隠喩がここでは影を潜めている点が興味深いが、それでもやはり家の調理場と食卓は、教会で行われるミサとの連関のなかで描かれ、食は聖餐のイメージに分かち難く結びつけられている。[28]

それではユダヤ教の食実践は忘れられているのだろうか。カトリックに改宗したユダヤ人の家庭に生まれたスワンは、「民族特有の湿疹と「預言者」に固有の便秘に悩まされ」[29]、これを解消するために香辛料入りライ麦パンを大量に食べているとされている。西欧社会に完全に同化したかに見えるユダヤ系人物の意志に反して残存し、「無意志的」に回帰してくるヘブライ的特性が、特殊な食餌療法と組み合わされ、語り手の人種主義的まなざしを通して浮き彫りにされている。同様のオリエンタリズムは、パリのスワン宅をヘブライ人の幕屋《タベルナクル》（モーセが主の指示に従い建設させた、聖櫃を納めた移動式礼拝所）になぞらえ、その食堂を「レンブラントが描いたアジア風神殿の内部」に見立てる一節でも際立っている。[30] スワン自身に関しては、ムール貝入りの「日本サラダ」についてコメントを回避している場面が見られはするものの、主人公の大叔母宅でイセエビを食していることからも明らかなように、[31][32]彼がカシュルットの掟に拘泥しなければならない理由などない。『失われた時を求めて』のなかでスワンとともにユダヤ性を代表するブロックについてはあとで見るが、このブロックの妹たちに関して、語り手はその身なりや作法における同化の不十分さを言い表すのに、フランス国民のアイデンティティの象徴たるランス大聖堂の彫像を思わせる、「いかにもフランス的な娘たち」と比較したうえで、「海辺のリゾート」のモードをまねた結果いつも小エビ取りから戻ってきた」ような格好になってしまうと断じている[33]。ここでも語り手のまなざしは反ユダヤ的性格を帯びているわけだが、ユダヤ教の食事規定に抵触する海の幸が持ち出されているのは偶然であろうか。そうでないのなら、そこにユダヤ教の食文化を嘲笑する、余分の悪意を見て取るべきであろうか。別のユダヤ人女性人物、舞台女優ラシェルは食のテーマとの関連で取り上げられることはないが、本書第5章で反ユダヤ主義との関係が強調されている動物愛護に熱心な人物として描かれている[34]。あらゆる面で進歩的な人物としてふるまうこの元娼婦はそれでも、食生活に限っては貴族の愛人との昼食でシャンパンの代わりに水を勧めるくらいで、菜食主義にまでは達していない。ちなみに『失われた時を求めて』のなかでは、同性愛がしばしばカニバリズムに関連づけられるのに対し、シオニズムは軽蔑とともに、菜食主義を含む一九世紀後半のさまざまな前衛運動と同列に並べられている[35]。

残るブロックに関しては、本人は登場しないものの、『ゲルマントのほう』に興味深い一節がある。さる「子爵夫人」との夕食の約束を反古にされ、ひどく落胆する主人公の元に、親友の青年貴族、ロベール・ド・サン=ルーが突如現れ、深い霧のなか危険を冒してパリ市内のレストランへと向かい、一緒に食事をする場面である[36]。熱狂的なドレフュス派であるブロックとその友人たちがこのレストランに集まってくる際の空腹状態が、「一年にせいぜい一度しかない儀礼的断食」、すなわちヨム・キプールの断食に比較されているのである。これは『ジャン・サントゥイユ』でも語られていたゾラ裁判時のプルースト自身の体験をデフォルメしたものにほかならないが、この場面でわざわざユダヤ教の儀礼が持ち出されたのは、ブロックに代表されるユダヤ人と主人公とを明確に差異化するためであろう。事実この場面では、「天変地異」にも似た濃霧がもたらす興奮により階層間の障壁が持つ効力は和らげられているものの、「同化していないユダヤ人たち」――すなわち食の戒律を遵守する者たち――を中心とする雑多な客層が押し込められた、寒々とした大部屋と、反ドレフュス派の青年貴族専用の暖かな小部屋は分断されたままである――ただし主人公とその周辺を除いて。というのも、貴族の友人より一足先に入店した主人公は、貴族専用の小部屋から追い出され、大部屋の、恐ろしい冷気を送り込む「ヘブライ人専用の扉」の前の席をあてがわれるのだが、遅れて入ってきた、純然たる「フランス国民ノ作（*opus francigenum*）」たるサン＝ルーは、その扉を閉めきらせたうえで、小部屋の貴族の友人から借りてきた豪奢なコートを凍える主人公の肩にかけてやるからである。こうして主人公が占めていた共和主義的食卓の末席は、封建主義的食卓へと変貌するのである。これは単に主人公の貴族社会への参入を暗示するにとどまらず、その脱ユダヤ化と完全なフランス化の成就を含意するものとも読める。というのは、主人公にとってこの夜即興で開かれた夕食会は、貴族の女性との夕食会を一方的に取り消され、ひとり凍えながら「喪に服したユダヤ人が頭に灰をかぶるようにして」嗚咽していた自宅の薄暗い食堂と、彼が初めて入会を許可されるゲルマント公爵夫妻邸の「秘儀の食卓」――そこで執り行われるのは、「サント＝シャペル教会の黄金の一二使徒像」や「初期キリスト教徒たち」にも似た、選りすぐりの会食者たちによる「社交上の最後の晩餐」である[37]――とを結ぶ重要な結節点をなしており、「霧の大海」をくぐりぬけた末に遂行されたこの「例外的」な食事会は、洗礼にも似た一種の通過儀礼とみなしうるからである。

伝統的フランスの食卓とユダヤ教徒の食卓はそれでも、『失われた時を求めて』のなかで決定的に引き離されてしまうことはない。食のテーマにおいても、二つの「ほう」は交差し、絡み合うことをやめない。マドレーヌがキリスト教的イメージの衣を幾重にもまとって現れるさまは先に見た通りであるが、これに先立つ作品冒頭では、階下で来客（ユダヤ系人物スワン）の相手をする母親におやすみのキスをしてもらおうと術策をめぐらす幼い主人公の苦悩が生き生きと描かれている。その際、彼の前に立ちはだかる女中兼料理女の判断基準が、「捉えがたく、微妙な、無用とも見える区別」に立脚した、「膨大かつ緻密で、頑固な、絶対の法体系」に譬えられ、この法体系の外観は、「極端な細心さを発揮して、子ヤギを母ヤギの乳で煮たり、動物の腿の腱を食べたりするのを禁じる、古代の掟とそっくりだった」[38]と評されている。草稿に目をやると、「古代の掟」の箇所は「古いユダヤ法」となっており、さらに聖書への言及が明記されているうえ、腿の腱の禁忌に関しては、「ヤコブに敬意を払って」という語が行間に加筆されている。つまり、食に関する二つの例はともにカシュルットの規則であることが明示されていたのである。[39]子ヤギの調理に関する禁忌が持ち出されたこの一節は、タイラーが提示した残存の概念にゆるやかに沿ったものであるように見え、かつプルーストはサロモン・レーナックの著作にも通じていたことを考え合わせれば、ここに本書第4章で詳述されているユダヤ教改革論争の反響を認めたい気持ちになるのは訳者だけであろうか。興味深いことに、ユダヤ教の調理法に結びつけられた、このいかめしい料理女が阻止しようとする母親のおやすみのキスは、マドレーヌ同様、一貫して「平安の」接吻、「聖体パン《ホスティア》」、「現存」、「臨終の聖体拝領」といったカトリシズムのメタファーで描かれている。

いずれにしてもユダヤ性は、キリスト教のイメージとは対照的に、曖昧な暗示のかたちで、うっすらと浮かび上がるようにしてテクストに織り込まれている点が興味深い。よりわかりやすい例が同じ第一篇『スワン家のほうへ』に出てくる。復活祭の時期に主人公一家が滞在する田舎の大叔母の家では、既述の料理女が遠方のマルシェに買い出しに出かけるという理由で、毎週土曜日の昼食が一時間繰り上げられており、これを知らずに食事中の一家を訪れた客人は誰であれ「野蛮人（土曜日がいかに特別な日であるかをわきまえない人たちのことを私たちはそう呼んでいた）」扱いされるというくだりがある。「慣行」として家族内に定着し、家族間の「連帯感」、「民族的絆《ナショナル》」、「祖国愛」を強化する、この「土曜日ごとの特例措置」は、むろん事情を完全にわきまえた作者によるシャバットの世俗的翻案にほかならない。この一節では、土曜日の儀式が顕在化させる「われわれ」と「彼ら」のあいだ、あるいは本書の表現を借りれば「小社会」と「大社会」のあいだのずれが、前者の視点から味わい深く描き出されている。(40) 二つの文化、二つの宗教のあいだに育った作家ならではの観察眼が発揮されているわけだが、興味深いことに、『失われた時を求めて』には後者の観点からユダヤ人家庭の食卓を描いた場面も登場する。先に引いた『花咲く乙女たちのかげに』のなかで、主人公は海辺の避暑地滞在中に、貴族の友人サン＝ルーとともに共通の友人であるユダヤ人、ブロックの両親宅に夕食に招待される[41]。献立に関しては、儀礼に即して処理されたと読めなくもない鴨肉のローストの赤ワインソース以外は言及されないが、この場面では共通の食卓を通して、このフランス・ユダヤ特殊小社会を体現する一族の異質性と独特の温もりとが同時に浮き彫りにされている。とりわけ、食事中ブロックの大叔父にあたる人物が、家庭内で符丁として通用しているヘブライ語やイディッシュ語の単語を不用意に口にしてしまう場面では、ブロックの父は「内輪で使われたなら大歓迎するその言い回しも来客の前では下品で場所柄をわきまえないもの」になり、「オリエント的側面をあらわにしすぎる」と判断するのである。このような状況下では私的空間が公的空間の性格を帯びると考えられている点に加え、一家族内の世代間における同化の程度差が浮き彫りにされる点が興味深い。同様の場面は詩人ミュッセがユダヤ人女優マドモワゼル・ラシェルの自宅へ夜食に招かれた際のことを綴った文章にも現れる[42]から、プルーストはそれを参考にしたのかもしれないが、いずれにしても彼の母親の家庭でも、内輪で冗談を言い合う際や使用人に知られたくないことを話題にする際にはイディッシュ語の単語が用いられていたということを考慮に入れれば、ここでも土曜日の例同様、「小社会」が「大社会」に出会うたびに要請される、ある種のふるまいの切り替えが持つニュアンスが、それを熟知した作者自身の目を通して観察されていると見てよいだろう。

最後にもう一点。『消え去ったアルベルチーヌ』の末尾でユダヤ系女性と大貴族の青年の結婚が取り上げられる際、両者をよく知る主人公と母親の会話のなかで、花嫁によるユダヤ性の否認が非難されるが、このような見解を支える知恵（sagesse）を説明するにあたって、語り手はこれを「家族の知恵」と呼び、「国民《ネイション》の知恵」に対置している。そして「食卓でのおしゃべり」のなかで発揮されることの「家族の知恵」が宿るのは、「わが家の食堂の、この種のおしゃべりに慣れっこになったランプ」であるとされ、この知恵に霊感を吹き込むミューズは「歴史」であると結論づけられている。[43]先ほど引いた、ヘブライ語やイディッシュ語が顔を覗かせるブロック家での夕食会の一節、さらに同化ユダヤ人家庭の食卓で用いられる「フランス語ではない」言語の単語――「原義とは別の意味で用いられる祭儀用語や現在ではフランス化した家族がなお知っている唯一のヘブライ語単語」――が、「家族の昔の状態を今に伝える遺物」として考察される『囚われの女』の一節[44]と併せて読めば、この一節でも、言明されてはいないものの、国民（大社会）の書かれた歴史とユダヤ人家族（小社会）の記憶のずれを念頭に置いて、後者を基準にして「歴史」に関する考察が掘り下げられていると見ることができるのではないだろうか。本書序論（三〇頁）では、ユダヤ教徒の食卓は、根源的にはそこで実践される祈りや食事作法とともに、エルサレム神殿の記憶が宿る場であるとされているが、プルーストがここで描き出す記憶の場、知恵の場としての食卓にも、このようなヴィジョンのかすかな残滓を認めることができるのではないか。ただしここで描かれているのは、信仰の火が消えたあとのユダヤ的食卓の姿である。このような食卓はいずれにしても、両親の死後、終生家庭を持つことがなかったプルーストにとっては、永遠に失われたものであった。第一次世界大戦中に執筆されたブロック家での晩餐会のエピソードも、遠い過去に母方の親戚宅で繰り返された食事会へのノスタルジーを色濃く反映しているように見える。信仰が去った食卓にも温もりは残る。それゆえ失われた時の探求は、孤独な不眠者の寝室ではなく、特殊な語彙の表現がにぎやかに飛び交う家族の食卓へと向かい、そのざわめきを起点に始まることもできる、たとえば次のように。

子供のころ、わが家で私とか兄弟のだれかが、食卓でコップをひっくり返したり、ナイフを床に落したりすることがあると、たちまち父のかみなりが落ちた。「ぶざまなことをするなっ！」私たちが、料理のソースにパンを浸して食べたりすると、「皿をなめるなっ！　行儀知らず！きたならしい！」などといって父は怒鳴った。父のいう、「行儀知らず」や「きたならしい」ことの中には、父にとって我慢のならない現代絵画まではいっていた。

「おまえたちの食事作法はいったいなんだ。それではちゃんとした場所には連れて行けないぞ」

「まったく行儀のわるい奴ばかりだ。イギリスのきちんとしたレストランならたちまち追い出されてしまうぞ」

イギリスを、父はなによりも尊敬していた。文明世界を代表する、最も偉大な国がイギリスだと父はかたく信じていた。

夕食のとき、その日会った人たちについて、いろいろな話がでる。父は非常にきびしく人を批判するたちで、だれかれかまわずばかよばわりをした。(45)

脱線が長くなってしまった。あるいはまったくの脱線ではなかったかもしれない。新型コロナウイルス流行に伴う外出禁止令が敷かれたパリの自宅で、著者ピエール・ビルンボームは、昨年暮れから批評校訂版で読み始めた『失われた時を求めて』を読破し、それだけでは飽き足らず、「貪るようにして」プルースト書簡全集（全二一巻）や研究論文を読み漁っているというのだから。ここから何か刺激的な著作が生まれてくることを期待できるであろうか。

＊　　＊

翻訳作業にあたって、社会学関連の用語に関して訳者の蒙を啓いてくださった稲永祐介先生（東京外国語大学）、ヘブライ語とアラム語の発音・表記に関して初歩的な規則から懇切にご教示くださった勝又直也先生（京都大学）、そして訳者の執拗な質問攻めに対し、いつでも胸を貸すようにしてどっしりと構え、ジョークをふんだんに交えつつ即答してくださった著者ピエール・ビルンボーム教授ご本人に、心から御礼申し上げます。また、念入りに訳稿を点検してくださった吉田書店の吉田真也さんには、この場を借りて深謝申し上げます。

二〇二〇年春

村上　祐二

聖所〕(arche sainte)」に譬えられ、そこで交わされる会話は「選択(élection)」や「契約(alliance)」といったユダヤ教に関連する隠喩で描かれている。これらのイメージは、すでに見たようにスワン家の食堂の描写に転用されることになる(本書訳者解題222頁および注30を参照)。

(38) 同書、第1巻、75頁。

(39) BnF, NAF 16649, Cahier 9, f° 74 r°.

(40)『失われた時を求めて』、第1巻、249-252頁。

(41) 同書、第4巻、280-303頁。

(42) Alfred de Musset, « Un souper chez Mademoiselle Rachel » [1839], *Œuvres posthumes* [1860], *Œuvres complètes*, Paris, Charpentier, 1888, 11 vol., t. X, p. 122. ここでラシェルは妹にミュッセの前で「ドイツ語」(むしろイディッシュ語であろうか)を話すのを禁じている。

(43) 同書、第12巻、580-581頁。

(44) 同書、第11巻、309-310頁。

(45) ナタリア・ギンズブルグ『ある家族の会話』、須賀敦子訳、白水Uブックス、1997年、5頁。作者は『スワン家のほうへ』の最初のイタリア語訳者(1946年)でもある。

(26) 同書、271頁。血を集める料理女のしぐさは、美術史家エミール・マールの『フランス13世紀の宗教芸術』第2版（1902年）に収録された磔刑図の図版（ブールジュの大聖堂のステンドグラスのデッサン）とその解説（血を集めるのは擬人化された教会）を参考にしている。

(27) 『プルースト全集12』、前掲書、12-14頁。

(28) 同書、83-85頁。

(29) 『失われた時を求めて』、第2巻、465頁。

(30) 同書、第3巻、175-180頁。「幕屋のなかの至聖所（le Saint des Saints dans le Tabernacle）」の隠喩は、『ゲルマントのほう』タイプ原稿への加筆部分でユダヤ人人物ラシェルを描く際にも用いられている（NAF 16736, f° 181r°）。決定稿では単に « le Tabernacle » となっており、ユダヤ教の「幕屋」ともカトリック教会の「聖櫃」とも取れるよう意味がぼかされている。『失われた時を求めて』、第5巻、342頁参照。

(31) 同書、第2巻、167-170頁。

(32) 同書、第1巻、86頁。

(33) 同書、第4巻、220頁。

(34) 同書、312頁。

(35) 同書、第8巻、63頁。プルーストにおいてはつねに、食卓に並ぶご馳走に隠された暴力を暴き立てる視点が、「われわれは皆テュエステースである」という命題を内包しているが、それが、たとえば血なまぐさい供犠に基づいた政治＝宗教的共同体（都市国家）を拒絶した古代ギリシアのピタゴラス学派やオルフェウス教徒（Marcel Detienne, « Pratiques culinaires et esprit de sacrifice », in Marcel Detienne et Jean-Pierre Vernant, *La Cuisine du sacrifice en pays grecs*, Paris, Gallimard, 1979, p. 7-35）におけるように肉食の放棄にいたることはない。たしかに肉食なしには市民社会もなければ政治的共同体もないのだが、プルースト的主体はそこから離脱することなく、つまり会食者とともに和気あいあいと犠牲の肉片を咀嚼しながら、離脱者の視点で共同体を眺めるのである。詩人や哲学者による、料理の持つ暴力性の暴露に関しては以下を参照。Frank Lestringant, *Une sainte horreur ou le voyage en Eucharistie, XVIe-XVIIIe siècle*, Paris, PUF, 1996, p. 48-49.

(36) 『失われた時を求めて』、第7巻、114-164頁。

(37) 同書、371-372頁。草稿では、「社交上の最後の晩餐（Cène sociale）」は「社交上の聖体拝領（Communion sociale）」となっていた。「秘儀の食卓（table mystique）」は、聖体拝領台を指す「聖卓（Sainte Table）」（同書、第5巻、70頁）を言い換えたもの。ちなみに『ジャン・サントゥイユ』（『プルースト全集12』、前掲書、358頁）では、ゲルマント公爵夫妻の前身であるレヴェイヨン公爵夫妻宅の食堂は、十戒を刻んだ石版を納めた「聖櫃〔またはそれが安置された至

エステルに重ね合わせられたアルベルチーヌが、アハシュエロス王に重ね合わせられた主人公の前で、牡蠣や小エビ、エイ、ムール貝などを食べたいと訴える場面がある。

(14) 同書、第5巻、255-277頁。初期作品『ジャン・サントゥイユ』で描かれる駐屯地での夕食会にも牡蠣が登場するが、夕食はシャルダンやレンブラントの影響下、「きれいな美術館」に譬えられている(マルセル・プルースト『プルースト全集12』、鈴木道彦・保苅瑞穂訳、筑摩書房、1985年、382-387頁)。

(15) マルセル・プルースト『プルースト全集13』、保苅瑞穂訳、筑摩書房、1985年、50-95頁。

(16) Marcel Proust, *Correspondance de Marcel Proust*, texte établi, présenté et annoté par Philip Kolb, Paris, Plon, 1970-1993, 21 vol., t. II, p. 24, 281-287.

(17) [Anonyme], « Échos », *La Libre Parole*, 27 avril 1899, p. 2.

(18) Caran d'Ache, « Un dîner en famille », *Le Figaro*, 14 février 1898, p. 3. ドレフュス事件と豚そのものについては、ゾラを豚に見立てた風刺画が頻繁に見られる(たとえば紳士服に身を包み、ゾラの顔をした豚が「私は弾劾する」を書く *La France libre illustrée*, Lyon, 28 février 1898 ; 同様の構図で、「豚たちの王」たるゾラが「国際的ウンコ」でフランス地図を汚す Victor Lemepveu, *Musée des horreurs*, n° 4 : « Le roi des porcs », 1899)。ただし、ドレフュス事件以前から自然主義作家ゾラは敵対者により頻繁に豚に同一視されていた。

(19) Maurice Duplay, *Mon ami Marcel Proust. Souvenirs intimes, Cahiers Marcel Proust*, nouvelle série, n° 5, Paris, Gallimard, 1972, p. 64-66.

(20) このことは、「争いを避けるために弱い者が身を引くというルールを徹底させた」サルや、要求に応じる形でのみ食物を分け合うゴリラ、チンパンジーなどの類人猿と比較したときにいっそう際立つ人間の食事法の特徴である。山極寿一によれば、「ケンカの種になりそうなものを相手との間にわざわざ置いて、仲良く一緒に食べましょうと食べ物を囲む」のは人間だけであり、このことから、「私たちは誰かと食事をするたびに「平和の宣言」をしている」と考えられるのだという(山極寿一『京大総長、ゴリラから生き方を学ぶ』、朝日文庫、2020年、148頁)。

(21) Paul Bourget, « Le Dîner Balzac », *Les Annales politiques et littéraires*, 22 décembre 1907, p. 614.

(22) この文人たちの夕食会が連なる系譜については以下を参照。Alain Pagès, *Émile Zola. De* J'accuse *au Panthéon*, Paris, Lucien Souny, 2008, p. 73.

(23) Léon Daudet, *Souvenirs et polémiques*, Paris, Robert Laffont, coll. « Bouquins », 1992, p. 505.

(24) 『失われた時を求めて』、第1巻、111-117頁。

(25) 同書、166頁。

が発端となっている（Pierre Assouline, « Pierre Birnbaum se met à table », *L'Histoire*, n° 387, mai 2013）。なお、両著作には同一の出来事や家族構成等の言及において細部に相違が見られる場合があるが、ここで取り上げる内容に関しては著者に直接確認した。

(3) この点に関しては、たとえば以下を参照。Yosef Hayim Yerushalmi, « Propos de Spinoza sur la survivance du peuple juif » [1983], traduction de Cyril Aslanoff, *Sefardica. Essais sur l'histoire des Juifs, des marranes & des nouveaux-chrétiens d'origine hispano-portugaise*, Paris, Éd. Chandeigne / Librairie Portugaise, 1998, p. 175-233 ; Yirmiyahu Yovel, *Spinoza et autres hérétiques* [1989], traduit de l'anglais par Éric Beaumatin et Jacqueline Lagrée, Paris, Éd. du Seuil, 1991, p. 237-240.

(4) Yosef Hayim Yerushalmi, *Serviteurs des rois et non serviteurs des serviteurs. Sur quelques aspects de l'histoire des Juifs* [1993], traduit de l'anglais (américian) par Éric Vigne, Paris, Éditions Allia, 2011.

(5) 母語に関する質問に、著者は以下のように答えてくれた。「フランス語は小学校で学びました。両親と姉とはフランス語で会話をしていました。ドイツ語を学ぶことは両親に禁じられていました。ですからドイツ語の知識は、後年ゲーテ・インスティトゥートで授業を取りはしましたが、まったく不十分なものです。イディッシュ語の知識もうわべだけのもので、意味がなんとなく分かったり、たくさんの表現を知っている程度です……」

(6) BnF, NAF 16612, f°s 50 v°-51 r° . このテクストは処女作『楽しみと日々』(『プルースト全集 11』、岩崎力・鈴木道彦訳、筑摩書房、1984 年、80-81 頁）に収録されている。

(7) Maxime Du Camp, *Paris bienfaisant*, Paris, Hachette et Cie, 1888, p. 309-312.

(8) マルセル・プルースト『プルースト評論選 II 芸術篇』、保苅瑞穂編、ちくま文庫、2002 年、156 頁。訳文は一部改めた。

(9) マルセル・プルースト『失われた時を求めて』、吉川一義訳、岩波文庫、2010-2019 年、全 14 冊、第 8 巻、48 頁。以下、『失われた時を求めて』からの引用はすべて同訳書により、必要があれば訳語を部分的に改める。

(10) Jean-Yves Tadié, *Marcel Proust. Biographie* [1996], Paris, Gallimard, coll. « Folio », 1999, 2 vol., t. II, p. 48.

(11)『失われた時を求めて』、第 4 巻、135、130-131 頁。この場面は、先に挙げた画家論の一節を再利用したものであるが、そこではシャルダンの描く牡蠣や血の滴るエイ（大聖堂に例えられている）などが堂々と描写されている。

(12) 同書、第 3 巻、52 頁。

(13) 同書、第 5 巻、209 頁。『囚われの女』（同書、第 10 巻、277-278、284 頁）では、

面に関しては以下を参照。Danièle Lochak, *Le Droit et les Juifs en France depuis la Révolution*, Paris, Dalloz, 2009. より一般的な見地からは以下を参照。Jean Rivero, « Laïcité scolaire et signes d'appartenance religieuse », *Revue française de droit administratif*, 1990, 1 ; Juliette Birnbaum, « La condition juridique des personnes en situation de subordination au regard des libertés », thèse de doctorat en droit, Université Robert Schuman (Strasbourg), soutenue en décembre 2006.

(37) 以下の解説を参照。Patrick Weil, « Why the French Laïcité is Liberal », *Cardozo Law Review*, vol. XXX, 2008-2009, p. 2699. 以下も参照。Jean Baubérot, « La Commission Stasi : entre laïcité républicaine et multiculturelle », *Historical Reflections*, November 2008.

(38) *Le Journal du dimanche*, 12 janvier 2012 ; *L'Express*, 11 janvier 2012 ; *Forward*, 22 janvier 2012. また、エヴァ・ジョリは7月14日の軍事パレードを廃止することも提案していたため、「リポスト・ライック」は次のように書いている。「国民の伝統を忘却させる欲求は欧州諸民族の画一化計画の一部をなしている。地方の独自性を維持しようとする者は恥を知れ、国民の象徴はすべて打破せよ、欧州の画一性万歳、というわけである。エヴァ・ジョリは、ドイツ人にとってあんなにも重要なビール祭りを廃止することを要求するであろうか、このイスラームの価値観とはまったく相容れない民衆の祭りを、というのもこれは一部の人々には挑発と映るかもしれないが……アルコールと豚を山盛りにしたシュークルートからなる祭りなのだから」(Marie-José Letailleur, « Eva Joly méconnait les Français et encore plus l'Histoire de France », *Riposte laïque*, 18 juillet 2011)。

(39) *Le Monde*, 29 juin 2012. イプソスによる最近の調査では、調査協力者の72%が、学校で宗教の信条に合わせた食事が出されることに反対している(*Le Monde*, 25 janvier 2013)。

(40) *Médiapart*, 14 janvier 2012.

訳者解題　食卓のざわめき

(1) ベルトラン・バディ、ピエール・ビルンボーム『国家の歴史社会学』〔1979年、1982年〕(小山勉、中野裕二訳)、吉田書店、再訂訳版、2015年。併せて以下の訳者解題も参照されたい。ピエール・ビルンボーム『現代フランスの権力エリート』田口富久治監訳、国広敏文訳、日本経済評論社、1988年、225-229頁。

(2) Pierre Birnbaum, *Les Désarrois d'un fou de l'État. Entretiens avec Jean Baumgarten et Yves Déloye*, Paris, Albin Michel, 2015 ; *La Leçon de Vichy. Une histoire personnelle*, Paris, Seuil, 2019(邦訳は吉田書店から刊行予定). 後者の構想は、本書執筆後にピエール・アスリーヌから受けたインタヴュー

いて！　あなたはこのソースを安心して使えるのです。ブイトーニのマリナーラソースはカシェールでパルヴェー〔肉、乳製品とともに取ることができる中性食品〕です」。以下より引用。Stuart E. Rosenberg, *The New Jewish Identity in America*, *op. cit.*, p. 218, n. 50.　著者は、これからは「カシェールのハム」やカシェールの中華麺まで入手することができることを強調している。

(30) 以下の重要な論文を参照。Jenna Weissman Joselit, « Jewish in Dishes : Kashrut in the New World », *op. cit.*, p. 256.

(31) Mordecai M. Kaplan, *Judaism as a Civilization*, *op. cit.*, p. 441.

(32) Temple Grandin, « Humanitarian Aspects of Shehitah in the United States », *Judaism*, 39, 1990.

(33) アメリカには、市民性と公共空間の観点からエルーヴの意味作用を考察した、きわめてすぐれた政治哲学の研究がある。以下を参照。Susan H. Lees, « Jewish Space in Suburbia : Interpreting the *Eruv* Conflict in Tenafly, New Jersey », *Contemporary Jewry*, vol. XXVII, issue 1, 2007 ; Zachary Heiden, « Fences and Neighbors », *Law and Literature*, vol. 17, issue 2, Summer 2005 ; Alexandra Lang Susman, « Strings Attached : an Analysis of the *Eruv* Under the Religion Clauses of the First Amendment and the Religious Land Use and Institutionalized Persons Act », *University of Maryland Law Journal of Race, Religion, Gender and Class*, vol. 9, issue 1, Spring 2009 ; Adam Mintz, « Halakhah in America. The History of City Eruvin, 1894-1962 », PhD, New York University, 2011. 以下も参照。Pierre Birnbaum, *Les Deux Maisons. Essai sur la citoyenneté des Juifs (en France et aux États-Unis)*, Paris, Gallimard, 2012, chap. V.

(34) Mimi Levy Lipis, *Symbolic Houses in Judaism. How Objects and Metaphors Construct Hybrid Places of Belonging*, Farnham, Ashgate, 2011, p. 13 et suivantes.

(35) フランス政治研究センター（CEVIPOF）がムスリムを対象として行った調査によれば、非ムスリムから食事に招かれた際、調査協力者の22％は出される肉がハラルである場合に限りこれに応じると回答し、59％は招待を受け入れたうえで「豚肉を食べることとアルコールを飲むことは避ける」と回答したのに対し、17％は無条件に招待を受け入れると回答した（Sylvain Brouard, Vincent Tiberj, *Français comme les autres ? Enquête sur les citoyens d'origine maghrébine, africaine et turque*, Paris, Presses de la Fondation nationale des sciences politiques, 2005, p. 33）。それでも、このデータはより最近になって行われた調査が示すデータとは若干異なっている。序論の注17を参照。

(36) フランス農事法典は、屠殺に際しては動物を失神させるよう命じているが、儀礼的屠殺を含む例外をあらかじめ明記している。この法制度の諸側

(21) Hasia R. Diner, *The Jews of the United States. 1654 to 2000*, Berkeley, University of California Press, 2004, p. 134.

(22) Lance J. Sussman, « The Myth of the Trefa Banquet : American Culinary Culture and the Radicalization of Food Policy in American Reform Judaism », *American Jewish Archives Journal*, vol. LVII, 1-2, 2005, p. 37. この論文の存在を教えてくれたジュリアン・ダルモンに感謝する。

(23) Annelise Orleck, *Common Sense and a Little Fire. Women and Working-Class Politics in the United States, 1900-1965*, Chapel Hill, Temple University Press, 1995, p. 27-28, 216.

(24) Steven Cohen, « Jewish Continuity over Judaic Content : The Moderately Affiliated American Jew », in Robert M. Seltzer, Norman J. Cohen (ed.), *The Americanization of the Jews*, New York, New York University Press, 1995, p. 401.

(25) David C. Kraemer, *Jewish Eating and Identity Through the Ages, op. cit.*, p. 143.

(26) Stuart E. Rosenberg, *The New Jewish Identity in America*, New York, Hippocrene Books, 1985, p. 203.

(27) Mordecai M. Kaplan, *Judaism as a Civilization. Toward a Reconstruction of American-Jewish Life*, New York, Macmillan, 1934, p. 441. イスラエルにおいても、正統派ユダヤ教の世界から離脱する者はすぐさま「豚肉をミルクと一緒に」食べる（Valérie Mréjen, *Pork and Milk*, Paris, Allia, 2006）。

(28) 以下を参照。Jenna Weissman Joselit, « Jewish in Dishes : Kashrut in the New World », in Robert M. Seltzer, Norman J. Cohen (dir.), *The Americanization of the Jews, op. cit.*, p. 264, n. 50. 以下も参照。Barbara Kirshenblatt-Gimblett, « Kitchen Judaism », in Susan L. Braunstein, Jenna Weissman Joselit (dir.), *Getting Comfortable in New York. The American Jewish Home, 1880-1950*, New York, The Jewish Museum, 1990 ; Hasia R. Diner, *Hungering for America, op. cit.* 著者は広範に普及したデリカテッセンの食物に関して、「ユダヤ風の食物はユダヤ人に自分が誰であるのかを思い出させるのであり、このことはハラハー〔ユダヤ法〕よりも重要である」ことを強調している（p. 185）。以下も参照。David C. Kraemer, *Jewish Eating and Identity Through the Ages, op. cit.*, chap. IX, X.

(29)「ユナイテッド・シナゴーグ・レヴュー」誌の1963年春号には以下のような広告が掲載されている。「ブイトーニ〔イタリアの食品メーカー〕はゲフィルテ・フィッシュ〔ユダヤ教徒の伝統的魚料理〕をつくるために何をしてくれたでしょう？——何も。ただし、ホースラディッシュにとって代わるおいしいソースをあなたに提供し、あなたはもう涙を流さなくてもよくなったことを除

Englishmen". The Making of an Anglo-Jewish Identity, 1840–1880 », PhD, University of New York at Buffalo, 2004, p. 71 et suivantes.

(12) Geoffrey Alderman, « Power, Authority and Status in British Jewry : the Chief Rabbinate and Shechita », in C. Holmes (dir.), *Outsiders and Outcasts. Essays in Honour of William J. Fishman*, London, Duckworth, 1993. 儀礼的屠殺において大ラビに与えられていた役割は、1933年以降は中央集権化された委員会に委ねられる。

(13) David Feldman, *Englishmen and Jews. Social Relations and Political Culture. 1840–1914*, New Haven, Yale University Press, 1994, p. 324.

(14) *Jewish Chronicle*, 9 February 1911. 以下より引用。David Feldman, *Englishmen and Jews, op. cit.*, p. 336.

(15) Todd M. Endelman, *The Jews of Britain, 1856 to 2000*, Berkeley University of California Press, 2002, p. 109, 268. イギリスの正統派ユダヤ教徒の生活の豊かさについては以下を参照。Bill Williams, *The Making of Manchester Jewry, 1740–1875*, Manchester, Manchester University Press, 1976.

(16) Abigail Green, *Moses Montefiore. Jewish Liberator. Imperial Hero*, Cambridge, Harvard University Press, 2010, p. 108–109.

(17) *Haaretz*, 22 juin 2012.

(18) 内的境界線としてのエルーヴに関する一般的考察としては以下を参照。Davina Cooper, « Talmudic Territory ? Space, law and Modernist Discourse », *Journal of Law and Society*, Vol. 23, No. 4, December 1996 ; Charlotte Elisheva Fonrobert, « The Political Symbolism of the *Eruv* », *Jewish Social Studies*, Vol. 11, No. 3, Spring-Summer 2005 ; Myer Siemiatycki, « Contesting Sacred Urban Space : The Case of the *Eruv* », *Journal of International Migration and Integration*, Vol. 6, issue 2, March 2005 ; Michele Rapoport, « Creating place, creating community : the intangible boundaries of the Jewish "*Eruv*" », *Environment and Planning D: Society and Space*, vol. 29, 2011.

(19) このロンドンのエルーヴに関しては重要な研究文献がある。たとえば以下を参照。Robert Charles Ash, « Mountains Suspended by a Hair. Eruv, a Symbolical Act by which the Legal Fiction of Community is Established », PhD, University of Leicester, May 2000 ; Sophie Watson, « Symbolic spaces of difference : contesting the *Eruv* in Barnet, London and Tenafly, New Jersey », *Environment and Planning D: Society and Space*, vol. 23, 2005.

(20) Eli Faber, *A Time for Planting. The First Migration, 1654–1820*, Baltimore, Johns Hopkins University Press, 1992, p. 69.

(3) この包含から排除への移行は、アントワーヌ・コンパニョンが示唆してくれた。

(4) Pierre Birnbaum, *La France imaginée. Déclin des rêves unitaires ?*, Paris, Gallimard, « Folio », 2003.

(5) Joëlle Bahloul, *Le Culte de la Table dressée. Rites et traditions de la table juive algérienne*, Paris, Métailié, 1983, p. 83.

(6) Shaye J. D. Cohen, *The Beginnings of Jewishness. Boundaries, Varieties, Uncertainties*, Berkeley, University of California Press, 2000, p. 341. 以下の博学な解説を参照。David Moshe Freidenreich, *Foreigners and their Food. Constructing Otherness in Jewish, Christian and Islamic Law*, Berkeley, University of California Press, 2011, p. 13 et suivantes.

(7) こうしたことからリヴィウ〔現ウクライナの都市〕のユダヤ教徒社会を支配している正統派ユダヤ教徒層は、自分たちが断固として拒絶している近代性へと傾倒したラビ・アブラハム・コーンの正統性を問題にするため、ラビが「カシェールではない食物を食べている」という噂を流すのである（Michael Stanislawski, *A Murder in Lemberg. Politics, Religion, and Violence in Modern Jewish History*, Princeton, Princeton University Press, 2007, p. 60）。

(8)「ナイフ戦争」〔« guerre des couteaux » は元来、タヒチ革命中の「ナイフ戦争」を指す語〕とは、イスラエル・バータルの紹介によれば、カバラに影響を受けたハシディズムの信奉者と、ラビおよび正統派ユダヤ教の指導者たちのあいだの争いである。これは、動物を屠殺する際に用いられるナイフをどのようにして研ぐべきかという問題に決着をつけるための争いであり、この際一部のユダヤ教徒はただカハール〔ユダヤ教会衆〕の規則のみに則って屠殺された動物の肉を食べるのを拒んだ（Israel Bartal, *The Jews of Eastern Europe. 1772-1881*, Philadelphia, University of Pennsylvania Press, 2005, p. 49 et suivantes）。反対に西欧の大都市に似通った都市であったオデッサでは、圧倒的多数のユダヤ教徒は、実際にはいかなる宗教上の義務も実践することはなくなっていた（Steven J. Zipperstein, *The Jews of Odessa. A Cultural History. 1794-1881*, Stanford, Stanford University Press, 1985, p. 131）。

(9) ユダヤ教徒に固有の集団生活の諸形態については以下を参照。Eugène Charlton Black, *The Social Politics of Anglo-Jewry, 1880-1920*, New York, Blackwell, 1988, p. 115.

(10) Steven Singer, « Jewish Religious Observance in Early Victorian London, 1840-1860 », *Jewish Journal of Sociology*, 28, 1986, p. 117-137. 以下も参照。Rickie Burman, « Jewish Women and the Household Economy in Manchester, c. 1890-1920 », in David Cesarini (ed.), *The Making of Modern Anglo-Jewry*, Oxford, Basil Blackwell, 1990, p. 67 et suivantes.

(11) Sara Abosch-Jacobson, « "We are not only English Jews - we are Jewish

ることを強く望んでいたということなのです。〔…〕市長様、どうかヴォワロンの屠殺場にわれわれが指名した犠牲を捧げる祭司が時折立ち入ることを認めてくださいますようお願い申し上げます」。この資料を提供してくれたハリエット・ジャクソンに感謝する。以下の彼女の論文を参照。Harriet Jackson, « The Rescue, Relief and Resistance Activities of Rabbi Zalman Schneerson », *French Politics, Culture and Society*, Vol. 30, No 2, Summer 2012, p. 76.

(57)「ユニヴェール・イスラエリット」誌は1936年3月13日号のなかで、「動物愛護の仮面を被った反ユダヤ主義」を糾弾している。これと同時代には、食に関する戒律を擁護する医学博士論文が出版されている。たとえば以下を参照。D. Schapiro, *L'hygiène alimentaire des Juifs devant la science moderne*, Paris, Erelji, 1930. また、これよりあとの時代に出版された同論旨の以下の博士論文も参照。Marcel Oiknine, *Portée hygiénique des lois alimentaires juives*, thèse de doctorat vétérinaire de Toulouse, Rabat, Les Belles Impressions, 1959 ; Guy-Robert Rosner, « Problèmes religieux et économiques de l'alimentation Kasher », thèse Méd Vet., École vétérinaire de Maisons-Alfort, Maisons-Alfort, 1968.

(58) Jeremiah J. Berman, *Shehitah, op. cit.*, p. 242 et suivantes. 以下も参照。Isaac Lewin, Michael L. Munk, Jeremiah J. Berman, *Religious Freedom, op. cit.*, p. 16.

結論　想像上の内的境界線の上で

(1)「フランスを相手取ってシャール・シャロム・ヴェ・ツェデク〔正統派ユダヤ教団体〕が起こした訴訟」判決による。判決文には「儀礼的屠殺がユダヤ教の宗教実践の本質的要素を代表する〔…〕「祭儀」であることに疑いの余地はない」との記述が見える。以下を参照。Wolfgang Wieshaider, « La régulation de "l'abattage religieux" en Europe », in Aïda Kanafani-Zahar, Séverine Mathieu et Sophie Nizard (dir.), *À croire et à manger, op. cit.*, p. 271 et suivantes.

(2) 2011年4月21日付「Jフォーラム」〔フランス語圏のユダヤ教徒向けオンライン新聞〕はこの決議について論じながら、「カシュルット、すなわち反ユダヤ主義者によって操作されたヨーロッパ」と極端なことを述べている。より一般的な見解としては、以下を参照。Berel Berkovits, « Challenges to *Shehitah* in Europe », *Judaism*, 39, 2001. その一方で2012年6月、オランダ第一院は儀礼的屠殺のあらゆる禁止法案を否決している。2012年11月には、儀礼的屠殺は違憲であるとの判決がポーランド憲法法廷によって下されるが、ポーランド当局は欧州連合の政策に反するこの判決を受け入れたくないようである(*Haaretz*, 27 novembre 2012)。

(50) *Ibid.*, chap. IV.

(51) Dorothee Brantz, « Stunning Bodies : Animal Slaughter, Judaism and the Meaning of Humanity in Imperial Germany », *op. cit.*, p. 188-191. ドイツにおけるこの論争に関しては以下を参照。Thomas Schlich, « The Word of God and the Word of Science : Nutrition Science and the Jewish Dietary Laws in Germany, 1820-1920 », in Harmke Kamminga, Andrew Cunningham (dir.), *The Science and Culture of Nutrition, 1840-1940*, Amsterdam, Atlanta, 1995.

(52) Isaac Lewin, Michael L. Munk, Jeremiah J. Berman, *Religious Freedom. The Right to Practice Shehitah*, New York, 1946, p. 24.

(53) Monika Richarz, « Jewish Women in the Family and Public Sphere », in Michael A. Meyer, *German-Jewish History in Modern Times*, New York, Columbia University Press, 1997, t. III, p. 81.

(54) Trude Mauer, « From Everyday Life to a State of Emergency : Jews in Weimar and Nazi Germany », in Marion Kaplan (dir.), *Jewish Daily Life in Germany, 1618-1945*, New York, Oxford University Press, 2005, p. 277.

(55) Isaac Lewin, Michael L. Munk, Jeremiah J. Berman, *Religious Freedom*, *op. cit.*, p. 51-52.

(56) 1942年、リヨン動物愛護協会会長のJ.ピュペは以下の手紙を書き送っている。

「ユダヤ人問題総合委員会委員長様

食肉用動物をユダヤ教の祭儀にしたがって犠牲にすることをやめさせるためにいくつかの都市で取られた正当な措置を、フランス全土に拡大してくださいますようお願い申し上げます。このような凝りに凝った残虐な拷問、喉をかき切ることによる屠殺、恐ろしく長びく断末魔といったものは、古来呪われてきた種族にはもはや認められないのであります。人類とフランス的感情の名において、どうか一刻も早くこの措置をとってくださいますようお願い申し上げます。あまりにも長きにわたってこのような言語道断の行いが続けられてきたのです。敬具」(ヴィクトル・キュペルマン提供資料)

しかしながらヴォワロン市長は、ラビ・ザルマン・シュネールソンの求めに応じて1943年7月7日、市営屠殺場で儀礼的屠殺を行うことを許可するが、この措置は1944年1月29日に破棄される。同ラビは市長宛の手紙のなかで次のように述べている。「ご存知のことかと存じますが、われわれの施設の児童およびイスラエリット神学校の生徒、さらにその同伴者たちは、自らの宗教上の原則に従い、肉を食べません。聖書に基づく屠殺では喉をかき切る必要があり、敬虔なイスラエリットは聖書に従って生活しているのです。宗教の教義に従えば、いかなるラビも、いかなる精神的指導者も、宗教の内容に手を加えることはできないのです。〔…〕子供たちがわれわれのもとに来たということは、彼らの両親および子供たち自身がこうした原則に則して生活す

(dir.), *The Uses of Tradition. Jewish Continuity in the Modern Era*, Cambridge, Harvard University Press, 1998.

(38) Werner J. Cahnman, *German Jewry. Its History and Sociology. Selected Essays*, ed. Joseph B. Maier, Judith Marcus, Zoltan Tarr, New Brunswick, Transactions Publishers, 1989, p. 54–56.

(39) Monika Richarz, *Jewish Life in Germany. Memoirs from Three Centuries*, Bloomington, Indiana University Press, 1991, p. 58.

(40) Ruth Abusch-Magder, « Home-Made Judaism : Food and Domestic Jewish Life in Germany and the United States. 1850–1914 », PhD, Yale University, 2006, p. 68 et suivantes.

(41) Steven Lowenstein, *The Berlin Jewish Community. Enlightenment, Family and Crisis, 1770–1830, op. cit.*, p. 53, 100.

(42) Max Wiener, *Abraham Geiger and Liberal Judaism*, Philadelphia, Jewish Publication of America, 1962, p. 114.

(43) これらの議論に関しては以下を参照。Ken Koltun-Fromm, *Abraham Geiger's Liberal Judaism. Personal Meaning and Religious Authority*, Bloomington, Indiana University Press, 2006, p. 76–77, 92–93. ガイガーとツンツの関係については以下を参照。Ismar Schorsch, *From Text to Context. The Turn to History in Modern Judaism*, Hanover, Brandeis University Press, 1994, p. 276 et suivantes.

(44) Christian Wiese, « Samuel Holdheim's "Most Powerfull Comrade in Conviction" : David Einhorn and the Debate Concerning Jewish Universalism in the Radical Reform Movement », in Christian Wiese, *Redefining Judaism in an Age of Emancipation. Comparative Perspectives on Samuel Holdheim (1806–1860)*, London, Brill, 2007, p. 326 et suivantes.

(45) Marion Kaplan, « *Unter Uns* : Jews Socialising with other Jews in Imperial Germany », *Leo Baeck Institute Year Book*, t. XLVIII, 2003/1, p. 55.

(46)「アルシーヴ・イスラエリット」誌は、1894年3月19日号のなかでこの出版物を論評し、「シェヒター廃止に好意的な諸々の協会はもう反ユダヤ主義をよりどころにするしかなくなった。けっきょく反シェヒター運動の根底にあるのは反ユダヤ主義なのである」と結論づけている。

(47) Robin Judd, *Contested Rituals. Circumcision, Kosher Butchering and Jewish Political Life in Germany, 1843–1933, op. cit.*, p. 156 et suivantes.

(48) Heinrich Graetz, *The Structure of Jewish History and Other Essays*, ed. Ismar Schorsch, New York, The Jewish Theological Seminary of America, 1975, p. 252–253.

(49) Robin Judd, *Contested Rituals, op. cit.*, p. 118.

(24) *Archives israélites*, 17 mai 1891.

(25) *Ibid.*, 31 mai 1891.

(26) Archives de l'Alliance israélite universelle, France XXXV B 306-314 a. この資料の存在を教えてくれたジャン＝クロード・キュペルマンに感謝する。

(27) *Ibid.*

(28) Isidore Loeb, « Réflexions sur les Juifs », *Revue des études juives*, 1894, p. 161-162.

(29)「アルシーヴ・イスラエリット」誌はこの報告書を1894年8月9日号に掲載している。

(30) Archives de l'Alliance israélite universelle, France XXXV B 306-314 a.

(31) David Sorkin, « The Genesis of the Ideology of Emancipation. 1806-1840 », *Leo Baeck Institute Year Book*, t. XXXII/1, 1987, p. 20.

(32) Robert Liberles, *Jews Welcome Coffee. Tradition and Innovation in Early Modern Germany*, Waltham, Brandeis University Press, 2012, chap. III, p. 57.

(33) Deborah Hertz, « The Lives, Loves and Novels of August and Fanny Lewald, the Converted Cousins from Königsberg », in *Leo Baeck Institute Year Book*, t. XLVI, 2001/1, p. 104.

(34) Liliane Weissberg, *Rahel Varnhagen. The Life of a Jewess*, Baltimore, Johns Hopkins University Press, 1997, p. 92. カシュルットを無視するユダヤ教徒女性が開いていた数多のサロンについては以下を参照。Deborah Herz, *Jewish High Society in Old Regime Berlin*, New Haven, Yale University Press, 1988.

(35) Hannah Arendt, *Rahel Varnhagen. La vie d'une Juive en Allemagne à l'époque du romantisme*, Paris, Éditions Tierce, 1986, p. 111.

(36) Todd M. Endelman, « The Social and Political Context of Conversion in Germany and England, 1870-1914 », in Todd M. Endelman (dir.), *Jewish Apostasy in the Modern World*, Holmes and Meier, 1987, p. 93 et suivantes. 同書所収の以下の論文も参照。Deborah Hertz, « Seductive Conversion in Berlin, 1770-1809 ». 改宗の比較研究に関しては以下を参照。Jonathan Helfand, « Passports and Piety. Apostasy in Nineteenth-Century France », *Jewish History*, 3, 1988 ; Richard Cohen, « Conversion in Nineteenth-Century France : Unusual or Common Practice ? », *Jewish History*, 5, Autumn 1991 ; Antoine Compagnon, *Connaissez-vous Brunetière ?*, Paris, Seuil, 1997 ; Philippe Landau, « Se convertir à Paris au XIXe siècle », *Archives juives*, 1er semestre 2002.

(37) 以下を参照。Menachem Friedman, « The Lost *Kiddush* Cup : Changes in Ashkenazic Haredi Culture – A Tradition in Crisis », in Jack Wertheimer

Conseil fédéral aux Israélites d'abattre le bétail selon leur rite », Archives de l'Alliance israélite universelle, V 6504. 欧州人権条約尊重のため、第25条には修正を加えることを余儀なくされたものの、この禁止は21世紀に入ってからも効力を持ち続けている。現在では、シェヒターの禁止はもはや憲法上の価値を持ってはいないかわりに他の法文に立脚しており、これらの法文は2008年9月に再度是認された。

(7) 以上三つの引用は以下より引用。Jeremiah J. Berman, *Shehitah. A Study in the Cultural and Social Life of the Jewish People*, New York, Bloch Publishing Company, 1941, p. 238.

(8) *Archives israélites*, 31 août 1893.

(9) Jonathan Steinberg, « The Swiss and the Jews : Two Special Cases ? », *Leo Baeck Institute Year Book*, t. LII, 2007/1, p. 198.

(10) Beatrix Mesmer, « The Banning of Jewish Ritual Slaughter in Switzerland », *Leo Baeck Institute Year Book*, t. LII, 2007/1, p. 192.

(11) 以下より引用。John M. Efron, « The Most Cruel Cut of All ? », *op. cit.*, p. 181.

(12) Charles Lewinsky, *Melnitz* [2006], Paris, Grasset, 2008.

(13) *Archives israélites*, 15 mars 1867. 1876年3月15日号も参照。

(14) *Ibid.*, 26 septembre 1886.

(15) *L'Univers israélite*, 15 septembre 1886.

(16) *Archives israélites*, 15 septembre 1889. こうして「フィガロ」紙と「アルシーヴ」誌とのあいだに儀礼的屠殺に関する長い論争が起こる。以下を参照。*Archives israélites*, 22 et 29 septembre 1889. 「アルシーヴ」誌の批判の矛先はオーレリアン・ショールにも向けられる。このフランス人作家は儀礼的屠殺を異端審問になぞらえ、この伝統のなかに「アメリカ先住民のならわし」を見て取っていたのである。同誌はこうつけ加えている。「ショール氏のイスラエリットの友人たちの一部は、レストランでカシェールでない牛の背肉を堪能している。もし氏とその友人たちがミサに参列しないという口実のもと教会が閉鎖されることになれば、氏は何と言うことであろうか！」(*Archives israélites*, 18 décembre 1890)

(17) *L'Univers israélite*, 23 janvier 1886.

(18) *Archives israélites*, 25 juin 1891.

(19) 以上はすべて「アルシーヴ」誌1892年4月7日号からの引用。

(20) *Ibid.*, 24 août 1893.

(21) *Ibid.*, 31 mai 1894.

(22) *Ibid.*, 26 juillet 1900.

(23) 以下より引用。Jeremiah J. Berman, *Shehitah, op. cit.*, p. 239.

母ヤギの乳で煮てはならない」という戒律に関する考察を、「ユニオン・スコレール」誌1906年12月6日号掲載の講演と、「ユニヴェール・イスラエリット」誌1907年2月13日号掲載の同誌宛書簡のなかで再度取り上げていた。後者のなかでレーナックは、「この禁忌はヘブライ人の隣人であった諸民族が実践していた異教徒の祭儀を念頭に置いたものである。解明することが困難なのは、こうした異教徒においてこの祭儀がいかなる考えに応じたものであったのかという問題である」と繰り返し述べている。

(65) *Ibid.*, 13 avril 1928.

(66) *Archives israélites*, 3 août 1899.「ユニヴェール」誌は1886年9月1日号のなかで、「自らのフランス市民の資格をパレスチナ市民の資格と交換しようなどと思うイスラエリットはフランスにはいないでしょう」と言いきっている。「アルシーヴ」誌は1900年9月13日号のなかで「政治的シオニズム〔…〕はまやかしである」と結論づけ、「ユニヴェール」誌も1910年1月14日号のなかで依然として、「パレスチナあるいは別の場所にユダヤ人国家を建設しようという計画はまったくの妄想」として片付けている。フランスにおける慈善的シオニズムの誕生については以下を参照。Michel Abitbol, *Les Deux Terres promises. Les Juifs de France et le sionisme*, Paris, Orban, 1989.

(67) *L'Univers israélite*, 20 avril 1928.

(68) *Revue des études juives*, t. XCIV, 1933, p. 6.

(69) Grand rabbin David Haguenau, *Discours et Prières*, Paris, Librairie Lipschutz, 1932, p. 166.

(70) *L'Univers israélite*, 12 mars 1937.

第5章　スイスの青天の霹靂

(1) John M. Efron, « The Most Cruel Cut of All ? The Campaign Against Jewish Ritual Slaughter in Fin de Siècle Switzerland and Germany », *Leo Baeck Institute Year Book*, t. LII, 2007/1, p. 170.

(2) Robin Judd, *Contested Rituals. Circumcision, Kosher Butchering and Jewish Political Life in Germany, 1843-1933*, Ithaca, Cornell University Press, 2007, p. 114-115.

(3) *Archives israélites*, 21 juillet 1893.

(4) 以下より引用。Dorothee Brantz, « Stunning Bodies : Animal Slaughter, Judaism, and the Meaning of Humanity in Imperial Germany », *Central European History*, vol. XXXV, 2, 2002, p. 180.

(5) 以下より引用。*Archives israélites*, 13 août 1893.

(6) この措置は1918年3月、第一次世界大戦に伴う困難に鑑み一時的に停止されることになる。以下を参照。« Autorisation provisoire accordée par le

Paris, Honoré Champion, 1980.

(52) *Ibid.*

(53) *L'Univers israélite*, 1er mars 1902. この数年前、「ユニヴェール・イスラエリット」誌は、1884年3月に開かれた「イスラエリット慈善」宴会には、ラビ・メイエール、ラビ・ラザール、ラビ・ヴォーグに加え大ラビ・ザドック・カーンが列席し、食事は「厳密に正統派ユダヤ教に基づいたものであったが、このことは昨今の風潮を考慮すれば特記すべきことである」と得意げに指摘していた。

(54) *Ibid.*, 8 mars 1901. 「ユニヴェール・イスラエリット」誌が提案した改革案は、「もっとも貧しい人々」が以前よりも容易にシャバットを祝うことができるようにするためものであったが、同誌3月15日号には、こうした改革案に好意的な別のラビ、アルベール・エルツの手紙が掲載されている。

(55) *L'Univers israélite*, 10 août 1900. 同誌7月27日号も参照。長老会議の拒否に直面して、「ユニヴェール」誌は次のように述べている。「したがってなぜパリ長老会議はユニオン・イスラエリットに認可の決定を下すことを拒否したのか、われわれは理解に苦しむのである。〔…〕パリ長老会議が礼拝室を開設する認可を与えることに尻込みしていることが、われわれには理解できない。〔…〕少しばかりの寛容と自由のほうが放縦や混沌よりもましではないか。パリ長老会議は、超保守的なユダヤ教徒に認めてやっているものを進歩的なユダヤ教徒にも認めてやればよいのだ」(*L'Univers israélite*, 25 janvier 1901)。

(56) *Ibid.* 1900年8月24日号、9月21日号、10月7日号も参照。10月7日号では、「家庭での祭儀のほうがシナゴーグに通うことよりも重要である」と繰り返し述べられている。

(57) *Ibid.*, 2 novembre 1900.

(58) 以下を参照。Catherine Poujol, « Les débuts de l'Union libérale israélite (1895-1939). Le pari de moderniser le judaïsme français », *Archives israélites*, vol. XL, 2007/2. また以下も参照。Nadia Malinovich, *Heureux comme un Juif en France. Intégration, identité, culture, 1900-1932*, Paris, Honoré Champion, 2010, p. 89 et suivantes.

(59) *L'Univers israélite*, 29 novembre 1907. ミンヤーンとは、ユダヤ教の礼拝を執り行うのに必要な成年男子10名の定足数を指す。

(60) *Ibid.*, 16 janvier 1914.

(61) *Archives israélites*, 30 août 1900.

(62) 以上二つの引用は以下から取られた。*Archives israélites*, 6 septembre 1900.

(63) *L'Univers israélite*, 17 juin 1921.

(64) *L'Univers israélite*, 27 juin 1919. これに先立ち、レーナックは「子ヤギを

述べている。

(37) Nora Seni et Sophie Le Tarnec, *Les Camondo ou l'éclipse d'une fortune*, Arles, Actes Sud, 1997, p. 232. それでもモイーズ・ド・カモンド伯爵は壮麗な自宅に客を迎える際には、メロングラッセ、舌平目のヒレ、鶏肉でもてなしており、献立には猟肉も豚肉も含まれていなかった（p. 261)。一方、クロード・レヴィ＝ストロースは少しのちに次のように回想している。「ヴェルサイユでは従兄弟たちと一緒でしたが、母たちは私たちにハム入りサンドイッチを作ってくれたものでした。私たちはそれを公園に持って行き、祖父を怒らせないよう銅像の陰に隠れて食べていました」（*Le Magazine littéraire*, octobre 1985, p. 18）; Catherine Nicault, « Comment "en être" ? Les Juifs et la haute société dans la seconde moitié du XIXe siècle », *Archives israélites*, vol. 42, 2009/1.

(38) 以下より引用。Ilan Greilsammer, *Blum*, Paris, Flammarion, 1996, p. 25.

(39) Archives dites de Moscou, FNSP, dossiers 4/46 et 4/48.

(40) *L'Univers israélite*, 17 mai 1901.

(41) 以上の引用の出典はすべて以下である。*L'Univers israélite*, 7 décembre 1900.

(42) *Archives israélites*, 13 février 1896. 第三共和政下の日曜日の脱神聖化については以下を参照。Robert Beck, *Histoire du dimanche de 1700 à nos jours*, *op. cit.*, chap. VIII.

(43) *L'Univers israélite*, 27 décembre 1907. 1913年になっても、レーナックは自身の提案を堅持する一方、「ユニヴェール」誌は10月11日号のなかで、「シャバットは死につつあるが、それを日曜日にずらして救うということはあり得ない」と述べている。

(44) *Archives israélites*, 14 décembre 1900. レーナックは、こうした宗教実践はトーテミズムであるとの見解を固持する（*L'Univers israélite*, 21 décembre 1900）。これに対して「ユニヴェール」誌は、12月28日号のなかで異論を唱えている。

(45) Jacqueline Lalouette, *La Libre Pensée en France 1848-1940*, Paris, Albin Michel, 1997.

(46) *L'Univers israélite*, 19 octobre 1900.

(47) *Archives israélites*, 6 novembre 1900.

(48) ヨム・キプールのイスラエリット大断食に抗議する宴会でのアルフレッド・ナケによる挨拶（AD Bouches-du-Rhône, 1 J 32)。

(49) *Ibid.*, 8 février 1902.

(50) *L'Univers israélite*, 22 février 1902.

(51) Pierre Birnbaum, *Les Fous de la République*, *op. cit.* ; David Cohen, *La Promotion des Juifs en France à l'époque du Second Empire. 1852-1870*,

(19) 以上の二つの引用の出典は以下である。*L'Univers israélite*, 26 octobre 1900.

(20) Michael A. Meyer, *Response to Modernity. A History of the Reform Movement in Judaism*, New York, Oxford University Press, 1988, p. 388. 以下も参照。Peter Knobel, « Reform Judaism and Kashrut », *Judaism*, vol. 39 (4), 1990.

(21) Perrine Simon-Nahum, « Continuité ou rupture ? Des précurseurs aux fondateurs de l'Union libérale israélite », *Archives juives*, vol. 40, 2007/2, p. 25-29.

(22) *L'Univers israélite*, 26 octobre 1900.

(23) たとえば1895年1月、ポンブリアン議員は「フランスの公官庁に採用されるためには〔…〕本人がフランス人であるか、フランス人に帰化して三世代を経た両親から生まれた者でなければならない」と定める法案を提出する。それからほどなくして、別の議員、ユーグ子爵が、「ユダヤ人はフランス人であると宣言し、彼らにわが国で公職に就く可能性を開いた1789年の国民公会の法と政令は、廃止・撤回される」と定める法案を提出する。いずれも下院で議論されたものの、可決にはいたらなかった。

(24) Pierre Birnbaum, *Le Moment antisémite. Un tour de la France en 1898*, Paris, Fayard, 1998.　たとえば同書200頁を参照。

(25) *Archives israélites*, 29 novembre 1900.

(26) *L'Univers israélite*, 8 février 1902.

(27) *Ibid.*, 12 octobre 1899.

(28) Salomon Reinach, « L'accusation du meurtre rituel », *Revue des études juives*, t. XXV, 1892, p. 169.

(29) Joseph Reinach, *Raphaël Lévy. Une erreur judiciaire sous Louis XIV*, Paris, 1898 ; Édouard Drumont, *La Libre Parole*, 31 décembre 1897.　以下を参照。Pierre Birnbaum, *Un récit de « meurtre rituel » au Grand Siècle. L'affaire Raphaël Lévy, Metz, 1669*, Paris, Fayard, 2006.

(30) *Archives israélites*, 6 décembre 1900.

(31) *Ibid.*, 13 décembre 1900.

(32) *L'Univers israélite*, 2 novembre 1900.

(33) *Ibid.*, 16 novembre 1900.

(34) *Ibid.*, 9 novembre 1900.

(35) *Ibid.*, 30 novembre 1900.

(36) *Ibid.* さらに同誌は、的外れではあるがフランスとイギリスを比較して、「カシュルットの問題は、フランスでもイギリスでも、われわれが住む国のいたるところで、つまりユダヤ教徒が解放されているいたるところで生じている」と

Corbin (dir.), *Les Usages politiques des fêtes aux* XIXe *et* XXe *siècles*, Paris, Publications de la Sorbonne, 1994, p. 228-229.

(2) *Archives israélites*, 17 mars 1881. 同様の論調の以下も参照。*L'Univers israélite*, 16 mai et 16 août 1881.

(3) *Ibid.*, 9 juillet 1896. この「ごたまぜ」は以下でも批判されている。*L'Univers israélite*, 1er septembre 1891.

(4) *Ibid.*, 16 mai 1889.

(5) *Ibid.*, 11 décembre 1879 ; 3 juin 1880.

(6) *L'Univers israélite*, 14 septembre 1880.

(7) *Ibid.*, 1er juillet 1881.

(8) Michael W. Schwartz, « A Great Compliment Paid the Jews », *Commentary*, July 2012.

(9) *L'Univers israélite*, 1er juillet 1888.

(10) Salomon Reinach, *Cultes, Mythes et Religions*, Paris, Ernest Leroux, 1906, t. II, p. XVIII.

(11) *Ibid.*, p. XV.

(12) Salomon Reinach, *Orpheus. Histoire générale des religions*, Paris, Picard, 1909, p. X.

(13) Aron Rodrigue, « Totems, tabous et Juifs : Salomon Reinach ou l'engagement politique d'un savant dans la France "fin de siècle" », *Les Cahiers du judaïsme*, n° 16, 2004 ; Alexandre Farnoux, « Salomon Reinach anthropologue : l'homme récapitulé », Renate Schlesier, « Salomon Reinach et l'anthropologie moderne de la Grèce ancienne » et Jacques Le Rider, « Freud, lecteur de Salomon Reinach. Reinach, juge du "freudisme" », in Sophie Basch, Michel Espagne et Jean Leclant (dir.), *Les Frères Reinach*, Paris, AIBL, 2008.

(14) 以下より引用。Aron Rodrigue, « Totems, tabous et Juifs : Salomon Reinach ou l'engagement politique d'un savant dans la France "fin de siècle" », *op. cit.*, p. 117.

(15) Pierre Birnbaum, *Les Fous de la République. Histoire des Juifs d'État, de Gambetta à Vichy*, Paris, Seuil, « Points Histoire », 1944, chap. I.

(16) Perrine Simon-Nahum, *La Cité investie*, Paris, Cerf, 1991 ; André Lemaire, « Les Reinach et les études sur a tradition juive », in Sophie Basch, Michel Espagne et Jean Leclant (dir.), *Les Frères Reinach*, *op. cit.*

(17) 第5章参照。

(18) 以上のレーナックの文章は、すべて以下からの引用である。Salomon Reinach, « Les interdictions alimentaires et la loi mosaïque », *Revue des études juives*, t. XLI, juillet 1900, p. 145-146.

もなお、カシェールの食事をとることができたことを強調している。

(83) Phyllis Albert Cohen, « L'intégration et la persistance de l'ethnicité chez les Juifs dans la France moderne », in Pierre Birnbaum (dir.), *Histoire politique des Juifs de France*, Paris, Presses de Science Po, 1989.

(84) この点に関しては近年めざましい研究が発表されている。以下を参照。Lisa Moses Leff, « Jewish Solidarity in Nineteenth-Century France : the Evolution of a Concept », *The Journal of Modern History*, mars 2002 ; *id.*, *Sacred Bonds of Solidarity. The Rise of Jewish Internationalism in Nineteenth-Century France*, Stanford, Stanford University Press, 2006.

(85) Freddy Raphaël et Robert Weyl, *Juifs en Alsace*, Toulouse, Privat, 1977, p. 435.

(86) *Ibid.*, p. 337.

(87) 以下より引用。Vincent Robert, *Le Temps des banquets. Politique et symbolique d'une génération (1818-1848)*, Paris, Publications de la Sorbonne, 2010, p. 7 et 400 ; Jonathan Helfand, *French Jewry during the Second Republic and Second Empire (1848-1870)*, PhD, Yeshiva University, 1979, p. 264 et suivantes.

(88) John Baughman, « The French Banquet Campaign of 1847-1848 », *The Journal of Modern History*, mars 1959, p. 6.

(89) Zvi Jonathan Kaplan, *Between the Devil and the Deep Blue Sea? French Jewry and the Problem of Church and State*, Providence, Brown Judaic Studies, 2009, p. 42.

(90)「デザートどきのくつろぎ〔字義通りには「梨とチーズのあいだに」〕」と題されたこの皮肉を利かせたテクストは、ベン・バルーフにより以下に発表された。*Annuaire religieux et moral pour l'an X à l'usage des Israélites.* 以下を参照。Maurice Samuels, *Inventing the Israelite. Jewish Fiction in the Nineteenth-Century France*, Berkeley, Stanford University Press, 2010, p. 140-141. 肉屋間の争いについては以下を参照。Phyllis Cohen Albert, *The Modernization of French Jewry. Consistory and Community in the Nineteenth Century*, Hanover, Brandeis University Press, 1977, p. 224-228. シュルハン・アルーフは最重要ユダヤ法典であり、1563年、ツファットにてヨセフ・カロにより作成された。

(91) 以下より引用。Phyllis Cohen Albert, *The Modernization of French Jewry*, *op. cit.*, p. 103. 屠殺師《ショヘット》とは儀礼的屠殺を執り行う者である。

第4章　絶対共和国

(1) Jacqueline Lalouette, « Les banquets du "vendredi dit saint" », in Alain

(65) *Ibid.*, p. 126.

(66) Jacques Pépin, *La Technique*, Paris, 1976.

(67) 以下より引用。Jean-Paul Aron, *Le Mangeur du* XIXe *siècle*, *op. cit.*, p. 30.

(68) M. A. T. D. de S. A., *Considérations sur l'existence civile et politique des Israélites, suivies de quelques idées sur l'ouvrage de M. Bail, qui a pour titre : Des Juifs au* XIXe *siècle ; et de trois lettres de M. de Cologna, grand rabbin du consistoire israélite de Paris*, Paris, 1817, p. 89 et 96.

(69) Agricol Moureau, *De l'incompatibilité entre le judaïsme et l'exercice des droits de cité et des moyens de rendre les Juifs citoyens dans les gouvernements représentatifs*, Paris, Crochard, 1819, p. 29.

(70) *Ibid.*, p. 66.

(71) *Journal de la société des sciences, agricultures et arts du département du Bas-Rhin*, t. II, 1825, p. 318. 以下も参照。Jay Berkovitz, *Rites and Passages. The Beginnings of Jewish Culture in France, 1650–1860*, Philadelphia, University of Pennsylvania Press, 2004, p. 150–151.

(72) Charles Malo, *Histoire des Juifs depuis la destruction de Jérusalem jusqu'à ce jour*, Paris, Leroux, 1826, p. 484–486.

(73) Simon Bloch, *Recueil mensuel destiné à améliorer la situation religieuse et morale des Israélites*, Strasbourg, 1836, p. 10.

(74) *Ibid.*, p. 190.

(75) Olry Terquem, *Huitième lettre d'un Israélite français à ses coreligionnaires*, Paris, 1836, p. 5.

(76) *Id.*, *Neuvième lettre d'un Israélite français à ses coreligionnaires*, Paris, 1837, p. 35 ; カシュルットに関するテルケムのこれらの指摘は、以下の著作で簡単に取り上げられている。Jay Berkovitz, *The Shaping of Jewish Identity in Nineteenth-Century France*, *op. cit.*, p. XX.

(77) Godecheaux Baruch-Weil, *Réflexions d'un jeune Israélite français sur les deux brochures de M. Tsarphati*, Paris, 1821, p. 6.

(78) J. Lazare, *Réponse à un écrit intitulé : Première lettre d'un Israélite français à ses coreligionnaires*, Paris, 1821, p. 6.

(79) Alexandre Ben Baruch Créhange, *La Sentinelle juive*, Paris, 1840, « Douzième Lettre », p. 51.

(80) *Ibid.*, « Troisième Lettre » et « Onzième Lettre ».

(81) J. Anspach, *Paroles d'un croyant israélite*, 1842, p. 15.

(82) Paula Hyman, *The Emancipation of the Jews of Alsace. Acculturation and Tradition in the Nineteenth Century*, New Haven, Yale University Press, 1991, p. 73. 著者は、ストラスブールのリセのユダヤ人学生は 1854 年になって

Century City, Berkeley, University of California Press, 1994, p. 25.　著者は「二つの首都のあいだの諸々の相違を考慮すれば、どうしてワシントンが共和国の都市で、パリが革命の都市なのか理解することができる」（p. 31）とも指摘している。

(53) Rebecca Spang, *The Invention of the Restaurant, op. cit.*, p. 84-86.

(54) Priscilla Parkhurst Ferguson, *Accounting for Taste. The Triumph of French Cuisine*, Chicago, The University of Chicago Press, 2004, p. 82-83.

(55) Michael Sonenscher, « The Sans-Culottes of the Year II : Rethinking the Language of Labour in Revolutionary France », *Social History*, vol. 9, No 3, 1984, p. 312 et 323.　以下の解説を参照。William Sewell Jr, « The Sans-Culotte Rhetoric of Subsistence », in Keith Baker（dir.）, *The French Revolution and the Creation of Modern Political Culture. The Terror*, Oxford, Pergamon, vol. 4, 1991.　この論文の執筆者は、分有された食卓のイメージの修辞学性格を強調している（p. 252）。彼によれば、これは「黙示録的ヴィジョンで飽和した語法」であり、「こうして食物に関わる政治は、そのなかで善が悪と対決する宇宙的規模の劇のなかに、しかるべき地位を見出すのである」（p. 254）。

(56) Mona Ozouf, *La Fête révolutionnaire, op. cit.*, p. 140.

(57) Rebecca Spang, *The Invention of the Restaurant, op. cit.*, p. 107.

(58) 以下より引用。Serge Bianchi, *La Révolution culturelle de l'an II, op. cit.*, p. 133.

(59) Jean Bart, *La Révolution française en Bourgogne*, Clermont-Ferrand, La Française d'Éditions et d'Imprimerie, 1996, p. 225.

(60) 以下より引用。Colin Lucas, *The Structure of the Terror. The Example of Javogues and the Loire*, Oxford, Oxford University Press, 1973, p. 79.

(61) *Ibid.*, p. 86.

(62) Louis Sébastien Mercier, *Le Nouveau Paris*, Paris, Fuchs, [s. d.], t. IV, p. 118.

(63)「王、行政官、高等法院代表団、官職保有者が招待される。ルーアン、アヌシー、シャンベリー、ヴァンヌでは、平民は肉をたくさん食べる。太らせた去勢鶏、猟肉《ジビエ》、豚のロース、家禽、腎臓や心臓などの下等肉、ソーセージ、豚肉や猟肉や鰻を詰めたパイ皮包みのパテなどである」（以下より引用。Jean-Pierre Leguay, « Une manifestation de sociabilité urbaine : les banquets municipaux en France aux XIVe et XVe siècles », in Martin Aurell, Olivier Dumoulin et Françoise Thelamon（dir.）, *La Sociabilité à table*, Mont-Saint-Aignan, Publications de l'Université de Rouen, 1992, p. 90）。

(64) 以下を参照。Jean-Paul Aron, *Le Mangeur du XIXe siècle, op. cit.*, p. 10 ; Rebecca Spang, *The Invention of the Restaurant, op. cit.*, p. 88-90.

(44) 以下より引用。Mona Ozouf, *La Fête révolutionnaire, op. cit.*, p. 191.

(45) Matthew Hilton and Martin Daunton, « Material Politics : An Introduction », in Martin Daunton and Matthew Hilton (dir.), *The Politics of Consumption. Material Culture and Citizenship in Europe and America*, Oxford, Berg, 2001, p. 11. 以下も参照。Stephen Mennell, « Eating in the Public Sphere in the Nineteenth and Twentieth Centuries », in Marc Jacobs and Peter Scholliers (dir.), *Eating out in Europe*, Oxford, Berg, 2003.

(46) 以下を参照。Graig Calhoun, *Habermas and the public Sphere*, Cambridge, MIT Press, 1992.

(47) Leora Auslander, « National Taste ? Citizenship Law, State Form and Everyday Aesthetics in Modern France and Germany », in Martin Daunton and Matthew Hilton (dir.), *The Politics of Consumption, op. cit.* この独創的な論考の執筆者によれば、第三共和政期のフランス・ユダヤ人は「自分たちと同じ社会階級に属すほかのフランス人たちと同じ洋服を身につけ、子供たちを彼らと同じ学校に通わせ、フランス料理を食べ、土曜日に働いていた」(p. 123) ことになっているが、残念なことに同じものを食べていたという点に関しては、このような推測を裏付ける文献をまったく挙げていない。

(48) Stephen Mennell, *All Manners of Food. Eating and Taste in England and France from the Middle Ages to the Present* [1985], Chicago, University of Illinois Press, 1996, chap. V.

(49) シュー・フィシュコフによれば、「アメリカにおけるカシュルットは、ヨーロッパで遵守されていたものとは異なっている。ユダヤ人はアメリカに渡ってくることで、初めて自らのユダヤ教を表現することを選択できるようになったのであり、外圧からも内部の宗教的権威からも束縛されることがなくなったのである」(Sue Fishkoff, *Kosher Nation. Why More and More of America's Food Answers to a Higher Authority*, New York, Schocken Books, 2010, p. 11)。フィシュコフによれば、〔アメリカの〕スーパーマーケットで販売されている食肉の三分の一から半数にはカシュルットの認定証が貼られている。ジェンナ・ヴァイスマン・ジョゼリットも「基礎食品の完全なカシェール化」に言及している (Jenna Weissman Joselit, *The Wonders of America*, New York, Hill and Wang, 1994, p. 193)。

(50) Hasia R. Diner, *Hungering for America. Italian, Irish and Jewish Foodways in the Age of Migration*, Cambridge, Harvard University Press, 2001, p. 181.

(51) Claude Fischler, Estelle Masson, *Manger. Français, Européens et Américains face à l'alimentation*, Paris, Odile Jacob, 2008, p. 110.

(52) Priscilla Parkhurst Ferguson, *Paris as Revolution. Writing the Nineteenth-*

(36) *Lettres choisies de Charles Villette. Sur les principaux événements de la Révolution*, Paris, 1792, p. 7.

(37) *Ibid.*, p. 333-335. 以下の解説を参照。Rebecca Spang, *The Invention of the Restaurant. Paris and Modern Gastronomic Culture*, Cambridge, Harvard University Press, 2001, p. 96-99.

(38) Marie-Louise Biver, *Fêtes révolutionnaires à Paris*, Paris, PUF, 1979, p. 28.

(39) Mona Ozouf, *La Fête révolutionnaire. 1789-1799*, Gallimard, « Folio », 1976〔邦訳(モナ・オズーフ『革命祭典――フランス革命における祭りと祭典行列』、立川孝一訳、岩波書店、1988年)は第一章のみの抄訳〕, p. 63 et 91.

(40) Marie-Louise Biver, *Fêtes révolutionnaires à Paris*, *op. cit.*, p. 187. あるジャコバン派の宴会計画に関して以下を参照。Isser Woloch, *Jacobin Legacy. The Democratic Movement under the Directory*, Princeton, Princeton University Press, 1970, p. 129 et suivantes.

(41) *Ibid.*, p. 210.

(42) Rebecca Spang, *The Invention of the Restaurant*, *op. cit.*, p. 110.

(43)「さらにいっそう贅沢を攻撃し、富を追求する熱を冷まそうと考えて、リュクルゴスは第三の、そして最もみごとな政策を打ち出した。すなわち市民の共同食事という制度である。これは、市民たちが一堂に会して、皆に共通のパンと料理で食事をするというものである。自分の家で高価なテーブルを前に、高価な寝椅子に横になり、暗い所で餌をあさる貪欲な獣さながらに、料理人という職人が作ったものを食して太ってしまい、心身ともに落ちぶれて、長時間眠り、入浴といえば温浴で、長々と休息をとるというような、日々治療を必要するるような、そういうすべての欲望と贅沢に身を任すことを許さなかった。これはたいへんなことだったが、さらに重大なのは、食事を共同にし、食べ物を質素にすることによって、テオプラストスも言っているように、富をうらやむには当たらないもの、富とは違う別の何かにしてしまったことである。金持ちも貧しい者と同じ食事に行くので、食事のために財産を使って楽しむとか、財産を見たり見せたりすることもまったくできなくなった。富とは盲目で、生命もないし動きもない、とは広く言われていることであるが、およそ日の下にありとしある国々の中で、ひとりスパルタにおいてのみ、そのことを実地に見ることができた。家で食事をすませて、満腹の状態で共同食事へ行くことはできなかった。ほかの連中がしっかり見張りをしていて、自分たちといっしょに飲んだり食べたりしないと、自制力のないやつだとか、みんなと同じものが食えぬとは意気地なしめとか、悪口を言ったからである」(プルタルコス『英雄伝1』、柳沼重剛訳、京都大学学術出版会、西洋古典叢書、2007年、134-135頁〔Plutarque, *Vies des hommes illustres*, t. III, *Lycurgue*, Paris, Charpentier, 1853〕)。この一節を教えてくれたミシェル・トロペルに感謝する。

University Press, 2012, p. 44 et suivantes.

(22) Paul Leuilliot, *Les Jacobins de Colmar. Procès-verbaux des séances de la société populaire (1791–1795)*, *op. cit.*, p. 245 et 271.

(23) *Ibid.*, p. 275.

(24) 以下より引用。Rod [olphe] Reuss, « Quelques documents nouveaux sur l'antisémitisme dans le Bas-Rhin de 1794–1799 », *Revue des études juives*, t. LIX, 1910, p. 259.

(25) Élie Scheid, *Histoire des Juifs d'Alsace*, Paris, Durlacher, 1887, p. 277.

(26) 以下より引用。Rod [olphe] Reuss, « Quelques documents nouveaux sur l'antisémitisme dans le Bas-Rhin de 1794–1799 », *op. cit.*, p. 270.

(27) *Ibid.*　1797年12月2日、サヴェルヌの行政機関はユダヤ墓地を非難し、墓石の撤去命令を下す。

(28) Henri Prague, « Les Juifs de Paris sous la Terreur », *Archives israélites*, 3 juillet 1879.

(29) Zosa Szajkowski, « The Attitude of French Jacobins toward Jewish Religion », *Jews and the French Revolutions of 1789, 1830 and 1848*, *op. cit.*, p. 403.

(30) たとえば以下を参照。Léon Kahn, *Les Juifs de Paris pendant la Révolution*, *op. cit.*, chap. III et IV.

(31) ディジョンのコミューンに提出され、即座に受理された誓願書。以下より引用。Louis Hugueney, *Les Clubs dijonnais sous la Révolution*, Dijon, 1905, p. 167.

(32) *Ibid.*, p. 297.　ただしアンリ・トリブー・ド・モランベールは、メスとロレーヌのユダヤ教徒の例に基づき、「ユダヤ教徒は無酵母パンの製造にあたって困難に直面した」ものの、「1793年6月8日以降は、儀礼的屠殺を行う権利を有した」と述べている（Henri Tribout de Morembert, « Les Juifs de Metz et de Lorraine », in Bernhard Blumenkranz et Albert Soboul (dir.), *Les Juifs et la Révolution française*, Toulouse, Privat, 1976, p. 97）。割礼師《モヘール》はジャコバン派が支配する時代にも割礼を行い続けていた。この点については以下を参照。Jonathan Helfand, « A German Mohel in Revolutionary France », *Revue des études juives*, vol. LXII, juillet 1984. ハザーンはシナゴーグの礼拝における賛美歌主唱者を指す。

(33) Rodolphe Reuss, *La Constitution civile du clergé et la crise religieuse en Alsace (1790–1795)*, Strasbourg, Librairie Istra, 1922, p. 337.

(34) René Moulinas, « Le rôle des Juifs dans les affrontements entre Avignon et le Comtat, 1790–1791 », in *Religion, Révolution, Contre-Révolution dans le Midi, 1789–1799*, Nîmes, Éditions Jacqueline Chambon, 1990, p. 71.

(35) *Ibid.*

(14) Paul Leuilliot, *Les Jacobins de Colmar. Procès-verbaux des séances de la société populaire (1791-1795)*, Strasbourg, Librairie Istra, 1923, p. 67.

(15) Moïse et Ernest Ginsburger, « Contributions à l'histoire des Juifs d'Alsace pendant la Terreur », *op. cit.*, p. 283.

(16) アントワーヌ・ティエリーは次のように述べている。「われわれが彼らの容貌に刻みつけてきた刻印が、彼らの容貌にいっさい残らないようにしよう。彼らが身につけているものやその風貌全体を見ても、われわれの同胞たる市民にしか見えないようにしよう。〔…〕すでに（ナンシーの）ユダヤ教徒たちは髭を剃っている。〔…〕われわれは彼らの努力を後押しすることでよしとしようではないか。彼らをしつけて、何としてでも拭い去るべき想念や記憶を連想させる、その他すべてのしるしを消し去ることにより得られる利点を実感できるようにしてやろうではないか」（Médiathèque de Metz, DD 177-1, p. 88）。

(17) 以下の網羅的研究を参照。Michael Kennedy, *The Jacobin Clubs in the French Revolution. 1793-1795*, Oxford/New York, Berghahn Books, 2000, p. 182 et suivantes. 恐怖政治とそれがユダヤ人の生活へもたらした影響については以下を参照。Robert Anchel, *Napoléon et les Juifs*, Paris, PUF, 1928, p. 14 et suivantes. 著者はナポレオンが考案したユダヤ人に対する「抑圧制度」を批判する一方で、ユダヤ人自身がこのような厳格な同化措置の原因であるとも考えられるとしており、その理由として以下の点を挙げている。「彼らは考え方に関しては進歩を見せたものの、自分たちの生活をキリスト教徒の生活とは異なったものにする古いしきたりの大半を守り続けた。〔…〕彼らは自分たちの料理と家庭生活を規定する文化的な掟を放棄しなかった。彼らの多くは、この掟に背くことよりキリスト教徒の食卓につくのを拒むことを選んだであろう。〔…〕皆と同じ祈りの文句を唱えないばかりか、一般の人々とは異なった衣食をつらぬくような輩に我慢がならないのは、人としてごく自然な感情である」（p. 574-575）。

(18) *Univers israélite*, t. XXIII, p. 1868, p. 569-570. テフィリーンあるいは経札《フィラクテリウム》は、律法章句を記した細帯であり、ユダヤ教徒は朝の礼拝時、これを額と腕に着用する。ツィツィットは、律法を記憶にとどめるために衣服の隅につける房である。

(19) 以下より引用。Léon Kahn, *Les Juifs de Paris pendant la Révolution, op. cit.*, p. 192. これに対するパリのコミューンの返事は不明である。

(20) 以下より引用。Rod[olphe] Reuss, « L'antisémitisme dans le Bas-Rhin pendant la Révolution. 1790-1793 », *Revue des études juives*, t. LIX, 1914, p. 263.

(21) エリシェヴァ・カールバッハは新たに採用されたこの共和暦がユダヤ人の生活に及ぼした影響を分析している。Elisheva Carlebach, *Palaces of Time. Jewish Calendar and Culture in Early Modern Europe*, Cambridge, Harvard

(p. 146)。しかしここで挙げた複数の例が示唆するように、この指摘は的を射たものであるか定かではない。

(5) Michel Vovelle, *Religion et Révolution. La déchristianisation de l'an II*, Paris, Hachette, 1976 ; Michael Kennedy, *The Jacobin Clubs in the French Revolution. 1793-1795, op. cit.*, chap. X et XI

(6) Serge Bianchi, *La Révolution culturelle de l'an II*, Paris, Aubier, 1982, p. 162 et suivantes.

(7) Nigel Aston, *Religion and Revolution in France, 1780-1804*, Washington, Catholic University of America Press, 2000, chap. X.

(8) 1789年9月27日、バ＝ラン地方のユダヤ人が選出した議員たちは憲法制定国民議会に対して以下のように訴えている。「迫害者たちは、単にユダヤ人の住む家を略奪してまわり、持ち去ることができないものについてはこれを破壊するだけでは気が済みませんでした。おそらくは悪意を持った連中にけしかけられ、命を奪うぞといってユダヤ人を公然と脅しつけるのです。こうした脅迫に効果を発揮させようと、彼らはすでに複数の場所で、ユダヤ人が礼拝のために集まった頃合いを見計らってシナゴーグに銃弾を撃ち込むという行為に及んだのです」。

(9) とはいえ「民衆の敵」が恐怖政治から被った被害には比べ物にはならない。この点に関しては以下を参照。Patrice Gueniffey, *La Politique de la Terreur. Essai sur la violence révolutionnaire. 1789-1794*, Paris, Fayard, 2000, p. 294 et suivantes. 他方、以下の論集ではより慎重な解釈がなされている。Michel Biard (dir.), *Les Politiques de la Terreur, 1793-1794*, Rennes, Presses universitaires de Rennes, 2008.

(10) Moïse et Ernest Ginsburger, « Contributions à l'histoire des Juifs d'Alsace pendant la Terreur », *Revues des études juives*, t. XLVII, 1903, p. 285. 1793年10月23日、ジャコバン協会は「ユダヤ民族に流刑宣告」をしたムーズ県の条例に抗議している。さらに27日、同協会は「ユダヤ人を共和国から追放する」ナンシーの条例に抗議している（François Aulard, *La Société des Jacobins. Recueil de documents pour l'histoire du club des Jacobins de Paris*, Paris, 1889-1897, t. V, p. 473 et 479)。

(11) 以下より引用。François Aulard, *La Société des Jacobins, op. cit.*, t. V, p. 479. 以下を参照。Patrice Higonnet, *Goodness Beyond Virtue, op. cit.*, p. 237.

(12) 以下より引用。Léon Kahn, *Les Juifs de Paris pendant la Révolution*, New York, Burt Franklin, 1968, p. 191.

(13) 以下で紹介されている文献を参照。Henry Poulet, in *Revue d'histoire de la Révolution française*, 1918, 1919, 1923 ; Jacques Godechot, « Les Juifs de Nancy de 1789 à 1795 », *Revue des études juives*, t. LVIII, 1928.

p. 283.

(39) *Ibid.*, p. 152.

(40) *Collection des procès-verbaux et décisions du Grand Sanhédrin, convoqué à Paris, par ordre de S. M. l'Empereur et Roi, dans les mois de février et mars 1807*, éd. Diogène Tama, Treuttel et Würtz, Paris, 1807, p. 54.

(41) *Ibid.*, p. 79.

(42) Jacob Katz, *Hors du ghetto*, Paris, Hachette, 1984, p. 152.

(43) Charles Touati, « Le grand Sanhédrin de 1807 et le droit rabbinique », in B. Blumenkranz et A. Soboul (dir.), *Le Grand Sanhédrin de Napoléon*, Toulouse, Privat, 1979. サンヘドリンに対するより批判的な見方としては、以下を参照。Éric Smilévitch, « *Halakha* et Code civil. Questions sur le grand Sanhédrin de Napoléon », *Pardès*, 3, 1986.

第3章　革命から革命へ

(1) Patrice Higonnet, *Goodness Beyond Virtue. Jacobins during the French Revolution*, Cambridge, Harvard University Press, 2000, p. 148.

(2) Alain Corbin, *Les Cloches de la terre*, Paris, Albin Michel, 1994.

(3) Eviatar Zerubavel, « The French Republican Calendar : A Case Study in the Sociology of Time », *American Sociological Review*, December 1977, p. 871 et suivantes. ブロニスラフ・バチコは、革命家たちが新暦のなかに「過去と縁を切る」ことを可能にする「再生」および「非宗教化《ライシザシオン》」の機能を認めていたことを強調している（Bronislaw Baczko, « Le calendrier républicain », in Pierre Nora (dir.), *Les Lieux de mémoire*, I, *La République*, Paris, Gallimard, 1984, p. 43-45)。休日の選定に関する理論的かつ比較に基づく分析は、以下を参照。Ruth Gavison and Nahshon Perez, « Days of rest in multicultural societies : private, public, separate ? », in Peter Cane (dir.), *Law and Religion. Theoretical and Historical Context*, Cambridge, Cambridge University Press, 2008.

(4) Matthew Shaw, « Reactions to the French Republican Calendar », *French History*, vol. XV/1, p. 19 et suivantes ; Matthew Shaw, *Time and the French Revolution. The Republican Calendar*, Rochester/New York, Boydell & Brewer, 2011. 以下も参照。James Friguglietti, « The social and religious consequences of the French Revolutionary calendar », PhD, Harvard University, 1966. とりわけ以下を参照。Robert Beck, *Histoire du Dimanche de 1700 à nos jours*, Paris, Éditions de l'Atelier, 1997, chap. IV. 著者は、市民に旧日曜日に働くことを義務づける、厳格な拘束力を持った措置を分析し、「立法者はキリスト教以外の宗教には比較的寛容であった」と評している

の著書『モーゼス・メンデルスゾーン』に見られるように、おそらく誤謬に陥ることがなかった唯一の人物であるミラボー伯爵」に感謝しているが、これはこの両者が「特殊規定」により、しかじかの村に滞在できるユダヤ人の数を定めること、職人のみを受け入れること、教育を課すこと、つまりグレゴワール神父の『ユダヤ人の肉体的・精神的・政治的再生に関する試論』のなかに明示されている、「〔ユダヤ教徒とキリスト教徒の〕境界線を強化する」ことにつながる諸々の措置を取ることを望んだことによる。

(25) « Pétition des Juifs établis en France adressée à l'Assemblée nationale », *op. cit.*, p. 95.

(26) « Adresse présentée à l'Assemblée nationale par le député des Juifs espagnols et portugais établis au bourg Saint-Esprit-les-Bayonne », in *La Révolution française et l'Émancipation des Juifs, op. cit.*, t. V, p. 5.

(27) Richard Menkis, « Patriarchs and Patricians : the Gradis Family of Eighteenth-Century Bordeaux », in Frances Malino et David Sorkin (dir.), *From East and West. Jews in a Changing Europe, 1750-1870*, London, Basil Blackwell, 1990, p. 37.

(28) « Observations pour les Juifs d'Avignon à la Convention nationale », in *La Révolution française et l'Émancipation des Juifs, op. cit.*, p. 16-17.

(29) « Lettre de Berr Isaac Berr à Mgr l'évêque de Nancy », in *La Révolution française et l'Émancipation des Juifs, op. cit.*, t. VIII, p. 10.

(30) 以下より引用。Zosa Szajkowski, « Protestants and Jews in Fight for Emancipation », *Jews and the French Revolutions of 1789, 1830 and 1848*, New York, Ktav Publishing House, 1970, p. 385-387.

(31) 以下より引用。*Collection des actes de l'assemblée des Israélites de France et du royaume d'Italie, convoquée à Paris, par décret de Sa Majesté impériale et royale du 30 mai 1806*, éd. Diogène Tama, Paris, 1807, p. 25.

(32) Comte de Bonald, « Sur les Juifs », *Mercure de France*, février 1806, p. 26.

(33) *La Gazette nationale*, 25 juillet 1806, BnF, F8-21611-21654, p. 948.

(34) Louis Poujol, *Quelques observations concernant les Juifs en général, et particulièrement ceux d'Alsace*, Paris, 1806, p. 51-52.

(35) *Ibid.*, p. 135.

(36) *Ibid.*, p. 131-132.

(37) 以下より引用。Pierre Birnbaum, *L'Aigle et la Synagogue. Les Juifs, Napoléon et l'État*, Paris, Fayard, 2007. 同書では、名士会議やサンヘドリンの会員たちが、ユダヤ教の伝統のある種の側面を犠牲にしてまで彼らの信仰を守り抜いた姿勢に関して、より詳しい分析がなされている。

(38) 以下より引用。*Collection des actes de l'assemblée des Israélites..., op. cit.*,

p. 62. この点に関しては以下を参照。Jay Berkovitz, *The Shaping of Jewish Identity in Nineteenth-Century France*, Detroit, Wayne State University Press, 1989, p. 64.

(16) Médiathèque de Metz, Ms. 1349, 75 B, p. 32.

(17) Comte de Clermont-Tonnerre, « Opinion de M. le comte Stanislas de Clermont-Tonnerre », in *La Révolution française et l'Émancipation des Juifs, op. cit.*, t. VII, p. 12–13. このように、クレルモン＝トネール伯爵は宗教的事象の私事化につながる言論の自由の熱烈な信奉者としての姿勢を鮮明にしている。以下を参照。Yann Fauchois, « La liberté d'être libre : les Droits de l'homme, l'Église catholique et l'Assemblée constituante, 1789–1791 », *Revue d'histoire moderne et contemporaine*, janvier-mars 2001, p. 93.

(18) デイヴィッド・ソーキンはこのクレルモン＝トネールの有名なテクストを取り上げ、存在する二つの異本を分析しながら、「ネイション（nation）」という語の解釈においてなされてきた誤読を強調し、この語は当時の用法では「集団（corporation）」を意味していたと指摘している。ソーキンはまたクレルモン＝トネールの深い自由主義も指摘しているが、食に関する戒律についての文章には触れていない（David Sorkin, « The Count Stanislas de Clermont-Tonnerre, "To the Jews as a Nation...". The Career of a Quotation », ニューヨークで2012年に行われた未刊行講演）。

(19) « Opinion de M. l'évêque de Nancy », in *La Révolution française et l'Émancipation des Juifs, op. cit.*, p. 4. この議論の際、コルマール選出の三部会議員ブログリ大公も、ユダヤ人は「内輪で結婚」する「コスモポリタン」であるとして、彼らの解放に反対している（« Opinion de M. le prince de Broglie, député de Colmar », in *La Révolution française et l'Émancipation des Juifs, op. cit.*, t. VII, p. 4）。

(20) « Adresse à l'Assemblée nationale [...] des Juifs de Bordeaux », *Adresses, Mémoires et Pétitions des Juifs. 1784–1794. La Révolution française et l'Émancipation des Juifs, op. cit.*, t. V, p. 4.

(21) Charles Hoffmann, *L'Alsace au* XVIIIe *siècle*, Colmar, 1907, p. 518. 以下も参照。Jean-René Suratteau, « Reubell et les Juifs d'Alsace », in Bernhard Blumenkranz (dir.), *Juifs en France au* XVIIIe *siècle*, Paris, Commission française des Archives juives, 1994, p. 147.

(22) « Pétition des Juifs établis en France adressée à l'Assemblée nationale », in *Adresses, Mémoires et Pétitions des Juifs. 1784–1794, op. cit.*, t. V, p. 13.

(23) *Ibid.*, p. 7.

(24) 問題の「陳情書」に添えられた注のなかで、彼らアルザス・ロレーヌのユダヤ人は、ユダヤ人を「文書によって擁護した」グレゴワール神父に加え、「そ

(50) フランスおよびドイツにおける啓蒙の、より一般的な比較分析については以下を参照。Michael Brenner, Vicki Caron, Uri Kaufmann, *Jewish Emancipation Reconsidered. The French and German Models*, Tubingen, Mohr Siebeck, 2003.

第2章　革命期

(1) « Observations on the Federal Procession on the Fourth of July, 1788 in the City of Philadelphia », *The American Museum*, 1788.　以下より引用。Morton Borden, *Jews, Turks and Infidels*, Chapell Hill, University of North Carolina Press, 1984, p. 5. この行事のもっとも詳細な描写は以下に見られる。Len Travers, *Celebrating the Fourth. Independence Day and the Rites of Nationalism in the Early Republic*, Amherst, University of Massachusetts Press, 1997, p. 70-86.　以下も参照。Pierre Birnbaum, *Les Deux Maisons*, Paris, Gallimard, 2012, introduction.

(2) 以下より引用。Fritz Hirschfeld, *George Washington and the Jews*, Newark, University of Delaware Press, 2005, p. 35-37.

(3) Abbé Grégoire, *Essai sur la régénération physique, morale et politique des Juifs*, Paris, Stock, 1988, p. 60.

(4) *Ibid.*, p. 74.

(5) *Ibid.*, p. 105.

(6) *Ibid.*, p. 132.

(7) *Ibid.*, p. 139.

(8) *Ibid.*, p. 115.

(9) *Ibid.*, p. 152, 154.

(10) *Ibid.*, p. 146.

(11) *Ibid.*, p. 118-119.

(12) *Ibid.*, p. 161.

(13) Abbé Grégoire, « Motion en faveur des Juifs », in *La Révolution française et l'Émancipation des Juifs*, Paris, EDHIS, 1968, t. VII, p. 18-19.　ベン＝ズィオン・ディヌールの「グレゴワール神父弁論」(Ben-Zion Dinur, « En défense de l'abbé Grégoire ») と題されたテクストの校訂版のなかで、モーリス・クリーゲルはこのグレゴワールのテクストを引用・解説している (Maurice Kriegel, *Les Cahiers du judaïsme*, 31, 2011, p. 105, note 15)。

(14) Michel de Certeau, Dominique Julia, Jacques Revel (dir.), *Une politique de la langue. La Révolution française et les patois. L'enquête de Grégoire*, Paris, Gallimard, 1975.

(15) Zalkind Hourwitz, *Apologie des Juifs* [1789], Paris, Éditions Syllepse, 2002,

191.

(38) Moses Mendelssohn, *Jérusalem, op. cit.*, p. 181-186.

(39) *Ibid.*, p. 183.

(40) Michael Graetz, « The Jewish Enlightenment », in Michael Meyer (dir.), *German-Jewish History in Modern Times*, New York, Columbia University Press, t. I, 1996, p. 279. 同様の論旨の以下も参照。Steven Lowenstein, *The Berlin Jewish Community. Enlightenment, Family and Crisis, 1770-1830*, New York, Oxford University Press, 1994. 著者は、「メンデルスゾーンは食に関する戒律を遵守し、キリスト教徒の友人宅では夕食をとらないようにしていたが、そのことで個人的な友情関係がぎくしゃくすることはなかった」点を強調している(p. 50)。

(41) この点に関しては、たとえば以下を参照。Michael Meyer, *Judaism within Modernity. Essays on Jewish History and Religion*, Detroit, Wayne University Press, 2001, p. 66 et suivantes.

(42) カント、ヘーゲルおよび、彼らがともにユダヤ教徒が遵守する食に関する戒律を断罪している点に関しては、以下を参照。Michael Mack, « The metaphysics of eating : Jewish dietary law and Hegel's social theory », *Philosophy and Social Criticism*, 27, 2001. ブルーノ・バウアーによれば「ユダヤ教徒を他民族から孤立させるのは、こうした衛生および食に関する戒律である。洗礼と聖体拝領はキリスト教徒を他のすべての人間から孤立させる」(Bruno Bauer, *Sur la question juive*, Paris, 10/18, 1968, p. 77)。

(43) Sydney Watts, *Meat Matters. Butchers, Politics and Market Culture in Eighteenth-Century Paris*, Rochester, University of Rochester Press, 2006, p. 118.

(44) 以下より引用。David Feuerwerker, *L'Émancipation des Juifs en France de l'Ancien Régime à la fin du Second Empire*, Paris, Albin Michel, 1976, p. 193.

(45) Comte de Mirabeau, *Sur Moses Mendelssohn. Sur la réforme politique des Juifs, la Révolution française et l'émancipation des Juifs*, Paris, EDHIS, 1968, p. 23.

(46) *Ibid.*, p. 65.

(47) *Ibid.*, p. 110.

(48) *Ibid.*, p. 114.

(49) *Ibid.*, p. 122. ミラボー、ドーム、メンデルスゾーンの関係についてはほとんど研究されていない。かなり性急な以下の論文を参照。Leonore Loft, « Mirabeau and Brissot review Christian Wilhelm von Dohm and the Jewish Question », *History of European Ideas*, vol. XIII, 5, 1991, p. 605-622.

German Jewry in the Age of Emancipation », *Leo Baeck Institute Year Book*, t. XXIX, 1984/1, p. 331-350.

(26) Christian Wilhelm von Dohm, *De la réforme politique des Juifs*, Paris, Stock, 1984, p. 47. この考察の初出は以下である。Pierre Birnbaum, « Religion, citoyenneté et espace public à l'heure de l'émancipation », in Jean Baumgarten et Julien Darmon (dir.), *Aux origines du judaïsme*, Paris, Les Liens qui libèrent, 2012.

(27) *Ibid.*, p. 62.

(28) *Ibid.*, p. 83.

(29) *Ibid.*, p. 87.

(30) *Ibid.*, p. 43. 以下を参照。Robert Liberles, « Dohm's Treatise on the Jews. A Defense of the Enlightenment », *Leo Baeck Institute Year Book*, t. XXXIII, 1988/1; *id.*, « From *Toleration* to *Verbesserung* : German and English Debates on the Jews in the Eighteenth Century », *Central European History*, vol. XXII/1, March 1989 ; Jonathan Hess, *Germans, Jews and the Claim of Modernity*, New Haven, Yale University Press, 2002, chap. I.

(31) 以下より引用。Dominique Bourel, *Moses Mendelssohn*, Paris, Gallimard, 2004, p. 285. 著者はドームのテクストとそれに寄せられた批判を分析している。ミヒャエリスとメンデルスゾーンの論争に関しては以下を参照。Dominique Bourel, « La judéophobie savante dans l'Allemagne des Lumières », in Ilana Zinguer et Sam Bloom (dir.), *L'Antisémitisme éclairé. Inclusion et exclusion depuis l'époque des Lumières jusqu'à l'affaire Dreyfus*, *op. cit.*, p. 130 et suivantes.

(32) 以下の瞠目すべき著作を参照。Jonathan Hess, *Germans, Jews and the Claim of Modernity*, *op. cit.*, chap. II.

(33) Moses Mendelssohn, *Jérusalem*, Paris, Les Presses d'aujourd'hui, 1983, p. 183.

(34) ドームとメンデルスゾーンの関係については以下を参照。Alexander Altmann, *Mendelssohn. A Biographical Study*, Philadelphia, Jewish Publication Society, 1973, p. 49 et suivantes. 以下も参照。Shmuel Freier, *Moses Mendelssohn, Sage of Modernity*, New Haven, Yale University Press, 2010, p. 141 et suivantes.

(35) Jonathan Hess, *Germans, Jews and the Claim of Modernity*, *op. cit.*, p. 106 et suivantes.

(36) David Sorkin, *Moses Mendelssohn and the Religious Enlightenment*, Berkeley, University of California Press, 1996, p. 148 et suivantes.

(37) Shmuel Freier, *Moses Mendelssohn, Sage of Modernity*, *op. cit.*, p. 176 et

6-3, 2003, p. 41 et suivantes ; José Luis Cardoso, Antonio de Vasconcelos Nogueira, « Isaac de Pinto (1717-1787) and the Jewish problems. Apologetic letters to Voltaire and Diderot », *History of European Ideas*, 33, 2007, p. 476-487.

(10) Isaac de Pinto, « Sur le premier chapitre du VIIe tome des *Œuvres* de M. de Voltaire », *Apologie pour la nation juive ou Réflexions critiques sur le premier chapitre du VIIe volume des Œuvres de M. de Voltaire, au sujet des Juifs*, Paris, 1762, p. 11.

(11) *Ibid.*, p. 12.

(12) *Ibid.*, p. 25.

(13) *Ibid.*, p. 19.

(14) *Ibid.*, p. 27.

(15) Voltaire, « Réponse de M. de Voltaire à l'Auteur des Réflexions critiques », in abbé Guénée, *Lettres de quelques Juifs portugais, allemands et polonais à M. de Voltaire*, Paris, 1769, p. 29.

(16) *Ibid.*, p. 30-31.

(17) Abbé Guénée, *Lettres de quelques Juifs portugais, allemands et polonais à M. de Voltaire*, *op. cit.*, p. 156-157. このヴォルテールとゲネ神父の論争に関しては以下を参照。Paul Benhamou, « Antiphilosophes éclairés et les Juifs », in Ilana Zinguer et Sam Bloom (dir.), *L'Antisémitisme éclairé. Inclusion et exclusion depuis l'époque des Lumières jusqu'à l'affaire Dreyfus*, Leyde, Brill, 2003. 著者によれば、ヴォルテールはゲネ神父を「シナゴーグの秘書殿」、「ユダヤ人たちの秘書」と呼んでいた（p. 68）。

(18) *Ibid.*, p. 158-159.

(19) Voltaire, « Un chrétien contre six Juifs », *Œuvres complètes*, Paris, Hachette, 1895, t. XXX, p. 262.

(20) *Ibid.*

(21) *Ibid.*, p. 302.

(22) Harvey Chisick, « Ethics and History in Voltaire's Attitudes Toward the Jews », *Eighteenth-Century Studies*, vol. XXXV, No 4, Summer 2002, p. 594.

(23) Voltaire, *Lettres philosophiques*, Amsterdam, E. Lucas, 1734, « Sixième lettre sur les presbytériens »〔ヴォルテール『哲学書簡』、林達夫訳、岩波文庫、1951年、40-41頁、「書簡六　長老派について」。一部訳語を改めた〕.

(24) *Id.*, *Traité sur la tolérance*, Paris, 1763, chap. IV, p. 2, 7 ; chap. V, p. 36 ; chap. XXII, p. 161〔ヴォルテール『寛容論』、中川信訳、現代思潮社、1970年、31、39、135頁。一部訳語を改めた〕.

(25) Jonathan Helfand, « The Symbiotic Relationship Between French and

(59) Jordan Rosenblum, *Food and Identity in Early Rabbinic Judaism*, Cambridge, Cambridge University Press, 2010, p. 50-53, 98. もっとも網羅的な研究はやはり以下である。David C. Kraemer, *Jewish Eating and Identity Through the Ages*, New York, Routledge, 2007.

(60) Sacha Stern, *Jewish Identity in Early Rabbinic Writings*, New York, Brill, 1994, p. 56.

(61) David C. Kraemer, *Jewish Eating and Identity Through the Ages, op. cit.*, p. 33. これらの助言をくれたデイヴィッド・クレイマーに感謝する。

(62) Pierre Birnbaum, « *La France aux Français* ». *Histoire des haines nationalistes*, Paris, Seuil, 2006.

(63) Claude Fischler, *L'Homnivore. Le goût, la cuisine, le corps*, Paris, Odile Jacob, 1990, p. 210. 同様の論旨の以下の著作も参照。Alan Beardsworth, Teresa Keil, *Sociology on the Menu. An Invitation to the Study of Food and Society*, London, Routledge, 1996.

(64) 中世に関しては以下を参照。Claudine Fabre-Vassas, *La Bête singulière. Les Juifs, les chrétiens et le cochon*, Paris, Gallimard, 1994〔クロディーヌ・ファーブル＝ヴァサス『豚の文化史――ユダヤ人とキリスト教』、宇京賴三訳、柏書房、2000年〕.

第1章　啓蒙と食

(1) B.E. Schwarzbach, « Voltaire et les Juifs : bilan et plaidoyer », *Studies on Voltaire and the Eighteenth Century*, 358, 1998, p. 27-91 ; Ronald Schechter, « Rationalizing the Enlightenment: Postmodernism and Theories of Anti-Semitism », *Historical reflections*, 25, 1999, p. 279-306.

(2) Arthur Hertzberg, *The French Enlightenment and the Jews. The Origins of Modern Anti-Semitism*, New York, Columbia University Press, 1968.

(3) Voltaire, *Dictionnaire philosophique*, Paris, 1829, t. I, p. 279.

(4) *Id.*, *Essai sur les mœurs*, Paris, 1817, t. I, p. 1268-1270.

(5) *Ibid.*, p. 601 et suivantes.

(6) *Ibid.*, t. I, p. 17〔ヴォルテール『歴史哲学――『諸国民の風俗と精神について』序論』、安斎和雄訳、法政大学出版局、1989年、22頁。一部訳語を改めた〕.

(7) *Ibid.*, t. II, p. 378-379.

(8) Montaigne, *Essais*, III, 13〔ミシェル・ド・モンテーニュ『エセー』、第3巻、第13章「経験について」、『エセー（六）』、原二郎訳、岩波文庫、1967年、186-187頁および『エセー 7』、宮下志朗訳、白水社、2016年、317頁〕.

(9) Adam Sutcliffe, « Can a Jew be a Philosopher? Isaac de Pinto, Voltaire and Jewish Participation in the European Enlightenment », *Jewish Social Studies*,

Cabinet des Estampes)。同資料中の、貝、バターソーセージのハム添え、牛ヒレ、グリンピースのハム和えを含む献立も参照。

(47) BM Dijon, M III, 1188.

(48) Michel Tauriac, *Dictionnaire amoureux de De Gaulle*, Paris, Plon, 2010.

(49) さらにシラクは1995年の大統領選の折に郷里でジャーナリストを歓迎した際、「友人レーモン・フレースが作った豚のテリーヌとその他の豚肉製品を熱烈に賞賛した」(Frédéric Lepage et Olivier Fauvaux, *À table avec Chirac*, Neuilly-sur-Seine, Michel Lafon, 1996, p. 118-121)。

(50) *Le Journal du dimanche*, 26 mars 2011.

(51) *Libération*, 12 février 2012.

(52) ジャン=ピエール・シュヴェヌマンは、イスラームの同化を実現するためにこの隠喩を用いていた (Claire de Galembert, « Les acteurs publics à la table de la mosquée : les usages politiques de la commensalité », in Aïda Kanafani-Zahar, Séverine Mathieu et Sophie Nizard (dir.), *À croire et à manger*, *op. cit.*, p. 233)。

(53) ニコラ・アブーにより2010年9年15日、元老院に提出された同じ趣旨の法案を参照。

(54) *Riposte laïque*, 19 mars 2010.

(55) たとえば以下を参照。Odelia Alrov, « Kosher Wine », *Judaism*, Winter 2002.

(56) Jean Soler, « Sémiotique de la nourriture dans la Bible », *Annales*, juillet-août 1973, p. 944 et suivantes. このテーマに関する網羅的な書誌としては以下を参照。David C. Kraemer, « Dietary Laws », *Oxford Bibliographies*, Oxford, Oxford University Press (近刊予定).

(57) Sophie Nizard-Benchimol, « L'économie du croire. Une anthropologie des pratiques alimentaires juives en modernité », thèse, EHESS, 1997. 以下も参照。 *Id.*, « L'abattage dans la tradition juive : symbolique et textualisation », *Études rurales*, janvier-décembre 1998 ; *id.*, « La *cacherout* en France. Organisation matérielle d'une consommation symbolique », *Les Cahiers du judaïsme*, automne 1998. 聖性の領域に属するこれらの食に関する分類の論理については、以下を参照。Mary Douglas, *De la souillure*, Paris, François Maspero, 1981〔Mary Douglas, *Purity and Danger. An Analysis of Concepts of Pollution and Taboo*, London and New York, Routledge, 1966 / メアリ・ダグラス『汚穢と禁忌』、塚本利明訳、筑摩書房、ちくま学芸文庫、2009年〕, p. 69.

(58) より最近の分析としては以下を参照。Joëlle Bahloul, *Le Culte de la table dressée*, Paris, Métailié, 1983.

をもとにした異なる料理が挙げられている。バルテレミーの以下の著作を参照。F. Barthélemy, *Le Menu quotidien. Recueil de menus de déjeuners et de dîners de famille*, Paris, [M. Distel], 1927.

(38) BM Dijon, M II, 126. 社会主義共和党ロワール連盟は戦間期にアリスティッド・ブリアン首相のために宴会を開き、そこでも昔風ノウサギのパテに続き、ハムのゼリー寄せが出された（BM Dijon, M I, 148）。

(39) BM Dijon, M II, 1327. 1930年6月にアンドレ・タルディウのために開かれた民主派の宴会のほうはディジョン風ハムとパセリのゼリー寄せから始まるものだった。

(40) BM Dijon, M III, 3. 1954年4月、アントワーヌ・ピネーのために地方議会の議員たちが開いた夕食会でもモルヴァンハムが出された（BM Dijon, M II, 154）。

(41) BM Dijon, M III, 43.

(42) BM Dijon, M III, 820.

(43) BM Dijon, M II, 838. ピエール・ボディノーがディジョン市の献立表に関する研究論文（Pierre Bodineau, « Le menu, un témoin de l'histoire locale. L'exemple de Dijon », Caroline Poulain（dir.）, *Histoire(s) de menus*, Paris, Agnès Viénot Éditions, 2011, p. 45-50）のなかで指摘するところによれば、同市が1931年8月にモロッコのスルタンを饗応した際、ディジョン市役所はイスラームの戒律を尊重し、豚を原料に用いた料理はいっさい出さなかったが、今日においてもなお、大統領官邸がムスリムの来賓をもてなす際は、アルコールが献立から除外されている（[Michèle Périssère], « Le menu, un témoin de la vie politique. L'exemple des menus de la Présidence de la République », *ibid.*, p. 43-44）。

(44) BM Dijon, M III, 128.

(45) BM Dijon, M I, 367. 同様にして、1948年、ディジョン市解放4周年を祝い、大規模な食事会が開催されたが、そこではイセエビに続いて伝統的なシャルル公爵ハムの蒸し煮が出されている（BM Dijon, M II, 105）。1955年の解放11周年記念祭の食事会では、パイ皮包みのパテにハムとパセリのゼリー寄せが続いた。1963年の旧レジスタンス強制収容所被収容者・抑留者連盟の県会議の懇親会も、サーモンから始まりジェジュ・ド・モルトー〔モルトーの大型ドライソーセージ〕がそれに続いた（BM Dijon, M II, 246）。

(46) BM Dijon, M II, 846. 実業界における宴会においても事情は同様で、1891年1月にパリで行われた宴会では、魚介類のロスチャイルドソース、経済風ノウサギの赤ワイン煮込み、去勢鶏のガランティーヌ、不動産銀行ツグミ、パナマ・ロッシェ・グラッセ〔列挙された料理名の大半は同僚・同業者間での冗談によるもの〕が食卓に上っている（Menus, collection Joseph Thibault, BnF,

ものだけを味わう。Marcel Proust, *Du côté de chez Swann*, Paris, Gallimard, « Folio », 1999, p. 103〔(訳注)『失われた時を求めて』に関しては「訳者解題」を参照されたい〕.

(28) Gustave Flaubert, *Madame Bovary*, Paris, Le Livre de poche, 1961, p. 45〔ギュスターヴ・フローベール『ボヴァリー夫人』、伊吹武彦訳、筑摩書房、フローベール全集1、1965年、26頁、一部訳語を改めた〕. 以下を参照。Nadine Vivier, « Les repas festifs dans les campagnes », *Romantisme*, 2007/3, p. 16.

(29) Gustave Flaubert, *Bouvard et Pécuchet*, Paris, Le Livre de poche, p. 135-136〔ギュスターヴ・フローベール『ブヴァールとペキュシェ』、新庄嘉章訳、筑摩書房、フローベール全集5、1966年、66-67頁を参考にして訳出〕.

(30) Guy de Maupassant, *Pierre et Jean*, Paris, Le Livre de poche, 1984, p. 82〔モーパッサン『ピエールとジャン』、杉捷夫訳、河出書房新社、世界文学全集16、1962年、284頁〕.

(31) Bibliothèque municipale de Dijon, M II, 132（この資料館の寄贈蔵書の存在を教えてくれたジャクリーヌ・ラルエットに感謝する）. さらにガンベッタが1863年11月にリールに迎えられた際、彼はシタビラメ、ジビエ、七面鳥の雛、ハンブルクのハムなどを味わった（Menus, collection Joseph Thibault, BnF, Cabinet des Estampes, t. XLII)。その少し前、法務大臣が1960年3月に夕食会を開いた際、食事はリシュリュー風ブーダンに始まり、鴨のヒレ肉、ヨークハム、トリュフを詰めたキジ、レバーペースト、ザリガニなどが続いた（Menus, Collection Joseph Thibault, BnF, Cabinet des Estampes, Li 243, t. XLII)。

(32) BM Dijon, M I, 273.

(33) BM Dijon, M I, 272 ; M II, 18 ; M II, 20 ; M I, 268 ; M 18. 以下の論文で挙げられている例も参照。Olivier Ihl, « De bouche à oreille. Sur les pratiques de commensalité dans la tradition républicaine du cérémonial de table », *Revue française de science politique*, 3-4, juin-août 1998, p. 394. これらの共和派名士たちの宴会およびそこで出された料理の種類については、以下を参照。Julia Csergo, « Du discours gastronomique comme "propagande nationale". Le club des Cent, 1912-1930 », in Françoise Hache-Bissette et Denis Saillard (dir.), *Gastronomie et identité culturelle française*, *op. cit.*

(34) Menus, collection Joseph Thibault, BnF, Cabinet des Estampes, t. XLIV.

(35) Menus, collection Joseph Thibault, BnF, Cabinet des Estampes, t. XLV.

(36) Menus, collection Joseph Thibault, BnF, Cabinet des Estampes, t. XLVI. 同巻収録の、当時首相であったエミール・コンブ主宰で商工業共和派サークルが行った宴会も参照。

(37) BM Dijon, M I, 57. フェルナン・バルテレミーは1年のそれぞれの日のための献立を提案しており、そこでは豚、ノウサギ、ジビエ、さまざまな甲殻類ンの田舎におけるソーセージフライや薄切りにした豚の脂身の重要性を強調している（p. 281, 284-289）。以下も参照。Cécile Dauphin et Pierrette Pézerat, « Les consommations populaires dans la seconde moitié du XIXe siècle à travers les monographies de Le Play », *Annales*, mars-juin 1975. この論文の著者は、「大半の家族は、バター、ラード、豚の脂身および油を同時に摂る」ことを強調している（p. 543）。最後に以下も参照。André Julliard, « Du pain, du vin, du lard... Contribution à l'étude des systèmes d'hygiène alimentaire populaire dans les sociétés rurales du Bugey（Ain）», *Le Monde alpin et rhodanien*, n° 1-2, 1983.

(21) Claude Grignon et Christiane Grignon, « Styles d'alimentation et goûts populaires », *Revue française de sociologie*, octobre-décembre 1980, p. 530 et 538.

(22) Isabelle Saporta, *Le Livre noir de l'agriculture*, Paris, Fayard, 2011, p. 60.

(23) Julia Scergo, « Parties de campagne. Loisirs périurbains et représentations de la banlieue parisienne », *Sociétés et représentations*, 17, 2004/1 ; *id.*, « Nostalgies du terroir », *Autrement*, 154, 1995.

(24) Jean-Paul Aron, *Le Mangeur du XIXe siècle*, Paris, Denoël-Gonthier, 1973, p. 108-109.

(25) Marthe Daudet, *Les Bons Plats de France*, Paris, CNRS Éditions, 2008.

(26) フランス社会の想像の領域における豚については以下を参照。Michel Pastoureau, *Le Cochon. Histoire d'un cousin mal aimé*, Paris, Gallimard, 2009, chap. IV.

(27) Émile Zola, *Le Ventre de Paris*〔エミール・ゾラ『パリの胃袋』、朝比奈弘治訳、藤原書店、ゾラ・セレクション第2巻、2003年、97-98頁〕. 以下を参照。Suzana Michel, « Producting an Ideology : Food and sexuality in Émile Zola's Rougon-Macquart », PhD, University of Oregon, 1991, chap. II ; Kristine Jouanne, « Food and eating in Zola's Rougon-Macquart », PhD, University of Iowa, 1996, p. 48 et suivantes. 以下も参照。Anne Lair, « Les arts de la table. Nourriture et classes sociales dans la littérature française du XIXe siècle », PhD, Ohio State University, 2003, chap. IV. また、同じ論旨の以下の論文も参照。Joëlle Bonnin-Ponnier, « La gastronomie dans le roman naturaliste », in Françoise Hache-Bissette et Denis Saillard（dir.）, *Gastronomie et identité culturelle française. Discours et représentations（XIXe-XXIe siècle）*, Paris, Nouveau Monde Éditions, 2007, p. 19.『失われた時を求めて』のなかでは頻繁に食事の場面に出くわすが、献立の描写はまれである。しかし『スワン家のほうへ』では、プルーストはフランソワーズが準備する食事を珍しく正確に描いている。会食者たちは鶏にグリンピース、アスパラガス、ジャガイモを添えた

(17) よってイスラームは本書では論じられないが、カシェール食品の問題よりも最近になって提起されているこのハラル食品の問題に関しては、現在以下の優れた研究がある。Mohammed Hocine Benkheira, « La nourriture carnée comme frontière rituelle : les boucheries musulmanes en France », *Archives des sciences sociales des religions*, octobre-décembre 1995 ; *id.*, « Alimentation, altérité et sociabilité. Remarques sur les tabous alimentaires coraniques », *Archives européennes de sociologie*, XXXVIII, 1997 ; *id.*, « Sanglant mais juste : l'abattage en islam », *Études rurales*, janvier-décembre 1998, *id.*, « Lier et séparer : les fonctions rituelles de la viande dans le monde islamisé », *L'Homme*, octobre-décembre 1999 ; F. Bergeaud, « Le chevillard et le sacrificateur : la viande halal entre logiques économiques, légales et religieuses », *Cités*, hors-série, 2004 ; Anne-Marie Brisebarre, « Manger halal en France aujourd'hui », octobre 2007, 〈www.lemangeur-ocha.com〉 ; *id.*, « Alimentation halal et restauration collective », in Aïda Kanafani-Zahar, Séverine Mathieu et Sophie Nizard (dir.), *À croire et à manger. Religions et alimentations*, Paris, L'Harmattan, 2007. ユーグ・ラグランジュによれば、マグレブやサヘル、トルコからの移民家庭出身の18歳から25歳のフランス人青年層の90%は、食に関する掟を遵守している（*Le Monde*, 4 novembre 2012）。同様の論旨の以下も参照。Gilles Kepel, *Banlieue de la République. Société, politique et religion à Clichy-sous-Bois et Montfermeil*, Paris, Gallimard, 2012. 著者によれば、「学校の食卓で一緒に食事をすることを覚えることは、のちに共和国の食卓で懇親性を深めるための実習の一環である。〔…〕セルフサービスの普及により豚肉や肉一般に代わる食物を提供することが可能となるが、その場合にも父兄に対して十分に説明がなされ、かつその説明がさまざまな食に関する禁忌にも菜食主義にも適応できる必要がある」（p. 75-76）。「食に関する厳格な禁忌の文化」としてのイスラーム教およびユダヤ教については、以下を参照。Jean-Pierre Poulain, *Sociologie de l'alimentation*, Paris, PUF, 2002, p. 182.

(18) Gabriel Désert, « Viande et poisson dans l'alimentation des Français au milieu du XIXe siècle », *Annales*, mars-juin 1975, p. 526.

(19) Yvonne Verdier, « Repas bas-normands », *L'Homme*, juillet 1966, p. 94 et 108.

(20) Rolande Bonnain-Moerdjk, « L'alimentation paysanne en France entre 1850 et 1936 », *Études rurales*, avril-juin 1975, p. 32-33. 彼女の以下の論考も参照。« Les campagnes françaises à table », in Jean-Louis Flandrin et Jane Cobbi (dir.), *Tables d'hier, tables d'ailleurs. Histoire et ethnologie du repas*, Paris, Odile Jacob, 1999. この論文の著者はブルターニュやブルボネ、ベアル

(10) *Minute*, 24 novembre 2010.

(11) ローヌ＝アルプス地域圏の知事による2011年5月2日付県条例は次の通りである。「デモ《豚の行進》は、主導者らによれば、フランスの漸進的イスラーム化を象徴する、ハラルの認定を受けた食肉市場のフランスでの拡大に抗議することを目的としている、というのはこうした市場の拡大は公共秩序をおびやかすから、というのである。このデモはこのように市民間の対立を招き、いわば社会的不和を擁護する性質のものである。このデモは人種差別的態度や外国人嫌悪の態度をあからさまに推奨することはないものの、一宗教実践を指弾することにはかわりなく、共和国が掲げるライシテの原則に背くものである。またこのデモは公共秩序に深刻な動揺をもたらすことが懸念される。以上の点に鑑み〔…〕これを禁止する」。

(12) さらに2012年8月15日、この院内会派の主な推進者の一人であるリオネル・リュカは、「それと知らずにハラルやカシェールの食品など食べたくないし、私の宗教とは違う宗教にお金を払ったりしたくない」と主張する。店頭で販売される食肉がどのような性質のものなのかより明確に示すようラベル表示を望むのは理解できるが、礼儀正しく表明されたこの要求に加えて実施されるソーセージとワイン作戦は、このように吹聴されることもあり、おそらく暗黙裡にではあれ、公然たる非難を含んでいる。以下を参照。*Libération*, 15 août 2012.

(13) *Le Nouvel Observateur*, 13 juillet 2011 ; *Le Point*, 11 juillet 2011.

(14) *Médiapart*, 3 mars 2011.

(15) Francis Chevrier, *Notre gastronomie est une culture*, Paris, François Bourin éditeur, 2011, p. 21 et 61-62.

(16) 自身をユダヤ人と認識する人々の代表例に関する1970年代の調査によれば、彼らのうち25%は家庭でカシュルットを遵守していた（Doris Bensimon et Sergion Della Pergola, *La Population juive de France. Socio-démographie et identité*, Paris, CNRS Éditions, 1984, p. 260）。また2002年にエリック・コーエン指揮のもと行われた統一ユダヤ社会基金（Fonds social juif unifié）の調査によれば、フランス・ユダヤ人の42%が自宅で何らかのかたちで食に関する規則を遵守しているとされており、前出の比率とは著しく異なっている（« Les Juifs de France. Valeurs et identité », Paris, Fonds social juif unifié, 2002）。以下も参照。Christine Balland, « Enquête alimentaire sur les Juifs originaires de Tunisie à Belleville », *Ethnologie française*, XXVII, 1997 ; Sophie Nizard, « La *cacherout* en France. Organisation matérielle d'une consommation symbolique », *Les Cahiers du judaïsme*, 3, 1998, p. 63-73 ; Lucine Endelstein, « Les lieux de la revitalisation du judaïsme aujourd'hui », *Archives juives*, vol. 42, 2009/2（これは「カシェール通り」なるものが複数出現しているパリ19区におけるカシュルット復興に関する調査）.

クを考慮していること、また集会の自由の尊重は、警察権力を帯びた当局がある行為を禁ずることを、こうした措置が公共秩序の潰乱を未然に防止する性質を帯びた唯一のものである場合には妨げはしないこと、さらに異議申し立てを受けた法令により公道で豚肉の入った食物を配布する複数の集会を禁ずることで、警視総監は集会の理由および目的、さらに当該団体のウェブサイトを通じて公開された集会の動機を考慮して、集会の自由に重大かつ明らかに不法な侵害を加えたわけではないこと」が挙げられている（フランス国務院、2007年1月5日）。

(5) Commission nationale consultative des Droits de l'homme, « La lutte contre le racisme, l'antisémitisme et la xénophobie », 2010, p. 110. 2012年7月31日には、あらたにモントーバンのモスクの正門玄関前に豚の頭が二つ置かれた（*Le Monde*, 1er août 2012）。

(6) Miriam Meissner, « The Rignt to the Goutte d'Or. Techniques of a contemporary urban conflict and limits to the right to the City Ideal », communication présentée à la conference « The struggle to belong », Amsterdam, 7 juillet 2011.

(7)「諸宗教の要求（や気まぐれ）をつねに尊重する当局は、おそらく「ハラル」ないしは「カシェール」と表示することを承認するであろう。そしてけっきょくのところ非宗教的《ライック》な消費者は、こうした表示がないのを確認しさえすればよいではないかと思われるかもれない。〔…〕しかし明確にラベル表示をすれば、販売ルートは壊滅的な打撃を受ける。なぜなら、非宗教的な消費者が、完全に事情をわきまえたうえで宗教的な人々が突き返した動物や肉片を好んで食べるようなことは考えられないからである。われわれはごみ箱ではないのだ。〔…〕目下、われわれがこれは供犠の性質をもっていないと安心して口にできる肉は、豚肉だけである」(Catherine Ségurane, « Viande halal ou kasher : délires interprétatifs », *Riposte laïque*, 19 mars 2010)。〔（訳注）この記事では、カシェールと認定されなかった肉のなかには、ユダヤ教の食に関する戒律に従って屠られなかった肉だけではなく、これに即して処理されたにもかかわらず処理後に瑕疵が見つかったもの、さらに動物の後半部位（ハインドクォーター）全体が含まれていることが指摘されている。したがって一般の市場に流通している食肉にはユダヤ教徒の食肉処理業者が無価値（「ごみ」）と判断したこれらの食肉が紛れ込んでおり、これを知らずに消費させられている「非宗教的」消費者は、否応なくユダヤ教の食肉販売ルートに組み込まれ、これを支援させられているとして、この点が厳しく非難されている。「われわれはごみ箱ではない」という主張はこの文脈でなされている〕

(8) *Riposte laïque*, 18 décembre 2010.

(9) *Le Post*, 15 octobre 2010. 以下も参照。*Le Point*, 31 mars 2011.

注

日本語版への序文

(1) Massimo Montanari, « Food models and cultural identity », in Jean-Louis Flandrin et Massimo Montanari (ed.), *Food. A Culinary History from Antiquity to the Present*, New York, Columbia University Press, 1999, p. 191.

(2) Jane Cobbi, « L'évolution du comportement alimentaire au Japon », *Économie rurale*, mars-avril 1989, p. 41.

(3) Yuki Horie, Béatrice Crane-Mikołajczyk, « Le riz au Japon, au regard de la culture, de la langue et du droit », *Revue internationale de Sémiotique juridique*, n° 32, 2019, p. 971-994. 以下も参照。Toshio Ôyama, « Le consommateur japonais face aux produits biologiques. Leçons d'un système de commercialisation diversifié », Ebisu, n° 35, 2006, p. 9-29 ; Emiko Ohnuki-Tierney, *Rice as Self : Japanese Identities through Time*, Princeton, Princeton University Press, 1993.

(4) Naomichi Ishige, *The History and Culture of Japanese Food*, London, Routledge, 2001; Yoshio Sugimoto, *An Introduction to Japanese Society*, Cambridge, Cambridge University Press, 1997, p. 2 et suivantes.

(5) Mohammed Hocine Benkheira, « La nourriture carnée comme frontière rituelle. Les boucheries musulmanes en France », *Archives de sciences sociales des religions*, 1995, n° 92, p. 67-88 ; *id.*, *Islam et interdits alimentaires : juguler l'animalité*, Paris, PUF, coll. « Pratiques théoriques », 2000 ; Christine Rodier, *La Question halal. Sociologie d'une consommation controversée*, Paris, PUF, coll. « Le lien social », 2014.

序論　豚の回帰

(1) *Le Monde*, 5 mars 2012.

(2) *JSS News*, 6 mars 2012.

(3) *Le Monde*, 5 mars 2012. ジョエル・メルギはさらに次のように主張する。「われわれにとって儀礼的屠殺や割礼は、交渉の余地のない宗教実践である。そうでないというのなら、ヨーロッパのユダヤ教徒はこの地をあとにしなければならないことになる」(*Le Monde*, 15 septembre 2012)。

(4) この判決の前文では、「異議申し立てを受けた法令は、何の援助も受けられない人々の尊厳を侵害する可能性のある示威行為として構想されたものに対する反発のリスク、ならびにこうした反発により公共秩序の潰乱を惹起するリス

【ワ行】

【ナ行】

【ハ行】

人名索引

【ア行】

【カ行】

著者紹介

ピエール・ビルンボーム（Pierre Birnbaum）

1940年生まれ。専門は政治社会学、フランス近代史。パリ第1大学とパリ政治学院で教授を務めながら、ニューヨーク大学やコロンビア大学でも教鞭を執り、現在、パリ第1大学名誉教授。

主な著書に、*Les Sommets de l'État*, Seuil, 1977（1994）〔田口富久治監訳、国広敏文訳『現代フランスの権力エリート』、日本経済評論社、1988年〕; *Le Peuple et les gros. Histoire d'un mythe*, Grasset, 1979（*Genèse du populisme. Le peuple et les gros*, Pluriel, 2012）; *Les Fous de la République. Histoire politique des Juifs d'État, de Gambetta à Vichy*, Fayard, 1992（Seuil, 1994）; *La France imaginée. Déclin des rêves unitaires ?* , Fayard, 1998（Gallimard, 2003）; *Le Moment antisémite : un tour de la France en 1898*, Fayard, 1998（2015）; *Les Deux maisons. Essai sur la citoyenneté des Juifs (en France et aux États-Unis)*, Gallimard, 2012; *Léon Blum: Prime Minister, Socialist, Zionist (Jewish Lives)*, Yale University Press, 2015; *Sur un nouveau moment antisémite*, Fayard, 2015; *Les Désarrois d'un fou de l'État. Entretiens avec Jean Baumgarten et Yves Déloye*, Paris, Albin Michel, 2015; *La Leçon de Vichy. Une histoire personnelle*, Paris, Seuil, 2019（邦訳が吉田書店から刊行予定）などがある。その他, ベルトラン・バディとの共著が、『国家の歴史社会学〔再訂訳版〕』（小山勉、中野裕二訳、吉田書店、2015年）として刊行されている。

訳者紹介

村上 祐二（むらかみ・ゆうじ）

1978年生まれ。京都大学文学部准教授。専門はフランス文学。

著書に、*La Grande Guerre des écrivains*, Paris, Gallimard, « Folio classique », 2014（全テクスト選定と解説、構成、注釈を担当）; *Proust et l'acte critique*, Paris, Champion, 2020（Guillaume Perrierとの共著）など。

共和国と豚

2020年9月10日　初版第1刷発行

著　者　P・ビルンボーム
訳　者　村　上　祐　二
発行者　吉　田　真　也
発行所　合同会社　吉　田　書　店

102-0072　東京都千代田区飯田橋 2-9-6 東西館ビル本館 32
TEL：03-6272-9172　FAX：03-6272-9173
http://www.yoshidapublishing.com/

装幀　野田和浩
DTP　閏月社
印刷・製本　藤原印刷株式会社

定価はカバーに表示してあります。

ISBN978-4-905497-89-9